Apologie de la punition

Du même auteur

Eloge de la gentillesse, François Bourin éditeur, 2010.

Petit Eloge de la gentillesse, François Bourin éditeur, 2011.

Petite philosophie de l'entreprise, François Bourin éditeur, 2012.

On ira tous au paradis. Croire en Dieu rend-il crétin?, Flammarion, 2013.

Emmanuel Jaffelin

Apologie de la punition

PLON
www.plon.fr

Pour contacter l'auteur :
apologiepunition@gmail.com

12, avenue d'Italie
75013 Paris
Tél. : 01 44 16 09 00
Fax : 01 44 16 09 01
www.plon.fr

ISBN : 978-2-259-22249-5

A mes parents

«L'enfer, c'est l'absence de punition[1].»

Kenizé de Kotwara.

«*Qui bene amat, bene castigat*[2].»

Proverbe.

1. Kenizé de Kotwara, dite Kenizé Mourad, *De la part de la princesse morte*, Robert Laffont, 1987, chapitre 3, p. 200.

2. *Qui aime bien, châtie bien*, proverbe latin inspiré du philosophe stoïcien grec Chrysippe de Soles selon lequel «aimer et battre ne sont qu'une même chose». Mais on peut encore reconnaître l'origine de ce proverbe dans l'Ancien Testament : «Qui épargne la baguette hait son fils, qui l'aime prodigue le châtiment», *Proverbes*, XIII, 24.

PRÉAMBULE

Sur le chemin de la punition

Au Brésil, les touristes qui visitent Salvador de Bahia, le Sauveur de la Baie, la première capitale du Brésil, ne peuvent éviter le *Pelourinho*, ce quartier qui a préservé le passé colonial de l'Empire portugais. Des maisons colorées sur trois étages, des églises baroques à foison (165 !) et des ruelles escarpées débouchant ici sur une placette, là sur une vue imprenable de la baie de Tous les Saints, *Bahia de todos-os-Santos*. La visite vaut plus que le coup d'œil : elle mérite le voyage tant ce *Pelourinho* est un joyau d'architecture classé au patrimoine mondial de l'humanité. Pourtant, le nom du quartier n'évoque ni la joie ni le paradis : *pelourinho* désigne en portugais le *pilori*, ce lieu où l'on attachait l'esclave ayant désobéi pour le punir sous le regard de la population. *Punir* à l'époque rimait souvent avec *mourir*. Aujourd'hui, le lieu est coquet et signe de fête alors qu'il résonnait autrefois de coups de fouet sur des hommes traités comme des bêtes. Le regard a changé : celui du *voyeur*, autrefois teinté de sadisme ou de compassion, est aujourd'hui remplacé par celui du *voyageur* pétri de tropismes et d'admiration.

Le fouet et l'esclavage ont déserté le Brésil et la

totalité des démocraties qui pratiquent désormais la punition dans le cadre du droit et de la raison. Peut-être un jour nos prisons constitueront-elles des lieux de villégiature. Pour l'heure, elles sont conçues pour *punir sans torture*. La raison étant passée par là, deux sciences s'occupent de cette nouvelle manière de punir : *la criminologie*, qui s'efforce de comprendre celui qui agit contre la loi, et *la pénologie*, qui s'intéresse à la manière de le punir. Après tout, il faut bien que nous sachions *de quoi* est fait le criminel pour savoir *comment* le traiter sans le fouetter. Le criminel n'a qu'à bien se tenir : *criminologue* et *pénologue* s'occupent de lui[3]. Même s'il s'est embarqué sur une route sinueuse, la science veille sur lui pour le ramener dans le droit chemin. La pénologie intègre donc le logis de la connaissance au XIXe siècle[4]. Le pénologue est ainsi le savant de la punition comme le podologue l'est du pied. L'un s'occupe des *cors* qui font souffrir, l'autre des *corps* qu'il faut détenir. Il ne faut pas s'en plaindre dans une société où la science nous livre la vérité par morceaux et compartiments. Ainsi, dans ce monde segmenté, il y a une place qui attend le fautif, place que le pénologue aura concoctée. Punir n'est pas une mince affaire : qu'un pénologue s'en charge nous décharge d'y penser.

A dire vrai, le pénologue prétend désormais

---

3. Bernard Bouloc considère ainsi que la pénologie est la suite de la criminologie : «Le présent précis de *pénologie* continue, dans une certaine mesure, la partie *science pénitentiaire* du précis de criminologie et de sciences pénitentiaires des professeurs G. Stéfani, G. Levasseur et R. Jambu-Merlin, dont la partie criminologie a été reprise et refondue par le professeur R. Gassin.» Bernard Bouloc, *Pénologie*, Dalloz, 1991, Avant-propos.

4. Terme apparu en 1834.

dépasser le criminologue, le problème de la punition devenant plus préoccupant que le fondement du crime. Autrement dit, si le crime reste *un mystère*, le système pénal a, lui, perdu récemment *son évidence*. De là naît le nouveau primat de la pénologie sur la criminologie, comme l'explique Bernard Bouloc : «Depuis que la privation de liberté était devenue le rouage essentiel de la sanction pénale l'on s'était occupé de la science pénitentiaire. A l'heure actuelle, et même si la privation de liberté garde une place importante à l'égard des criminels dans le dispositif répressif, de nombreuses autres sanctions sont proposées, si bien que le terme de pénologie, c'est-à-dire science des peines, paraît plus adapté[5].» La punition n'allant plus de soi, il appartient à la pénologie d'en indiquer la voie. Cependant, nous montrerons que cette montée en puissance de la pénologie débouche moins sur une nouvelle conception de la punition qu'elle ne multiplie les peines de substitution à la prison. Le pénologue *surfe* ainsi sur des sous-peines, au lieu d'*insuffler* un nouveau sens à la punition.

Avant toute réflexion sur la punition, le lecteur se dira, se souvenant de la gifle ou de la fessée de son enfance : quel *mobile* pousse ce philosophe à s'atteler à un tel sujet? Tâtonnant dans mes recherches et me saisissant d'interlocuteurs de fortune pour tester sur eux le bien-fondé de mes idées, je percevais, au fur et à mesure de la discussion, que mes arguments rationnels recevaient souvent de leur part un intérêt poli, convaincus qu'ils étaient que ces propos masquaient une enfance victimaire dont ils auraient aimé me faire prendre conscience. Alors quoi? Je laisse à mes biographes

5. Bernard Bouloc, *op. cit.*, p. 1 et 2.

le soin d'établir la vérité et, en attendant, je dédie ce livre à mes parents qui, envers leur unique descendant, ont fait de la punition un usage aussi irréfléchi que modéré ! A leur décharge, il faut dire qu'en dehors des livres de Françoise Dolto et d'Hervé Bazin, ils ont moins cherché à *emballer* mon éducation dans des théories qu'à l'*envelopper* dans le sentiment instinctif de l'amour.

Cependant, afin que le lecteur ne reparte pas aussi désabusé que ces interlocuteurs, je propose d'exhumer ici l'origine de mon intérêt pour la punition. Disons tout d'abord que ce n'est pas *la punition* en tant que telle qui m'a intéressé, mais *la prison* vers laquelle d'ailleurs rien ne me conduisait. Ma formation philosophique m'avait bien sûr conduit à réfléchir à l'idée de justice et, parmi une pléiade d'auteurs classiques, à lire Michel Foucault dont l'ouvrage *Surveiller et punir*[6] apparaissait à l'étudiant que j'étais comme l'horizon indépassable de la pensée pénale. Pour autant, cette lecture ne m'avait guère plus incité à mettre un pied en prison que celle de Machiavel ne m'avait donné envie d'embrasser une carrière politique. J'en étais resté à la théorie quand surgit soudain dans ma vie un événement qui me poussa à franchir les portes du pénitencier.

Alors jeune professeur de philosophie dans un lycée du nord de la France, j'apprends un jour en faisant *l'appel* – l'un des nombreux procédés de la « société de contrôle » dénoncée par Michel Foucault – qu'un de mes élèves est absent parce qu'il vient d'être... incarcéré à la prison de Loos-lez-Lille. Surpris par cet événement et pressentant la catastrophe pédagogique, je décide d'en savoir plus. Dans les heures qui suivent, je découvre que cet

6. Gallimard, coll. « Tel », 2011.

élève – appelons-le Gaspard – a participé à un *hold-up* et que la juge a décidé, après l'avoir incarcéré en attendant son procès, de l'empêcher de préparer le bac au motif qu'il ferait de la rétention d'information. Peu intéressé par ce volet judiciaire justifiant la détention de Gaspard et goûtant moins encore ce chantage de la juge, je cherche alors à la *rencontrer*, ce qu'elle refuse ; je choisis alors de la *contrer* avec mes collègues en rédigeant une pétition afin que cet élève bénéficie de cette préparation au bac prévue par les textes de la loi. Au bout de plusieurs semaines et alors même que Gaspard semble n'avoir rien lâché, la juge lui accorde, contre toute attente, cette autorisation qui le conduira à préparer, puis à passer et enfin obtenir derrière les barreaux le baccalauréat, *sésame* d'un retour à la vie sociale et *antidote* aux desseins criminels fomentés entre détenus.

Entre-temps, j'étais allé lui rendre visite afin de voir dans quel état d'âme et de corps il se trouvait pour affronter cette double épreuve (*la détention* et *le baccalauréat*), et le tenir informé de nos démarches. Je ressortis atterré de cette prison : non seulement Gaspard se retrouvait au beau milieu de criminels – contexte le plus toxique qu'on puisse imaginer pour un adolescent –, mais la prison de Loos-lez-Lille se présentait en outre dans un état de déliquescence honteux pour un citoyen français qui voyait encore son pays comme phare des droits de l'homme ! Je découvrais à vingt-cinq ans que le genre de détention illustrée par *Midnight Express*[7] avait droit de cité dans le pays

7. Film d'Alan Parker (1978) qui raconte l'histoire vécue par un touriste américain condamné à trente ans de prison pour trafic de drogue et incarcéré dans la désormais célèbre prison de Sağmalcılar d'où il s'évadera.

qui avait mis fin aux lettres de cachet, aboli les privilèges et démoli la Bastille !

La prison m'apparut alors comme la part d'ombre de la République : vétusté et insalubrité stupéfiaient le visiteur de l'entrée jusqu'au parloir, laissant deviner que des choses moins avouables se tramaient loin des regards. Plus lugubre et moyenâgeuse que Poudlard[8] par son absence d'entretien autant que par son origine – il s'agissait d'une ancienne abbaye cistercienne du XIIe siècle –, cette prison, en bordure d'autoroute et à un jet de flèche de Lille, incarnait le désert de la pensée pénale. Convertir un *lieu de prière* en *lieu de punition* me paraissait déjà une entreprise osée ; reléguer les fautifs et les simples prévenus dans un lieu ceint et malsain ressemblant à une décharge publique m'amenait à penser que nous traitions délinquants et criminels comme nos eaux usées dont nous ignorons ce qu'elles deviennent, faisant confiance aux entreprises chargées de les recycler. Le bras de fer avec la juge par-dessus les barreaux m'avait déjà indiqué que la culture n'était pas en odeur de sainteté dans ce non-lieu démocratique. La suite me le confirmerait.

Fort de cette conclusion, je partis vers d'autres tropiques, laissant derrière moi cet épisode carcéral. Dix-huit ans plus tard, la prison se rappela à moi sous la forme d'un fait divers rapporté par les médias : un centième détenu venait de se suicider dans une prison française en 2009. Utilisant les moyens du bord, il s'était pendu avec son pyjama. Choisir comme porte de sortie le vêtement par lequel on entre habituellement dans le sommeil témoigne d'un clair détournement : la douceur du

8. L'école de sorciers où étudie Harry Potter.

coton pour étouffer la noirceur de la prison. La ministre de la Justice de l'époque annonça que désormais les détenus se verraient distribuer des *pyjamas en papier* afin de leur couper l'herbe sous le pied en matière d'autopendaison. Papier contre tissu, *effet d'annonce* contre *annonce des faits* : je décidai de réagir par une tribune[9] dans laquelle j'écornais l'image d'une gauche suffisante qui considérait l'abolition de la peine de mort comme le symbole de son progressisme et le fondement d'une bonne conscience que ces suicides ne troublaient pas, et j'y défendais *trois idées. D'abord* que la prison n'avait initialement pas été faite pour punir ; de moyen, elle était devenue fin, c'est-à-dire but et terme de la punition. *Ensuite*, et par conséquent, qu'une partie des détenus qui se suicidaient se punissaient eux-mêmes faute de l'être par le simple enfermement. J'écrivais ainsi que « les prisons [étaient] pleines, mais vides de sens ». *Enfin*, j'en concluais qu'elles constituaient « le symptôme d'une société malade et repliée sur elle-même qui ne sait plus punir et donc pas guérir ». J'achevais mon article par cinq mesures d'urgence permettant d'apporter une solution à ces suicides et les prémices d'une réforme du système judiciaire dont je laissais entendre qu'il pourrait jouer un rôle dynamique sur la société française. Autrement dit, une partie des blocages qu'on impute plus généralement dans notre société à l'économie (le chômage, la baisse du pouvoir d'achat, l'échec scolaire et, surtout, universitaire) autant qu'au politique (l'im-

9. Parue dans le journal *Le Monde* du 5 septembre 2009, intitulée « Un système absurde dans une démocratie moderne » et sous-titrée par le quotidien « Au-delà de l'humiliation, il est devenu plus meurtrier que la peine de mort ».

puissance à déterminer l'économie) me semblait provenir de l'injustice et par conséquent de *l'impertinence de la punition.* Si la psychologie nous apprend que mal punir entraîne *des troubles chez une personne,* alors un système pénal inefficace ne provoque-t-il pas *un malaise dans une société*?

Entre cet article et ce livre, je suis intervenu pendant deux ans une fois par mois en prison. Le motif? Ce même article qui me valut d'être invité – «convoqué» serait un terme plus exact – par le directeur de l'administration pénitentiaire de l'époque pour un entretien qui tenait à la fois de la mise au pas d'un fonctionnaire (après tout, j'étais enseignant de la fonction publique), du bourrage de crâne et de la démarche inquisitoriale devant me conduire à l'abjuration de mes propos! Je me rendis donc par curiosité à cet entretien. On me présenta d'abord un film[10] réalisé par l'administration pénitentiaire qui rappelait l'histoire de la prison en France et les progrès spectaculaires, humanistes et démocratiques que cette administration y avait réalisés! Après cette séance d'autocélébration, je fus reçu par le directeur accompagné de deux adjoints dont le projet m'apparaissait très clairement : à l'ère de la communication, l'administration pénitentiaire devait gérer son image et désamorcer tous les points de vue susceptibles de la fragiliser. J'acceptais la proposition de visite, émettant juste le souhait de me rendre à la *maison d'arrêt* de Loos-lez-Lille. Le directeur m'expliqua que cet établissement – qui ne représentait pas à ses yeux la meilleure vitrine de l'institution pénale – allait bientôt fermer, mais, beau joueur,

10. *La Mesure du changement*, 2008, 8 minutes 50, Administration pénitentiaire.

accepta d'y organiser la visite[11] à la condition que je profite de mon séjour nordique pour découvrir sa voisine, la toute récente prison de Sequedin[12]. Je notai que l'administration avait ainsi trouvé l'occasion de me montrer un *vestige* et la *promesse de l'aube pénale* dans la même circonscription[13].

Le résultat de cette visite fut fructueux. En quittant les détenus de longue peine, j'exprimai au directeur mon étonnement d'avoir pu discuter avec des personnes «posées» dans leurs attitudes comme dans leurs propos. J'ajoutai que leur réflexion me semblait aussi profonde que celle de personnes ayant suivi une psychanalyse au long cours. De l'enfermement psychique des uns à l'enfermement physique des autres, il y aurait donc un

11. Cf. l'*Apostille à la punition*, à la fin de cet ouvrage (p. 275), dans laquelle je raconte cette visite.

12. Créée en 2005 et située à 6 kilomètres de celle de Loos, elle s'appelle, depuis la fermeture de celle-ci en 2011, *Centre pénitentiaire de Lille-Loos-Sequedin.*

13. Evitons de penser que la *carte judiciaire* recoupe *la carte pénitentiaire.* Ces deux mondes sont distincts par leur logique et leurs autorités. L'idée selon laquelle la prison jouxterait le tribunal, comme autrefois le cimetière l'église, a vécu. La France est un mille-feuille administratif dont le citoyen ignore en général le détail des cartes. A *la carte militaire* qui découpe le pays en 7 Zones de Défense et de Sécurité (ZDS), en métropole, et 5 ZDS en outre-mer se superpose *celle éducative* qui la découpe en 26 Académies métropolitaines et 4 Académies ultra-marines. Face à *la carte judiciaire* simplifiée en 2008, mais demeurant inextricable, *la carte pénitentiaire* se compose de 9 directions interrégionales en métropole et une en outre-mer. On ne sait s'il faut se féliciter de *l'existence de ces services déconcentrés de l'administration* française qui se manifestent dans tous les domaines (culture, urbanisme, agriculture, route, douane, etc.) et à plusieurs niveaux (zonal, interrégional, interdépartemental, régional, départemental), et qui assurent un maillage du territoire par l'Etat, ou bien s'affliger de *son illisibilité aux yeux du citoyen.*

chemin qui conduit à la clarté. Au moment de monter dans la voiture, le directeur revint vers moi et me demanda : «Seriez-vous intéressé par l'animation d'un *atelier de philosophie* avec les détenus de longue peine?» Pris au débotté et ne sachant guère en quoi pouvait consister un tel atelier, j'acceptai.

Quelques mois plus tard, je débute mon «atelier philo». Je le conçois d'abord négativement : ni *cours* ni *café philo*. Ayant abondamment pratiqué ces deux voies, l'une académique, l'autre participative, je veux que cette rencontre soit un moyen de mettre la philosophie au service de ces hommes pour les aider à supporter leur peine et à envisager sereinement l'avenir. Au cours d'une séance mensuelle de deux heures à laquelle les détenus se rendent sur la base du volontariat, je propose un thème que je nourris d'arguments et de questionnements, laissant ensuite les détenus se l'approprier sur les terrains qu'ils connaissent ou sur lesquels ils souhaitent s'aventurer. Le premier atelier s'intitulait : *En quoi la philosophie augmente notre puissance d'agir?* Ce clin d'œil à Spinoza était éclairé par trois sous-titres : *Quel intérêt avons-nous à être les complices de l'univers? De quel bois est faite ma liberté? Suis-je celui que je crois être?* La curiosité avait attiré une demi-douzaine de détenus, ce qui fut l'étiage pendant ces deux ans, même si parfois la logique carcérale entraînait des blocages : soit ils n'avaient pas été prévenus, soit l'un avait été convoqué au tribunal, l'autre au parloir, un autre encore au centre médical ou à l'hôpital. Il m'est arrivé plusieurs fois de n'avoir que deux détenus, une fois même un seul. J'en pris mon parti. Quoi qu'il en soit, ce premier atelier posa les fondements de notre relation : ils s'y sentirent bien et entr'aperçurent qu'une de nos forces tient dans la pensée, notamment dans une pensée qui ne tourne pas en rond et qui vaut action.

Certains désertèrent l'atelier au bout de quelque temps : il s'agissait des moins équilibrés qui y recherchaient une tribune. Le filtre se fit donc naturellement. Je garde un souvenir inoubliable des discussions que nous avons eues dans cette petite salle de classe dans laquelle j'appris autant que je pus enseigner. Au détour d'un propos, l'un dessinait le croquis d'une «chauffe[14]» dont je ne comprenais pas le fonctionnement, un autre dressait une typologie des prisons qu'il avait fréquentées, un autre encore me traduisait le sens des mots[15] *pointeur, toto, drapeau*, etc. Mais au-delà de cette initiation au monde carcéral, nos discussions avaient une tenue : elles cherchaient la clarté en dépassant le simple exposé de points de vue. Même lorsque l'un d'eux en venait, rarement, à expliquer les raisons de son incarcération – toujours un meurtre, et chacun d'eux en avait plusieurs sur la conscience –, je ne sentais ni l'exposé d'un fier-à-bras ni la volonté de se faire plaindre. Le fait

---

14. Réchaud improvisé au moyen de deux canettes de soda en aluminium en guise de réservoir, un bout de serpillière pour faire mèche et de l'huile pour tout combustible. *La chauffe* sert donc à cuisiner et à réchauffer les plats qui arrivent souvent froids. Je découvris ainsi que seules quelques cellules étaient équipées d'une plaque de cuisson !

15. Le *pointeur* désigne indifféremment le violeur ou le pédophile. Etrangement, comme si une morale puritaine animait les détenus, il fait l'objet d'une vindicte carcérale. L'administration ne le mélange donc pas aux autres détenus afin qu'il ne se fasse pas étriper. Le *drapeau* est un morceau de papier glissé dans la fente de la porte de la cellule afin qu'un détenu communique avec un autre par le truchement d'un surveillant bienveillant. Le *toto* est une résistance, interdite en prison, permettant de faire chauffer de l'eau; il est souvent utilisé comme synonyme de «chauffe».

venait nourrir une discussion ou illustrer une situation.

Je savais que tous avaient commis *l'irréparable*[16] et ils n'ignoraient pas que ni je ne les jugeais – ils l'avaient déjà été – ni je n'éprouvais pour leur acte la moindre admiration. D'une manière générale, je ne partage pas la curiosité de mes contemporains pour le crime : je ne lis pas de romans policiers et je zappe lorsque je tombe à la télévision sur ces séries criminelles qui engorgent mondialement les écrans et plus encore les esprits. Si le public assiste à un spectacle pour *se* re-présenter et pour apprendre à *se* con-naître, il faudrait que la post-modernité s'interroge sur sa propension à *se* mettre en scène de manière ininterrompue sur fond de meurtres et d'enquêtes. *Naître à soi* dans la scénarisation répétitive de crimes me semble limiter la *con-naissance* que le spectateur peut avoir de *lui-même* et surtout de son avenir. La re-présentation sanguinolente que l'époque se donne d'elle-même révèle un état *dé-pressif* de la population. Les Grecs de l'Antiquité allaient au théâtre pour y assister à la punition éclatante du héros prisonnier de son destin : cette représentation *ponctuelle et extra-ordinaire* présentait *un destin d'exception.* L'homme postmoderne s'emprisonne devant des écrans qui représentent des trajectoires sans destin s'achevant dans l'obscurité.

N'ayant aucun destin à révéler aux détenus, j'animais cet atelier pour *penser*, *panser* et *compenser*[17] la faiblesse d'âme d'hommes ayant fait un jour la une de l'actualité. Andy Warhol disait que

16. ... mais peut-être pas l'impardonnable.

17. Un grand nombre d'entre eux étant sous anti-dépresseurs.

chacun de nous aurait dans nos démocraties marchandes son « quart d'heure de célébrité ». Ces détenus l'avaient tous eu – et certains avaient eu ce quart d'heure pendant des semaines au journal télévisé et dans la presse – contre quinze à vingt ans de détention. Je suis convaincu que tous mesuraient le poids plume de cette notoriété au regard d'un quotidien mécanique et d'un avenir à l'horizon plombé. L'un d'eux, lorsque j'arrivais, repartait dans sa cellule me préparer un café. Lorsqu'il ne fut plus en condition de venir pour des raisons de santé, il vint s'excuser au début de l'atelier, témoignant d'une exquise courtoisie dans cet espace où les hommes n'avaient pas été rassemblés pour leur délicatesse. Un autre détenu prit spontanément le relais de la cérémonie du café qui n'était le fruit ni de l'allégeance ni de la séduction, mais de l'amitié que produit la philosophie. Parce que c'était eux, parce que c'était moi.

Deux ans plus tard, l'administration me signifia mon congé de bénévole. La raison en était la fermeture du *Quartier Maison Centrale* qu'il était question de transformer en centre de réinsertion. J'ignore ce que ces *usagers* de *l'atelier philo* sont devenus ; je sais juste que je pris congé de *philosophes*.

Introduction

La punition, cheminement historique de l'humanité

Quel bilan puis-je tracer de mon intervention en Maison d'arrêt ? *D'abord* qu'on ne peut que constater l'échec de *la prison* qui n'atteint pas son objectif affiché, *punir*. Loin de m'avoir converti à la logique pénitentiaire, ma fréquentation ponctuelle mais régulière de la prison m'a conforté dans l'idée qu'elle constituait moins *une solution* qu'*un problème*. Si ma réflexion pénale avait débuté par l'humeur et l'émotion, cette expérience m'incitait à rechercher ce qui faisait de la prison une impasse tout en frayant de nouveaux chemins à la punition. Mon article n'a rien changé ni à la prison ni à la justice en France : un détenu continue tous les trois jours en moyenne d'être à l'article de la mort, le taux de récidive des condamnés y est de 60 %[18],

18. Plus exactement, l'analyse statistique portant sur cinq ans après la remise en liberté du détenu aboutit au chiffre de 59 % de «recondamnation» selon A. Kensey, A. Benaouda dans «Les risques de récidive de sortants de prison. Une nouvelle évaluation», *Cahiers d'études pénitentiaires et criminologiques*, n° 36, mai 2011. La répartition par type d'infraction donne 74 % pour les auteurs de petits délits, 32 % pour ceux d'homicide et 19 % pour ceux qui commettent un viol sur mineur.

et c'est presque exclusivement la même partie de la population qu'on y retrouve, ce qui rend peu crédible l'existence d'une justice, sauf à penser, comme sous l'Ancien Régime, que les pauvres – *les vilains* – ont une moralité déplorable et une propension au vice et au crime qui les conduit logiquement derrière les barreaux. Il y a des formes de violences discrètes qui passent le tamis de la justice, celle-ci retenant seulement les violences les plus visibles. Certes, *voler*, *violer* et *tuer* ne sont pas des crimes anodins et la société doit sans conteste condamner lourdement leurs auteurs. Mais d'autres actes provoquent la *spoliation*, *la perte de l'intégrité physique et morale* et *la mort* alors que leurs auteurs – élus sans scrupules, délinquants en col blanc, hommes de médias intrigants – sont rarement inquiétés. N'y a-t-il pas là une inversion des valeurs, surtout lorsque ces hommes sont présentés comme modèles à une population pourvue de bon sens et d'esprit critique ? Se contenter d'une telle justice ne risque-t-il pas de nourrir dans la population un sentiment d'injustice, voire de révolte ?

Cet article n'a donc pas fait mouche, mais il comportait une intuition programmatique que ce livre veut développer. De la prison comme *impasse totale*, j'en suis venu logiquement à interroger ce qui devrait justifier son existence, à savoir *l'idée de punition*. A l'époque, je pensais que la punition se composait de deux moments : *la sanction* et *la réparation*. Le coupable d'une faute, lorsqu'il est identifié, doit d'abord être *sanctionné*[19], c'est-à-dire

19. *Sanction* est un terme d'abord neutre qui signifie la reconnaissance publique d'un acte. L'obtention d'un diplôme *sanctionne* le travail fourni par l'élève dans l'année. Il n'y a

reconnu par la société comme *coupable.* Cette reconnaissance manque cruellement aujourd'hui, d'une part parce que nous vivons dans des *sociétés démographiquement importantes* qui rendent difficile la connaissance du crime non seulement d'un bout à l'autre du territoire – ce qui historiquement fut rarement le cas –, mais surtout auprès de la population directement touchée. Seuls les crimes les plus violents et les plus sordides accèdent à cette notoriété, la majorité des autres demeurant confidentiels. Cette reconnaissance publique de la faute est d'autre part empêchée par *l'anonymat* qui caractérise la vie de l'homme postmoderne en bien comme en mal. Dans un tel anonymat, la punition devient elle aussi anonyme et perd de sa force. On entre en prison comme on en sort : discrètement. Dans nos sociétés, les actes d'honneur sont sans gloire, ceux de déshonneur sans honte. La forme obscure et cachée que revêt la prison explique donc en partie son inefficacité.

Sanctuaire sans sanction, forme de punition ombragée et loin des regards, la prison est le fruit d'une histoire et d'une institution judiciaire qui sous-estime le psychisme du détenu. Les dégâts qu'elle provoque sur lui au cours de sa détention sont pourtant largement connus : dépression, perte de contact avec la société et donc avec un fondement de l'humanité, repli sur soi, troubles de la

---

donc rien de mal à être *sanctionné.* La punition est la *sanction* d'un acte en infraction avec les valeurs morales ou la loi. *La sanction* désigne donc aussi bien *la peine* que *la récompense. Sancire* en latin signifie l'acte religieux qui rend inviolable ou irrévocable quelque chose, soit le fait de « rendre sacré ». Nous utiliserons dans ce livre exclusivement le terme de *punition* pour désigner la sanction qui s'en prend à une faute.

personnalité, difficulté à se réinsérer à l'issue de la libération. Le contraste entre cet état de fait connu et le maintien du système pénal est saisissant. Disons alors que la prison est une punition *apsychologique*, voire *antipsychique*. Tout se passe comme si le détenu n'était qu'un corps enfermé. Or, ce corps étant *habité* puisqu'il n'est pas *inanimé*, rien, voire presque rien n'est prévu pour que son âme fasse sur elle-même un retour constructif et envisage *la réparation* de son acte. Nous pourrions comparer notre système pénal et son cortège de prisons à notre système médical et son cortège d'hôpitaux : dans les deux cas, c'est le corps qui est traité ; l'âme y est rarement considérée, et lorsqu'elle l'est, c'est maladroitement et secondairement, y compris dans les hôpitaux psychiatriques. Pourtant, la majorité des psychologues considère que la prise en compte du patient comme *personne* joue un rôle capital dans tout traitement thérapeutique et dans l'avènement de la guérison. A l'hôpital, le corps du malade est livré à la pilule ; dans la prison, le corps du coupable est encapsulé dans une cellule.

Michel Foucault décrit bien le traitement de la personne dans ces deux lieux d'enfermement[20]. Mais alors qu'il appréhendait ces institutions d'un point de vue *politique*[21] comme des *moyens de*

---

20. *Naissance de la clinique. Une archéologie du regard médical*, PUF, 1963. *Surveiller et punir, op. cit.*

21. «Lorsque, à partir de 1971, Foucault entreprend de s'intéresser aux prisons, il situe son action sur un plan immédiatement politique, stratégique. Il s'agit, dit-il, de faire de la prison «une cible», de constituer un front d'attaque en exposant au grand jour, comme un objet litigieux, cette institution considérée comme «l'une des régions cachées de notre système social, l'une des cases noires de notre vie» – Alain Brossat, *Pour en finir avec la prison*, Editions La Fabrique, 2001, p. 13.

contrôler les corps, je les envisage d'un point de vue *moral* comme des lieux de négation des âmes. Notre société matérialiste croit résoudre les problèmes qui se posent à elle de manière technique : crime et santé sont donc neutralisés entre quatre murs; et tant pis si ces murs sécrètent le sentiment d'injustice, la haine, l'angoisse et les maladies nosocomiales ! En prison, c'est l'âme qui exhale sa peine. Sans assimiler *le crime* à *une maladie* ni par conséquent *la punition* à *une thérapie*, j'imagine *une sanction* qui s'adresserait à l'âme *avant* de s'adresser au corps du coupable. Soyons postmodernes ! Vu l'échec historique de la punition corporelle et sa persistance dissimulée sous la forme carcérale – punition corporelle sans coups –, osons penser une punition qui s'adresse à l'âme plutôt qu'au corps, à l'esprit plutôt qu'à la matière, à l'intelligence plutôt qu'à la bête. S'en tenir au corps, même d'une manière aseptisée, fait de la prison une sanction non seulement inefficace, mais, plus fondamentalement encore, contraire à l'essence de la démocratie.

Pourquoi, en démocratie, la punition ne doit-elle pas en rester au corps et à sa détention ? Pour une raison simple : le régime démocratique repose sur l'équilibre de l'égalité et de la liberté. Il n'exige donc ni la pure obéissance ni la simple soumission, mais invite l'intelligence à *désirer* des relations humaines harmonieuses. Le fautif a fait un mauvais usage de son intelligence en s'arrogeant plus que sa part et introduisant, *de facto,* de l'inégalité dans la Cité. La justice démocratique doit donc s'attacher à réduire cet écart introduit par une âme en peine croyant que l'excès de liberté peut résoudre ses problèmes. Si cet écart entraîne des *conséquences physiques* (appropriation d'un objet par le vol; disparition d'une intégrité par le viol ou suppression d'une vie par le meurtre, etc.[22]), son *origine* est fondamentalement *psychologique* ou *métaphysique* : elle est la conséquence d'un mésusage de l'intelligence. Punir le coupable en détenant son corps fait fi de la cause même au nom de laquelle il a été jugé : un raisonnement bancal. D'ailleurs, si la justice recherche le mobile du crime pour juger le criminel, c'est bien la preuve que le corps n'intervient dans la faute qu'à la marge, comme simple moyen d'exécution de ce qui meut une âme débordée : «Il résulte de l'article 9 de la Déclaration des Droits de l'Homme s'agissant des crimes et délits que la culpabilité ne saurait résulter de la seule imputabilité matérielle d'actes pénalement sanctionnés. En conséquence [...] la définition d'une incrimination en matière délictuelle doit inclure, outre l'élément matériel de l'infraction, l'élément moral, intentionnel ou non, de celle-ci[23].» Dans un autre article, le code pénal déclare *animus necandi*[24] l'«âme du tueur», rebaptisée dans le jargon pénal «intention d'homicide». Que cette justice estime le fait à la lueur de *l'âme du criminel*, cherchant à distinguer par exemple le geste *désirant* seulement blesser de celui *voulant* tuer, indique que la responsabilité est bien l'affaire d'*une âme* et non d'un corps. La

22. Le nouveau code pénal français de 1992 décline un spectre de la criminalité qui débute par le crime contre l'humanité et la personne (livre II), puis contre les biens (livre III), enfin contre la Nation, l'Etat et la Paix.

23. Article 111-3, 14 du code pénal, 109e édition, Dalloz, 2012, p. 16.

24. Article 221-1, 4 du code pénal, *ibid.*, p. 433 : «B. Intention. 4- *Animus necandi* : le crime d'homicide volontaire implique que celui auquel il est reproché ait eu la volonté de tuer.»

responsabilité du *fautif*[25], *lato sensu*, repose donc sur la reconnaissance publique de *l'intention* qui l'a conduit à *mal agir*. Cette intention, le fautif peut chercher à la masquer pour espérer une peine moins lourde. Il peut au contraire la revendiquer, convaincu du bien-fondé ou de la nécessité de son acte. Il peut également la reconnaître tout en la condamnant *a posteriori*. Il peut enfin ne pas la reconnaître faute d'être pleinement conscient de ses faits et gestes. Dans tous les cas, la justice s'efforce d'*apprécier l'intelligence* que le fautif a manifestée au moment des faits et celle dont il fait preuve lors de son procès. A défaut d'être absolument *une affaire intelligente*, disons que la justice démocratique, dans sa recherche des intentions, reste *une affaire d'intelligence*[26].

A l'opposé de cette intelligence se tient *la tyrannie*, qui n'est rien d'autre que l'institutionnalisation du délit et du crime. Ce qui est *écart* dans la démocratie devient *norme* dans la tyrannie dont le chef se caractérise par un désir dé-mesuré. Le régime tyrannique est l'expression de la *libido* incontrôlable d'un seul. *L'illimité* (*apeiron*) est le principe d'un tel régime politique ; *la dé-mesure* (*hybris*), le fondement sur lequel le tyran construit sa vie. Il est donc *l'homme de l'impunité*. Pourtant, il ne vit pas cette *im-punité* avec *in-souciance*, dans

25. Nous utiliserons le terme de *fautif* pour trois raisons : comme synonyme de coupable ; pour éviter de spécifier qu'il s'agit d'un simple contrevenant, d'un délinquant ou d'un criminel ; pour réintroduire l'idée de morale dans un vocabulaire technique qui a cherché, en vain, à l'évacuer.

26. Ce qu'évoque le terme de jugement. Avant d'être *judiciaire*, l'intelligence est *judicieuse*, c'est-à-dire qu'elle relie deux idées ou une idée et une situation. Juger consiste ainsi à apprécier intellectuellement une situation.

la mesure où ses désirs s'imposent à son peuple avec une telle force qu'il doit craindre pour sa propre vie, ce que Platon décrit ainsi : «Or, avec ce naturel que nous avons décrit, plein de craintes et de désirs de toute espèce, n'est-ce pas dans une prison semblable qu'est enchaîné le tyran? Bien que son âme soit gourmande, il est le seul dans la cité qui ne puisse voyager nulle part, ni aller voir ce qui excite la curiosité des hommes libres[27].» La prison, pour Platon, n'est donc pas le lieu de la punition du tyran : elle est la métaphore même de la tyrannie, c'est-à-dire de la situation de cet homme qui vit enfermé en lui-même, reclus dans ses *lubies* et *phobies*.

Nous comprenons alors que le criminel en démocratie se comporte comme *un tyranneau*, c'est-à-dire comme celui qui croit fonder sa liberté sur l'expression de son désir plutôt que sur celle de son intelligence : *pathos versus logos*. Au fond, toute dictature ou tyrannie s'explique par l'arrivée au pouvoir d'un désir excessif : *le sujet désirant* (le pouvoir) devient *un sujet délirant, particule sociale* se prenant pour *le tout politique*. Son mode opératoire est (psycho)*logiquement* totalitaire. Le tyran manque de psychologie, de connaissance de soi autant que de connaissance des autres : il entraîne son pays au *dés-astre*, lui faisant perdre son orbite dans la galaxie géopolitique. Or, il en va de même pour le criminel dont le *dés-astre* est néanmoins plus circonscrit. Lui faire comprendre qu'il n'est qu'*une partie* qui a prélevé plus que *sa part* et qui s'est prise *pour le tout* n'est pas une mince affaire. Une chose est sûre : croire que *cet écart – cette*

27. Platon, *République*, Livre IX, 580b, Garnier-Flammarion, 1966, p. 341-342.

tyrannie ponctuelle et locale – trouve sa réduction dans un procès et dans l'incarcération du corps du criminel constitue une erreur, une illusion et une fausse piste.

Punir revient alors à rétablir le criminel dans le cours de son désir en le sortant de son débordement. Le fait d'enfermer son corps ne résout rien : la détention empêche pendant un temps de limiter la manifestation de son désir, non de l'éteindre dans son illimitation. La récidive des détenus sortant de prison illustre ainsi l'inefficacité d'une telle punition. La prison nourrit la frustration du détenu et donne trop souvent lieu à un nouveau *méfait* une fois opérée la levée d'écrou.

L'harmonie de la société dépendant par conséquent de *l'équilibre psychique de chaque citoyen*, la justice démocratique doit s'efforcer de réduire la distorsion qui s'est produite au sein du fautif si elle ne veut pas être elle-même *déséquilibrée*, voire *renversée*. Nous comprenons alors qu'une politique sans psychologie – *apsychique* – consiste à favoriser le désir illimité des uns pour mieux limiter le désir des autres : c'est là le propre de la dictature, c'est-à-dire d'un Etat où prolifèrent les murs. *Les dictatures communistes* nous en fournirent un bel exemple : un mur de l'opprobre et une *nomenklatura* jouisseuse. A l'opposé, la démocratie repose sur la psychologie, c'est-à-dire sur une double harmonie impliquant *l'équilibre psychique* de chaque citoyen et *l'équilibre politique* de tous. Le premier équilibre suppose de pouvoir soumettre ses désirs à la raison, le second sa liberté au droit.

Dans le passé des sociétés occidentales, disons jusqu'à la Révolution française, ce double équilibre était méconnu. Ne faisant ni dans la dentelle ni dans la psychologie, la justice assumait donc sans état d'âme la désintégration du criminel, soit son *élimination physique*. Les Etats non démocratiques pratiquent encore de nos jours ce type de punition : celui qui a tué sera tué. Si les démocraties ont presque[28] totalement dépassé cette arithmétique élémentaire, n'est-ce pas précisément parce qu'elles ont forgé de l'homme une autre conception? Cependant, derrière *l'honneur revendiqué de l'abolition de la peine de mort* se cache *l'horreur dissimulée des oubliettes et des suicides en série*. La prison est un *serial killer* qui ne dit pas son nom, mais aussi et surtout un *lieu impropre* à la réparation de la faute et à la réintégration sociale du détenu. Dans l'histoire récente, les sociétés européennes sont ainsi passées d'une *désintégration spectaculaire du fautif* à sa *désintégration cellulaire*, discrète, mais patente, comme si le devoir d'humanisme, qui avait entraîné la fin de la torture et de la peine de mort, s'accommodait de *mal punir*. Sauver les apparences à défaut de pratiquer une justice démocratique. Se contenter de l'entre-deux par une justice qui n'est *ni laxiste ni terroriste* et qui se borne à *sévir sans punir*.

La *punition démocratique* n'a donc pas été pensée. Selon Hegel[29], la conception habituelle de la

---

28. Certains Etats fédérés des Etats-Unis continuent de pratiquer la peine de mort sous des formes variées : chaise électrique, injection létale, pendaison, chambre à gaz ou peloton d'exécution. Concernant la comptabilité carcérale, la justice américaine est capable de condamner un détenu à plusieurs centaines d'années de prison. L'escroc autrichien Sholam Weiss a ainsi été condamné à 845 ans de prison par le tribunal de Floride!

29. «La théorie de la peine constitue l'une de ces matières, dans lesquelles la science positive du droit s'est à notre époque le plus égarée, et cela, parce que dans cette théorie l'entendement ne suffit pas, mais qu'elle relève essentiellement du concept.» Hegel, *Principes de la philosophie du droit*, J. Vrin, 1981, § 99, p. 142.

punition est confuse parce qu'elle est sortie du domaine strictement juridique au profit de considérations morales. Le fait qu'on voie dans le crime «un mal en général[30]» empêche de comprendre, selon le philosophe allemand, qu'il constitue fondamentalement «une violation du droit et de la justice[31]». Si je partage avec Hegel le fait que la conception de la punition est *confuse*, je conteste l'origine de cette confusion. Ce n'est pas *le mélange du droit et de la morale* qui a fragilisé le système pénal, mais bien plutôt, sous couvert d'autonomie juridique, son amalgame à l'idéologie et à la politique.

Près de deux siècles après la parution de ses *Principes de la philosophie du droit*, Hegel ne peut voir combien la punition s'est excessivement *juridiciarisée* et vidée de toute substance morale au point d'avoir été abandonnée à la police, aux juges et aux avocats ! Dans la continuité de Hegel, le philosophe et juriste autrichien Hans Kelsen, qui défend une conception puriste, à défaut d'être puritaine, du droit, déclare : «[...] la notion d'obligation juridique se réfère exclusivement à un ordre juridique positif et n'a absolument aucune implication morale. Il est possible qu'une obligation juridique ait pour contenu la même conduite qui est prescrite dans un quelconque système moral, mais ce n'est pas nécessaire : il se peut aussi bien qu'elle ait pour contenu la conduite contraire, de sorte que – selon l'idée que l'on admet en général dans ce genre de cas – il existe un conflit entre l'obligation ou devoir juridique et l'obligation ou devoir moral[32].»

---

30. *Ibid.*
31. *Ibid.*
32. Hans Kelsen, *Théorie pure du droit,* Dalloz, 1962, p. 161.

Que dire de cette conception *puriste* du droit, qui croit à la séparation du droit et de la morale comme d'autres à la séparation de l'Eglise et de l'Etat[33]? L'auteur de cette *Théorie pure du droit* écrite en 1934 n'a jamais constaté que ce formalisme juridique pouvait être à l'origine de *la banalité du mal.* Hannah Arendt a pourtant montré combien la mise en place de l'Holocauste et de la Solution finale a reposé sur le strict respect du droit nazi par les citoyens allemands! Ce *pur droit*, débarrassé de toute morale, peut donc se révéler *un droit impropre,* voire *un sale droit.* Avant de former un système parfait, il semble que le droit ait *proprement* pour mission *d'organiser la société et la sociabilité*, non de les détruire.

Ce n'est donc pas parce que la punition se réduit à une *manifestation juridique* qu'elle se révèle *claire*, le droit ayant cristallisé un grand nombre de significations extra-juridiques. Notre système pénal ne semble pas avoir accompagné les progrès accomplis dans la plupart des domaines par les idéaux humanistes et démocratiques. La prison, en simplifiant l'arsenal punitif, ne contribue ni à l'adoucissement des mœurs ni au progrès de la justice. Une idée claire et démocratique de la punition devrait donc permettre d'établir le fondement d'une justice humaniste.

---

33. Le président des Etats-Unis d'Amérique prête serment sur la Bible; la Chambre des députés brésilienne affiche un Christ au-dessus de son président; les maires en France participent souvent à la restauration de l'église de la commune. Autant d'exemples qui mettent à mal l'idée d'une séparation étanche entre l'Eglise et son Etat.

1

L'IMPENSÉ PÉNAL

Il peut sembler paradoxal de dire de la punition qu'elle n'est pas *pensée* si l'on en juge par le flot de textes et de commentaires concernant le domaine pénal qui déferle dans nos démocraties. Mais le fait qu'on *y* pense, que la chose ait *ses spécialistes, ses amateurs et ses détracteurs* ne signifie nullement qu'on *la* pense au sens où l'essence de la punition serait clairement formulée et pourrait, de ce fait même, fonder une réforme de la justice. De la même manière que le sexe des anges au XVe siècle faisait l'objet de discussions théologiques animées dans l'Empire romain d'Orient sur le point de s'effondrer, tout semble plonger la punition dans des discussions byzantines au pied d'une justice qui s'enlise.

1.1

La paresse pénale

«Ainsi la paresse est mère. Elle a un fils, le vol, et une fille, la faim.»

Victor HUGO, *Les Misérables.*

Dans la colonie pénitentiaire, nouvelle de Kafka écrite en 1914, un explorateur doit assister à une exécution publique au cours de laquelle le prisonnier se voit torturé par une machine qui inscrit dans sa chair le motif de la punition. A l'heure où la peine de mort est abolie dans la plupart des démocraties tandis que les adolescents pratiquent le tatouage sur fond d'impunité familiale et scolaire, ce texte de Kafka ne manque pas de nous intriguer. Le bourreau – un officier – veut convaincre cet explorateur du bien-fondé de cette machine et de l'efficacité de la punition qu'elle délivre à un condamné qui meurt une fois achevée l'inscription longue et sanglante du texte pénal dans sa chair. «Les termes de notre sentence n'ont rien de sévère. On inscrit avec la herse, sur le corps du condamné, le commandement qu'il a enfreint. Par exemple, à ce condamné (l'officier montra l'homme), on inscrira sur le corps : "ton supérieur tu honoreras[34]".» Le bourreau se soumettra lui-même à cette punition dans le but de convaincre l'explorateur de la nécessité de la machine : il mourra de ce dernier supplice qui détruira la machine sans emporter l'adhésion de son spectateur. Souvent interprété comme un texte favorable à l'abolition de la peine de mort ou prémonitoire des barbaries du XXe siècle, *Dans la colonie pénitentiaire* nous invite également à sortir de notre torpeur pénale, moins pour écrire la punition avec *le sang du corps fautif* que pour interroger *le sens de celle-ci.* Qu'est-ce que punir à l'heure où colonies, tortures et peine de mort sont officiellement bannies de nos démocraties ?

A cette question, la postmodernité a du mal à répondre pour au moins deux raisons : *le primat affiché de la loi sur la punition* et *la judiciarisation de la peine.*

1.1.1. LE PRIMAT DE LA LOI SUR LA PUNITION : UN FONDEMENT ILLOGIQUE

> «Personne ne peut être puni sans jugement.»
>
> THUCYDIDE, *Histoire de la guerre du Péloponnèse.*

La pensée de la peine est solidement inféodée à la conception de la justice. Tout se passe comme si la punition était la conséquence logique d'une idée de la justice portée par des textes et défendue par une institution, des fonctionnaires et des spécialistes du droit. Il en résulte un état de fait : la punition est *pensée secondairement*, comme *conséquence*

34. Kafka, *Dans la colonie pénitentiaire* (*La Métamorphose*, suivie de), Librio, 2012, p. 72.

d'une infraction à la loi prévue par la loi. Il y aurait donc un *ordre ontologique* pour penser la punition : d'abord un Parlement[35], expression du peuple souverain, qui élabore et vote les lois; ensuite un ministère, gardien des textes et qui constate l'infraction et réprime l'infracteur; enfin, une administration qui prend en charge l'exécution de la punition. Dans un tel système, il est tout simplement impossible de penser la punition avant d'avoir conçu la justice, celle-ci étant la cause de celle-là.

Il s'agit là d'une vieille tradition, formulée dans l'expression latine *Nullum crimen, nulla poena sine praevia lege poenali* – «Il n'est de crime sans une loi qui l'établit; il n'est de peine sans une loi qui l'institue» – mise en exergue au siècle des Lumières, notamment par le pénaliste italien Cesare Beccaria, qui fonde sur cette relation le *principe de légalité*. L'article 8 de la Déclaration des droits de l'homme le formulera ainsi : «La Loi ne doit établir que des peines strictement et évidemment nécessaires, et nul ne peut être puni qu'en vertu d'une Loi établie et promulguée antérieurement au délit, et légalement appliquée.» Il est repris à l'article 4 du code pénal[36] de 1810, puis dans le nouveau code pénal[37] français de 1992 qui inverse l'ordre des peines.

35. Dans le cadre du *droit germano-romain* bien sûr, non dans celui de la *common law*.

36. «Nulle contravention, nul délit, nul crime ne peuvent être punis de peines qui n'étaient pas prononcées par la loi avant qu'ils fussent commis.»

37. «Nul ne peut être puni pour un crime ou pour un délit dont les éléments ne sont pas définis par la loi, ou pour une contravention dont les éléments ne sont pas définis par le règlement. Nul ne peut être puni d'une peine qui n'est pas prévue par la loi, si l'infraction est un crime ou un délit, ou par le règlement, si l'infraction est une contravention.»

La chose semble claire : penser la punition *indépendamment de la loi* paraît aussi inconcevable que de vouloir penser des effets avant leurs causes. Cette *ontologie justicière* un brin conceptualiste, si elle était étendue à d'autres activités, inviterait par exemple le jardinier à soigner les fruits à partir de la connaissance des bourgeons et de l'arbre qui les porte. Connaître l'arbre constituerait ainsi le préalable indispensable à l'agriculture et à la manière de traiter les fruits rongés par les vers ou pourrissant sur pied faute d'avoir été cueillis. On se doute que l'agriculteur, qui ne néglige pas le raisonnement, part toutefois d'une tout autre prémisse : il privilégie l'observation. Le chemin du juriste est donc distinct de celui de l'agriculteur ou du scientifique. C'est parce que le fruit présente des symptômes que l'agriculteur cherchera à savoir s'ils viennent d'un ver ou d'une maladie. De la même manière, c'est parce que le ciel s'obscurcit en plein jour que le physicien s'intéresse au phénomène de l'éclipse et en vient à comprendre que la Lune s'interpose, lors de sa trajectoire orbitale, entre la Terre et le Soleil, plongeant une partie de la première dans l'obscurité. *L'agriculteur et le scientifique remontent de l'effet à la cause* : le premier en tire une pratique, le second une théorie.

Le droit présente donc une originalité parmi toutes les théories et les pratiques : *il part de la norme.* C'est en formulant une norme, en l'occur-

---

Article 111-3 du code pénal, *op. cit.*, p. 12. Le nouveau code distingue désormais deux sources du droit : pour l'infraction, *le règlement* (qui désigne de manière générique les actes administratifs du Gouvernement : décrets, arrêtés, circulaires); pour le délit et le crime, *la loi* (qui désigne l'acte politique du Parlement, issu du vote des représentants de la Nation).

rence une loi, qu'il prend en compte la réalité et agit sur elle. Alors que l'agriculteur et le scientifique sont *soumis à la nature* et lui inféodent leurs pratiques et théories, l'homme de droit *impose des normes à la liberté.* Toutefois, la punition découle de la loi, non comme *un effet*, mais comme *une imputation*[38] : elle manifeste la loi en exerçant sur celui qui ne l'a pas respectée *une pression supérieure* à celle constituée par le simple respect de la loi. Alors que l'éclipse *découle* de la trajectoire de la Lune, la punition *découle* de l'imputation d'une faute par l'autorité judiciaire à celui qui a enfreint la loi.

Le droit se distingue ainsi autant des *sciences de l'homme* (par exemple de la psychologie et de la sociologie) que des *sciences de la nature* : il ne cherche pas à formuler une loi *expliquant un phénomène*; il *promulgue* une loi pour empêcher un acte (l'infraction) de se produire; il *prescrit* d'en rappeler le bien-fondé en cas d'infraction par la punition. De là vient le primat de la loi sur la punition. Lorsque le sociologue Emile Durkheim explique que «le crime est normal, parce qu'une société qui en serait exempte est tout à fait impos-

38. Kelsen fonde cette distinction de *la causalité* et de *l'imputation* de la manière suivante : «Dans la proposition juridique, il n'est pas dit, comme dans la loi naturelle, que si A, B est; il y est dit que, si A est, B doit être [*soll sein*]; et ceci n'implique nullement que B sera réellement chaque fois que A sera. Le fait que la signification de la connexion des éléments dans la proposition juridique ne soit pas identique à ce qu'elle est dans la loi naturelle a sa source dans cette donnée que, dans la proposition juridique, la connexion est établie par une norme posée par l'autorité juridique, c'est-à-dire par un acte de volonté, alors que la connexion de la cause et de l'effet qui est énoncée dans la loi naturelle est indépendante de toute semblable intervention.» Hans Kelsen, *Théorie pure du droit*, *op. cit.*, p. 106.

sible[39]», il emprunte le chemin de la science qui met au jour une loi de la nature humaine. Le crime serait ainsi pour le sociologue aussi «normal» que la tempête pour le météorologue. Mais la démarche du droit emprunte une autre voie : ce qui est *normal* pour le sociologue, à savoir le crime, est considéré par le législateur et le juge comme un acte devant se soumettre à *la norme* après coup au moyen d'*une punition. Normal* du point de vue sociologique, le crime est *anomique* du point de vue juridique.

Cependant, ce *primat de la loi* sur la punition, qui semble fonder la cohérence du système pénal, ne se révèle pas évident à l'examen. La démocratie ayant mis à l'index la lettre de cachet et en général tout acte de justice reposant sur l'arbitraire du monarque ou le bon plaisir du tyran, *punir* un fautif ne peut avoir lieu sans un texte qui délimite les contours de l'infraction. C'est là chose rassurante.

L'être de la justice est parlementaire : il prend la forme de *la loi*; sa manifestation est administrative : elle revêt l'aspect de *la punition*. Cette *ontologie*[40] – qui fonde *l'être démocratique* de la punition – implique une *chronologie* : d'abord l'élaboration et le vote de la loi; ensuite *la prononciation de la punition* comme conséquence judiciaire du non-respect de la loi; enfin *l'application de la punition*.

La loi fonctionne ainsi comme une règle de jeu. En effet, un joueur ne peut jouer que dans un système qui comporte des règles. *Le citoyen* est donc considéré comme *un joueur* qui doit impérativement connaître les règles pour pouvoir participer à la vie sociale.

39. Emile Durkheim, «Le crime, phénomène normal», in *Les Règles de la méthode sociologique* (1894), PUF, 1960, p. 65.

40. Science de l'être.

Malgré son aspect sérieux et rébarbatif, le code pénal peut être envisagé comme une stricte règle du jeu social. Tous les enfants savent que l'apprentissage des règles d'un jeu en constitue la part la moins ludique. Souvent, ils ne lisent pas cette règle, mais aiment qu'on leur en explique les rudiments afin d'entamer une partie le plus rapidement possible. Les règles du jeu s'apprennent en jouant comme la marche vient en marchant. En va-t-il autrement du rapport qu'entretient le citoyen français avec le code pénal ? Ce «livre» fait-il l'objet d'un enseignement à l'école ? Combien de citoyens, en dehors des professionnels du droit pénal et éventuellement de quelques fautifs, se sont-ils plongés dans sa lecture ?

La manière même dont se déroule un procès s'apparente lui aussi à un jeu, l'accusation disposant d'un certain nombre de cartes, l'avocat en tenant d'autres, chacune des parties pouvant disposer d'atouts décisifs (preuves, témoins, vices de forme, etc.) conduisant à faire condamner ou innocenter le prévenu. S'il ne s'agit pas d'une comédie – *castigat mores ridendi*[41] –, le procès constitue cependant bel et bien *une partie* où l'un doit gagner, l'autre perdre. Il est ainsi fréquent d'entendre les victimes proclamer, à l'issue d'un procès qui leur a été favorable, qu'« il y a une vraie justice dans ce pays» tandis que l'avocat du condamné se plaint d'une «nouvelle erreur judiciaire» !

Un Indien de la tribu Kuna[42] m'avait fait cette remarque alors que je venais séjourner chez lui

41. Formule latine qui exprime la fonction morale de la comédie : «Elle corrige les mœurs en riant.»

42. Indiens formant un peuple d'environ 75 000 personnes vivant au Panama sur des îles des Caraïbes. Spécificité ? Chassés par les Espagnols de leurs terres ancestrales, ils se sont réfugiés sur ces îlots dont les sommets culminent à

en 2012 pour comprendre les façons de punir de sa société : «Ah, tu es français! Tu viens du pays des droits de l'homme, celui où un criminel sort libre du tribunal grâce à son avocat!» L'entrée en matière m'avait fait l'effet d'un coup de boutoir donnant cependant le jour à une évidence : les *droits de l'homme* avaient longtemps porté une grande espérance; ils accouchaient désormais d'acquittements spectaculaires mettant en scène un avocat habile et un Etat beau joueur, résultat très éloigné de ce que le bon sens attend en général de la justice. Cette remarque de mon hôte me rappelait la fameuse définition que le philosophe Herbert Spencer donnait d'un jury : «Un jury est un groupe de douze personnes d'ignorance moyenne, réunies par tirage au sort pour décider qui, de l'accusé ou de la victime, a le meilleur avocat.»

Au commencement de la punition judiciaire, est le Verbe de la loi, c'est-à-dire le code pénal qui distingue trois types d'infraction : «Les infractions pénales sont classées, suivant leur gravité, en crimes, délits et contraventions[43].» Le crime est donc l'infraction la plus grave et qui mérite, par conséquent, la punition la plus répressive. Il est important de le savoir afin ne pas devenir criminel; il n'est cependant pas sûr que la chose puisse être aisément comprise. D'une part, parce que le crime renvoie à une définition de la gravité qui varie selon les Etats et les cultures; d'autre part, parce que la gravité de la faute établie par le code pénal repose sur une étrange confusion.

---

60 centimètres et qui seront donc prochainement recouverts par la montée du niveau de la mer.

43. Article 111-1 du code pénal, *op. cit.*, p. 2.

Que le crime soit l'infraction la plus grave, le bon sens peut l'entendre. Mais qu'est-ce que *la gravité* ? En quoi consiste-t-elle ? En physique nous trouvons *la gravitation* selon laquelle un corps tombe car il est attiré par un corps de plus grande masse. La pierre chute car la Terre est un corps qui l'attire, elle-même tournant autour du Soleil qui constitue 99,86 % de la masse du système solaire. En physique, *la gravité* est la même en deçà et au-delà des Pyrénées. Tel n'est pas le cas dans le domaine pénal. Nous constatons partout le relativisme culturel des valeurs qui infiltre les systèmes pénaux et qui ne permet pas d'accorder la même « gravité » à une faute dans tous les pays et sous toutes les latitudes. C'est ainsi que le vol d'un aliment peut donner lieu à *une amende* en France, en Pologne ou au Royaume-Uni et à *une amputation de la main droite* au Soudan et en Arabie Saoudite. Non seulement le concept d'*infraction grave* paraît relatif, mais le code pénal n'en donne pas une définition précise : s'il stipule que l'infraction consiste à désobéir à la loi, il ne définit pas ce qui fait d'une désobéissance qu'elle est plus « grave » qu'une autre.

Le second problème porte sur le principe du droit pénal permettant d'établir la gravité d'une infraction. Partant du *principe de légalité* selon lequel il n'y a de punition que dans la mesure où existe une loi qui la prévoit, nous pourrions nous attendre à voir définies clairement dans le code pénal les trois infractions, à savoir *la contravention, le délit* et *le crime*. Or, ledit code ne les définit pas, laissant au juge le soin de les établir en attribuant à l'infraction la peine qui lui semble le mieux correspondre à la faute jugée : peine de police pour la contravention, peine correctionnelle pour le délit, peine afflictive et infamante pour le crime (article 1 du code pénal de 1810). Le bon sens nous inviterait plutôt à comprendre qu'une faute est grave *par son caractère propre* : son extrême violence, sa perversité, sa méchanceté. La punition devrait donc découler de la faute et sa sévérité de la gravité de l'acte commis. C'est le sens d'une proportion entre la faute et la punition, exprimée dans l'Ancien Testament par la loi du Talion et dont on trouve les prémices dans le code de Hammourabi : «Œil pour œil, dent pour dent[44].» Contrairement à la signification habituelle de cette loi comme illustration de la vengeance, le Talion a eu pour mérite, au contraire, de contenir les dérives de la vengeance en encadrant la punition dans une relation de proportionnalité à la faute. Le Talion vise par conséquent l'application d'une punition qui n'excède pas l'acte commis et qui ne soit ainsi ni plus violente ni plus horrible que la faute.

Or, dans sa volonté de s'affranchir de la vengeance et de ce progrès que constituait déjà le Talion, le droit pénal moderne s'efforce de ne plus identifier la faute par sa dimension physique ou psychologique, mais d'abord *par sa non-conformité à la loi*. Le *formalisme* du droit pénal suppose ainsi de juger la faute non *immédiatement* pour les dommages qu'elle a entraînés, mais *fondamentalement* pour ce qu'elle n'a pas fait : *respecter la loi*. Du coup, l'évaluation de *la gravité de la faute* ne doit plus reposer sur *l'émotion* provoquée par le crime : elle doit d'abord provenir de la raison d'être de la loi, à savoir de la justice exprimée de manière codifiée. Comme l'explique Hegel, les hommes, pris dans le

44. La *Bible de Jérusalem*, Editions du Cerf, 2011, p. 118. Exode XXI, 23-25 : «Mais s'il y a accident, tu donneras vie pour vie, œil pour œil, dent pour dent, pied pour pied, brûlure pour brûlure, blessure pour blessure, meurtrissure pour meurtrissure, plaie pour plaie.»

flot de leurs passions, résistent encore à ce droit qui exprime pourtant leur rationalité : «Lorsqu'il se présente sous la forme du devoir et de la loi, le droit leur fait l'effet d'être lettre morte et ils le ressentent comme une entrave. Car le sentiment ne se reconnaît pas dans le droit ainsi compris, par conséquent ne s'y sent pas libre, parce que la loi est la raison de la chose et que la raison ne permet pas au sentiment de s'exalter dans sa propre particularité[45].»

La rationalité de cette conception de la faute n'est cependant qu'apparente. En effet, contrairement à ce que la loi affirme dans son *principe de légalité* – «Nul ne peut être puni pour un crime ou pour un délit dont les éléments ne sont pas définis par la loi, ou pour une contravention dont les éléments ne sont pas définis par le règlement[46]» –, c'est *l'amende* qui indique que la faute est légère et *la prison* qui la désigne grave. La faute devrait pourtant être évaluée comme légère, moyenne ou grave avant que ne soit appliquée au fautif la punition correspondant à celle-ci. Visiblement, ce n'est pas le cas, le juge *n'évaluant pas la gravité de la faute*; il *fixe le caractère plus ou moins répressif de la punition*! C'est donc en déterminant la punition que se trouve *déterminé l'acte* (licite[47] ou illicite) et, le cas échéant, *qualifiée la faute (contravention, délit, crime)*. Autrement dit, c'est par la punition que nous apprenons d'abord qu'un acte constitue ou non une faute, ensuite que cette faute, le cas échéant, est grave ou non. Il ne faudrait pas croire que le prévenu est informé de sa faute avant de

45. Hegel, Préface des *Principes de la philosophie du droit*, J. Vrin, 1981, p. 52.

46. Article 111-3, code pénal de 1994.

47. Aucune punition n'étant fixée, l'acte n'est donc pas déclaré illicite.

connaître sa peine puisque c'est proprement celle-ci qui définit celle-là.

Ce n'est donc pas la faute qui *appelle* une punition, mais la punition qui *fabrique* la faute par la détermination même de sa gravité. *Sine poena nulla lex* : « Sans punition, il n'est pas de loi. » Il y a là un *renversement des principes* puisque, *in fine*, c'est la punition (*poena*) qui prime la loi (*lex*). Le principe de légalité se voit en réalité *fondé* sur *le principe de pénalité*. La justice démocratique repose sur un cercle vicieux (*diallèle*) : il n'y a pas de punition sans loi, mais, comme il n'y a pas de faute sans punition, il faut en conclure qu'il n'y a de loi ni sans punition ni sans faute. CQFD.

Si le droit pénal fournit une règle du jeu social, force est de reconnaître que celle-ci n'est pas logique. *L'ontologie judiciaire* impose bien une *chronologie pénale*, mais elle dissimule une *paralogie intellectuelle* : elle semble être le fruit d'un raisonnement logique, mais elle renferme *une contradiction* qui la rend *illogique*. Cette contradiction se situe entre l'affirmation selon laquelle *la loi est antérieure à la punition* alors qu'en pratique *c'est la punition qui détermine la faute et justifie la loi* ! La fixation de la qualité (légèreté ou gravité) d'une infraction repose par conséquent dans le code pénal sur un *paralogisme* dont la persistance est étonnante. La justice démocratique croyait s'affranchir de l'irrationalité en se dégageant des passions au profit de la règle ; elle replonge dans *l'irrationalité* par son *illogicité*.

Cette justice est donc très éloignée des recommandations prônées par son inspirateur, Cesare Beccaria, qui prévoyait en effet une justice conforme à la logique aristotélicienne et à sa théorie du syllogisme[48] : le juge ne doit en effet pas *interpréter* la loi pénale, mais seulement l'appliquer de manière purement syllogistique («Pour chaque délit le juge doit faire un syllogisme parfait[49]») : le prévenu a accompli telle action, or cette action est punie par telle peine, donc le prévenu doit être condamné à cette peine. Le juge s'est tellement émancipé de la loi qu'il est dans l'interprétation permanente de celle-ci. *La syllogistique* s'est effacée devant *l'herméneutique.* Certes, même si Aristote soutient qu'aucune règle ne peut régler sa propre application, il n'envisage pas une telle autonomie du juge dans l'application de la loi. Kelsen soutient de son côté que «tout acte juridique, qui opère application du droit, que ce soit un acte de création de droit ou que ce soit un acte de pure exécution matérielle, n'est déterminé par le droit qu'en partie et est, au contraire, pour une autre part, indéterminé[50]».

Il résulte de cette détermination de la faute par le juge que *la punition* prend de *l'épaisseur* et acquiert *une substantialité* qui ne lui vient pas de la loi, mais de son *pouvoir de créer une faute.* Par l'incapacité de la loi à nous dire la faute, celle-ci *se détache de la loi* et *s'attache au pouvoir de punir.* Dire qu'il s'agit là d'un retour de l'arbitraire au cœur de la démocratie serait exagéré, mais cette pratique met au jour la contradiction qui mine *le principe de légalité.* Le juge peut ainsi *requalifier* ou *déqualifier* une infraction à sa convenance. La déqualification d'une

48. Raisonnement logique composé de trois propositions : une majeure, une mineure et une conclusion. Exemple : Tous les hommes sont mortels (majeure), Socrate est un homme (mineure), donc Socrate est mortel (conclusion).

49. Cesare Beccaria, *Des délits et des peines,* Garnier-Flammarion, 2006, § 4, p. 153.

50. Kelsen, *Théorie pure du droit, op. cit.*, p. 455.

infraction qui de *crime* devient *délit* ne constitue pas seulement *la marge de manœuvre du juge*, mais *la preuve de l'inutilité de la loi* et de *l'illogicité du code pénal*. Le fait que le gouvernement recoure à cette pratique – la déqualification d'une faute[51] – pour réguler le taux d'occupation des prisons en diminuant le flux de criminels ne met pas seulement à mal la fameuse séparation des pouvoirs : il illustre *l'indétermination de la faute* par la loi et, par conséquent, le caractère peu fiable d'une telle justice. Le fait qu'une faute puisse être non seulement *dé-qualifiée*, mais *re-qualifiée*[52] ne change rien à l'affaire. Dans les deux cas, nous devons comprendre que *la punition* ne dépend pas *de la loi,* mais *du juge*[53].

Le fautif se retrouve ainsi dans une situation similaire à celle d'un *client* se rendant dans une agence immobilière, les deux ignorant ce qu'ils obtiendront : le premier quelle condamnation; le second quel type de logement. Mais dans le cas où le fautif se voit condamné (pour *contravention, délit* ou *crime*), il découvre simultanément la faute et la forme que prend la punition. Tout se passe comme si le client

51. La majorité des décisions judiciaires penche plutôt en faveur de la *correctionnalisation des crimes*, consistant à faire passer *en tribunal correctionnel* une infraction qui autrefois aurait été jugée *en cour d'assises*. C'est ainsi qu'une *tentative de meurtre* est requalifiée en *violences avec arme* ou qu'un *viol* est requalifié en *agression sexuelle*.

52. Un délit est cependant plus rarement requalifié en crime. En dehors de la récidive, il convient, pour que la peine soit aggravée, de déceler un élément intentionnel qui motivera la comparution du fautif devant une cour d'assises (aggravation du délit en crime).

53. Il va de soi que le juge est lui aussi créateur de droit, que sa décision ou interprétation de la loi fasse jurisprudence ou non. Il n'empêche que ce n'est pas la loi qui définit et détermine la faute.

de l'agence se voyait proposer un logement (appartement, maison ou château) indépendamment du budget qu'il avait annoncé au vendeur pour l'achat du bien. Tout comme le budget d'un tel acheteur se voit déconnecté de la valeur du logement, la punition se trouve détachée de la loi et de l'acte du fautif.

Si, dans *Le Procès* de Kafka, le personnage Joseph K. ne *sait* pas de quoi il est accusé, dans les sociétés démocratiques *le droit* ne permet pas au fautif de *comprendre* quelle faute (*contravention, délit* ou *crime*?) on lui reproche! Régime de l'intelligence, la démocratie trouve dans *le droit* et *le système pénal* son talon d'Achille.

1.1.2. LA JUDICIARISATION DE LA PUNITION : UN PROCESSUS RÉDUCTEUR

> «La garantie d'une constitution, c'est-à-dire la nécessité que les lois soient rationnelles et que leur réalisation effective soit assurée, réside dans l'esprit de l'ensemble du peuple[54].»
>
> HEGEL.

Tout ce qui n'est pas interdit est autorisé; tout ce qui est interdit doit être réprimé : tel est le cadre du droit pénal qui fournit le *criterium* du *licite* et de *l'illicite*. A défaut d'*être logique*, le droit nous *apparaît* comme le principe formel d'un *univers rassurant* dans lequel ne s'opposent plus les *gentils* aux *méchants*, mais les *citoyens respectueux de la loi* à *ceux qui ne le sont pas*. D'un côté les *citoyens*

54. *Philosophie de l'Esprit* (*Encyclopédie des sciences philosophiques*, T. III), J. Vrin, 1988, § 540, p. 317.

légaux, de l'autre les *illégaux*. Par cette conception de l'infraction, le droit moderne a voulu rompre avec la morale et évacuer l'idée de faute. Dans les démocraties modernes, *le malin* a déserté le terrain de la méchanceté et regagné celui des légendes ; désormais, *l'infracteur* occupe le devant de la scène fautive, adoptant le visage du *contrevenant*, du *délinquant* ou du *criminel.*

A la différence de notre droit moderne, les Grecs de l'Antiquité faisaient grand cas du mal : ils maintenaient une coexistence intime de la loi et de la foi, la faute entretenant un lien plus grand avec le mal et la maladie qu'avec la norme et le droit. Jean-Pierre Vernant rappelle ainsi la dimension maléfique, virale et pathogène qu'ils attribuaient à la faute : « Cette universalisation de la condamnation du crime, l'horreur inspirée désormais par toute espèce de meurtre, la hantise du *miasma* que peut représenter pour une cité, pour un territoire, le sang versé, l'exigence d'une expiation qui est en même temps une purification du mal, toutes ces attitudes sont liées au réveil du religieux qui se manifeste dans les campagnes par l'essor du *dionysisme* et qui revêt, dans des milieux plus spécialisés, la forme d'un mouvement de sectes comme les *Orphiques*[55]. » *Dionysos* et *Orphée* comme clés de *sol* et de *fa* de la faute ! De toute évidence, ces Grecs des VIIe et VIe siècles avant notre ère proposaient deux interprétations inquiétantes de la faute !

Cependant, il n'est pas sûr que le droit soit venu à bout de ces anxiétés populaires : il suffit de constater aujourd'hui encore le nombre de partisans de la peine de mort et d'une politique sécuritaire pour

55. J.-P. Vernant, *L'Origine de la pensée grecque*, PUF, coll. « Quadrige », 1981, p. 72.

s'en convaincre. Sous son aspect rassurant, le droit ne parvient pas à nous persuader de la disparition du problème du mal, du risque de contagion du crime et de l'anxiété que fait surgir chaque fait divers dans lequel l'humanité révèle sa bestialité. Si Vernant voit dans cette hantise grecque de ladite période la marque du religieux, la peur moderne à l'égard du crime témoigne de l'échec de nos sociétés à traiter le problème de la faute en la cantonnant à *un cadre technique* – celui du droit. Le fait que la faute soit interprétée comme *une infraction* ne peut empêcher quiconque de penser que son ressort ne réside pas dans la simple désobéissance à la loi et que tout crime plonge ses racines dans les anfractuosités de l'âme humaine.

Il faut peut-être émettre une hypothèse : malgré le génie législatif de la raison démocratique, l'âme humaine n'est réductible ni à des *protocoles* ni à des *procès*. Le mal persistera, sans persifler, car il est une des contreparties de la liberté. Dans *Les Caves du Vatican*, roman décousu que Gide nomme « sotie » et dans lequel se croisent des personnages aux idéaux variés, *Lafcadio* incarne une figure originale : celle d'un *mystique de l'acte gratuit* capable d'alterner la pratique du bien et du mal sans raison, ou plus exactement sans autre raison que la gratuité. C'est ainsi qu'il sauve un jour la vie de deux enfants et qu'il tue un autre jour *Amédée Fleurissoire*, sans raison, sans intérêt, « sans mobile », dirait la justice. La beauté de *l'acte pour l'acte*, indifférente à toute valeur morale. Au-delà de ce nietzschéisme romanesque illustrant la vie d'un homme qui a décidé de se placer *par-delà Bien et Mal*[56], Gide nous invite à

56. Nietzsche, *Par-delà bien et mal*, Gallimard, coll. « Idées », 1982.

comprendre que le motif de nos actes reste mystérieux, y compris à nous-mêmes. Que chacun fasse l'effort d'y faire retour est un signe de sagesse ; que la justice puisse y avoir accès dépasse sûrement toute promesse.

Tout se passe alors comme si, par-delà ces contradictions, la prise en compte de la faute par le droit participait de ce *mouvement de rationalisation historique des activités humaines* qui ont cherché à *se simplifier pour être plus efficaces.* Le droit constitue ainsi une formidable *entreprise de modernisation des relations humaines*, fondées *sur la loi* et non plus *sur la foi*, établies *à partir de la raison* et *non plus de l'imagination*, issues *de la décision collective* et *non plus de l'arbitraire.* Afin de comprendre cet *effort pragmatique de l'humanité* dont émerge le droit, nous pouvons le comparer à une autre invention : *l'argent.*

L'argent a ainsi permis à l'économie un incroyable bond en avant : il a facilité la mobilité et la fluidité des échanges. Se déplacer avec de l'argent plutôt qu'avec un objet ou un animal à troquer constitue un progrès que l'humanité a probablement entamé dès la révolution néolithique[57]. Aristote percevait l'argent comme le simple étalon des échanges[58] et y reconnaissait une déviation économique – la *chrématistique* – lorsqu'il était recherché dans le simple but de *s'enrichir*, alors que la finalité de l'*éco-nomie* consistait selon lui dans l'épanouissement de la vie du domaine familial (*oikos*). Le phi-

57. Le passage de la cueillette et de la chasse à l'agriculture s'est accompagné de diverses innovations, à l'instar de techniques permettant de produire des aliments.

58. Aristote, *Les Politiques*, I, 9, 1257-a, Garnier-Flammarion, 1990, p. 117.

losophe grec ne voyait pas en quoi consistait le progrès apporté par l'argent : multiplier les échanges et par conséquent la relation entre les individus, ce qu'illustre aujourd'hui la mondialisation. Par le pouvoir de *se convertir* immédiatement en marchandise et de *fonctionner comme un crédit*, l'argent a transformé le monde en *un marché* auquel sont désormais reliés tous les hommes en tout point de la planète. Il a ainsi permis à l'individu de *s'arracher* à la place traditionnelle que lui réservait la société dont l'économie reposait sur le troc et dans laquelle la fonction de chacun était d'autant plus importante que les échanges y étaient réduits. Avec l'argent, l'individu ne se détache pas seulement d'un rôle prédéterminé : il invente sa vie en y trouvant une source infinie de liberté. Ce nouveau pouvoir de l'homme propulse l'argent au rang de Graal et fait de celui-ci l'objet de quêtes incessantes.

Le philosophe Georg Simmel, qui reconnaît à l'argent le statut de «moyen par excellence» ou d'«outil absolu» – «l'argent est à la fois l'absolu *terminus a quo* menant vers tout, et l'absolu *terminus ad quem* vers quoi tout mène[59]» –, a cependant montré que cette dimension rationnelle et moderne de l'argent s'accompagnait d'une nouvelle situation de l'humanité, à savoir la montée de *l'individualisme*. Si les marchandises *at-tachent* les individus

59. Georg Simmel, *Philosophie de l'argent*, PUF, 1987, p. 261. Le terminus *a quo* est la limite inférieure d'un intervalle de temps hors duquel un événement n'a pu avoir lieu. Le terminus *ad quem* est la limite supérieure dudit intervalle. Toutes nos vies semblent désormais tenir dans cet intervalle que constitue l'argent. L'argent est ainsi *une chose virtuelle* ou *une réserve* pour se procurer une chose réelle, ce qui est précisément la fonction d'un crédit.

à une place[60] dans une société, l'argent, bien qu'il favorise les relations, *dé-tache* l'individu de la collectivité. Dans une société traditionnelle, l'homme naît noble ou vilain. Ce dernier peut être drapier, forgeron ou cordonnier, en général de père en fils. L'avènement de la bourgeoisie et l'essor du capitalisme ont détaché les hommes de leur fonction sociale héréditaire. L'argent a fluidifié les fonctions sociales, contribuant ainsi à *l'atomisation* de nos sociétés dans lesquelles les individus n'ont plus de places prédéterminées. Cette fluidité sociale amorça à la fin du XVIIIe siècle une nouvelle donne pour l'humanité. Or, si l'homme est cet animal qui *fabrique des outils*, le fameux *Homo faber* (Bergson), l'argent ne constitue *pas un outil* anodin : il est *l'outil absolu*, *le pouvoir absolu de choisir* qui définit la nouvelle essence de l'humanité. L'argent devient dès lors le nouveau visage de la liberté. Moins fixé dans le carcan de la société par la place qu'il est censé y occuper, l'homme se définit par sa liberté qui est aussi son pouvoir de détachement. Finalement, l'homme le plus libre dans la société marchande n'est pas celui qui occupe la fonction d'élu, fût-ce à la tête du pays, mais celui qui échappe à toutes les contraintes par la mobilité que lui procure l'argent. Dans cette « société liquide[61] », l'homme le plus libre est donc le plus argenté car le plus détaché des tâches qui l'attachent. Deux points communs relient dès lors le droit à l'argent : *son abstraction* et sa conséquence, *l'universalisation*.

60. Notamment par son métier : le boulanger, le ferronnier, le cordonnier, etc.

61. Cf. Zygmunt Bauman, *La Vie liquide*, Fayard, coll. « Pluriel », 2013.

L'abstraction d'abord. Simmel remarque que «l'argent a cette qualité très positive qu'on désigne par un concept négatif : l'absence de caractère[62]», soit la définition même de ce qui n'a ni couleur ni chair. L'argent n'a pas d'odeur; le droit non plus. La juridiciarisation de la faute établit par conséquent sa *normalisation* qui vaut *abstraction.* Tout ce qu'il y a de *singulier* et de *particulier* dans la faute commise s'efface devant *la norme.* Le fautif lui-même devra comprendre que, malgré tous *les mobiles* qu'il veut bien reconnaître, sa faute a surtout consisté *à transgresser la norme.*

Ce qui détermine le caractère *fautif* d'un acte, c'est le non-respect d'un article du code de la route ou du code pénal, non la volonté d'arriver plus vite à l'hôpital pour voir son enfant ni la jalousie ou la cupidité qui a motivé le geste ayant fait couler le sang sur le sol et entraîné souffrances et décès de la victime. L'essentiel de ce qui est concret dans la faute *s'efface devant la désobéissance* à la norme. La prise en considération de la dimension concrète de la faute ne disparaît certes pas totalement : soit elle nourrit *la preuve de la désobéissance*, soit elle fournit *un socle aux circonstances atténuantes.* Dans les deux cas, elle reste au second plan.

Une des caractéristiques de *l'abstraction*, c'est le détachement à l'égard de la chose. Le scientifique ne s'intéresse à la chose que pour y reconnaître ou en formuler une loi. Dans le domaine pénal, l'abstraction se marque par le désintérêt de *la dimension concrète de l'infraction.* Or, parmi *la concrétude* de l'acte fautif figure évidemment la réalité de l'auteur (*acteur* ou *infr-acteur*?), ses conditions de vie, son psychisme et son histoire, ses

62. Georg Simmel, *op. cit.*, p. 252.

désirs et ses craintes, ses fantasmes et ses raisonnements, en un mot sa *subjectivité. Le sujet* comme pâte concrète et réalité subjective intéresse peu la justice qui voit surtout en lui *un citoyen* devant répondre de ses actes. La justice juge moins *une personne*, c'est-à-dire *un être de chair*, qu'*un sujet de droit*. Elle *soustrait* donc de l'infracteur *la part personnelle,* qui l'a conduit devant le tribunal pour la faute commise, et *retient* seulement de lui *son caractère objectif*, celui de citoyen.

L'abstraction pénale est *une soustraction psychologique* : elle ne voit dans le fautif qu'*un citoyen gauche, mal-à-droit*, incapable de rester dans le cadre fixé par la loi. Un réductionnisme est ainsi à l'œuvre dans le droit comme dans l'argent : le premier considère *le citoyen* au détriment de *la personne*, le second paye *la valeur marchande* au détriment de *la valeur d'usage*. Dans cette *réduction* réside leur pouvoir d'*abs-traction*. L'argent dispose d'un *pouvoir de traction des choses et des personnes* : il les *tire* hors de leur réalité pour en donner, non *l'essence*, mais *le prix du marché*. La traction[63] opérée par l'argent explique *l'attraction* qu'il exerce sur les hommes. Le droit, quant à lui, sépare *le fautif* de *la personne* qui a commis la faute : il *soustrait* donc *la personne d'elle-même (dé-personnalisation)* avant, le cas échéant, de *la soustraire de la société* (*dé-socialisation*) par l'*incarcération*.

L'universalisation ensuite qui découle de l'abstraction. En effet, si l'argent détache le citoyen de

---

63. Les divers sens du verbe latin *abstraho* sont : «tirer, traîner loin de, séparer de, détacher de, éloigner de», Félix Gaffiot, *Dictionnaire illustré latin-français*, Hachette, 1934, p. 11.

la chose et de la société, il le prépare à un détachement plus grand : cette abstraction faisant de l'argent *une valeur universelle.* L'argent est d'abord un «équivalent général» puisqu'on peut l'échanger contre n'importe quelle marchandise ou n'importe quel service. Le fait qu'il soit un tel *équivalent général* le fait désirer absolument. Il devient le centre de toutes les attentions et de toutes les activités. De *simple moyen d'échange*, il est devenu *le but de tous les échanges* au point de s'imposer à presque toutes les relations humaines. Seules, selon Simmel, la famille, l'amitié et la patrie échappent à une relation «intéressée». Tout le reste passe sous la tutelle de l'argent. Autrefois, les relations humaines étaient placées sous le regard de Dieu; elles sont désormais *éclairées* par l'argent. Georg Simmel compare ainsi ce nouveau *rôle théologique* dévolu à l'argent : il est *le nouveau dieu.* L'argent conserve les traits de Dieu dans la mesure où ils favorisent tous deux la convergence des efforts de l'homme dans une seule direction. Simmel cite Hans Sachs qui ne dit rien d'autre : «L'argent est ici-bas le dieu terrestre[64].» Que les Américains aient inscrit sur leur billet de 100 dollars la devise «In God we trust» illustre assez clairement, quoique implicitement, ce remplacement de *God* (*Dieu*) par *Gold* (*Or*).

Tout est soluble dans l'argent. Autrefois, les fidèles priaient Dieu pour demander *un miracle*; aujourd'hui, le citoyen solvable demande au banquier un crédit pour monter *au pinacle*! Le monde a changé, non les désirs de l'humanité : ils se sont transportés du haut vers le bas (de laine). *L'universalisation de l'argent* désigne donc seule-

64. Georg Simmel, *op. cit.*, p. 283.

ment le temps qu'il a fallu à l'argent pour éliminer ses concurrents – les marchandises – dans la course à l'universel et devenir lui-même *un universel*. L'argent a ainsi récupéré sur son dos *les charges* que Dieu portait et *les recettes* qu'il offrait. L'humanité se courbait il n'y a encore pas si longtemps devant Dieu pour obtenir le fruit de sa dévotion ; elle s'érige désormais devant le Nasdaq pour récolter le fruit de ses spéculations. Le temple change, le désir demeure.

Le droit pénal, comme l'économie, a fini par voir converger son principe – faire respecter la norme – vers *un seul point* : la prison. *Dieu, l'argent, la prison* : trois points de fuite vers lesquels l'humanité a fait converger ses efforts : celui de *la foi*, celui de *l'échange*, celui de *la punition*. A l'instar de la peinture renaissante italienne du *Quattrocento* qui invente le point de fuite pour ouvrir le tableau à la perspective, l'humanité cherche en toutes choses *un principe* qui est d'abord *fédérateur*, ensuite *monopolistique*. Nous avons vu que l'activité économique convergeait vers un point qui vaut *mire*, *l'argent*. Nous ne travaillons ni ne produisons plus des marchandises pour en acheter et les utiliser, mais *pour obtenir de l'argent*. Tout se passe comme si l'histoire de l'économie avait évolué vers cette finalité : faire du *moyen* d'échange sa *fin*(alité). Or, n'en va-t-il pas de même pour *la punition* ?

Nous constatons que les méthodes utilisées pour punir étaient autrefois très variées : *le tripalium, la crucifixion, le fouet, le pilori, la pendaison, le bûcher, l'équarrissage, l'estrapade, l'écrasement des os ou du crâne dans un étau, la séparation du genou, l'arrachage de la langue, l'huile bouillante, le supplice de la roue, l'amputation, la chaise de Judas, la poire d'étouffement, l'empalement, l'en-*

fouissement vivant, l'araignée espagnole, la manivelle intestinale, le supplice du chevalet, etc. L'imagination pénale n'était pas en panne ! Elle était même débridée, et le cerveau du bourreau ne manquait pas de surprendre, parfois en le trépanant, celui du coupable ! S'il fallait recenser l'ensemble des punitions inventées par l'humanité, dictionnaires et encyclopédies n'y suffiraient pas !

Comment est-on alors passé en Occident d'un *foisonnement pénal*, qui s'est épanoui de l'Antiquité jusqu'à la fin du Moyen Age, à un assèchement progressif, mais constant, de l'arsenal punitif, pour finir par ne garder au XXe siècle que *la prison* ? Jusqu'aux années 1950, la réponse la plus fréquente à cette question tenait en cinq mots : le progrès de la démocratie. *Des délits et des peines* (1773) de Cesare Beccaria à *Contre la peine de mort*[65] de Robert Badinter en passant par *Le Dernier Jour d'un condamné* (1829) et *Claude Gueux* (1834)[66] de Victor Hugo, la littérature témoigne d'une volonté progressiste de réduire la punition, notamment par l'éducation. Dans *Claude Gueux*, Victor Hugo écrit : « Cette tête de l'homme du peuple, cultivez-la, défrichez-la, arrosez-la, fécondez-la, éclairez-la, moralisez-la, utilisez-la ; vous n'aurez pas besoin de la couper. » Eduquer, plutôt que punir ; emprisonner, plutôt que raccourcir. La prison apparaissait donc jusqu'à la moitié du XXe siècle comme le fruit d'un progrès de l'histoire. A défaut de punition idoine, elle passait pour le moins pire des châtiments.

65. *Contre la peine de mort : Ecrits 1970-2006*, Fayard, 2006 ; Le Livre de Poche, 2008.

66. *Le Dernier Jour d'un condamné, Claude Gueux*, Larousse, coll. « Petits Classiques », 2002, p. 262.

Tel n'est plus le cas en ce début de XXIe siècle. Les limites de la prison s'imposent à tous. D'un côté, le fait qu'on lui cherche *des peines de substitution* – qu'il ne faut pas confondre avec une *diversification*[67] *du système pénal* – témoigne de son imperfection. Certes, toutes les démocraties ne sont pas parvenues au même niveau d'*assèchement pénal*. La peine de mort a ainsi été abolie progressivement[68], la variété de ses méthodes – *la pendaison, la guillotine, l'empoisonnement*, etc. – renvoyant implicitement aux anciens supplices. D'un autre côté, même si *les régimes non démocratiques* continuent de pratiquer des punitions que nous associons encore trop souvent et à tort au Moyen Age de l'Occident, le fait qu'ils soient gênés dans leur pratique pénale par la diffusion des *droits de l'homme* au sein d'une partie de leur population et par le regard occidental à l'extérieur peut laisser penser que *l'universalisation de la punition* est en marche et que la prison en constitue l'horizon.

Or, jusqu'au Moyen Age, la prison ne constituait pas une *punition en soi* : elle servait à la simple *détention du corps* en vue d'y exercer la punition. Détenir *pour ensuite* punir et non *détenir* en croyant

67. Bernard Bouloc opère une telle confusion quand il affirme : « Par ailleurs, les sanctions se sont diversifiées : aux châtiments corporels ont succédé les privations de liberté et les sanctions patrimoniales (amendes, confiscation). Et aux peines fermes se sont ajoutées les sanctions sous condition : sursis, sursis avec mise à l'épreuve, libération conditionnelle, et même les sanctions à prédominance sociale : ajournement et dispense de peine, substituts à l'emprisonnement comportant notamment le travail d'intérêt général», *Pénologie*, *op. cit.*, p. 2. Il oublie que cette énumération exprime l'universalité de la détention.

68. Aux Etats-Unis, 32 Etats sur 50 pratiquent encore la peine de mort.

punir. La prison constituait un *garde-corps* comme on avait autrefois un *garde-manger*. Michel Foucault a soutenu que cette *évolution de la punition* au bénéfice de *la prison* provenait d'une nouvelle manière pour le pouvoir de se manifester. Selon lui, historiquement, la première forme de punition est *spectaculaire* : elle cherche à *symboliser la souveraineté du pouvoir* par le supplice et à venger le monarque ; la deuxième est *éducative* : elle vise à *corriger le fautif* pour le ramener à la raison *par la prison*, celle-ci devant l'amener à réfléchir à la faute commise ; la troisième attribue à la prison un nouveau rôle : celui de contrôler *la classe populaire* en condamnant ceux qui commettent les infractions définies par *l'illégalisme des biens* tandis que *la classe dirigeante* affirme sa domination par *un illégalisme des droits*. Michel Foucault explique ainsi que la classe dirigeante, pour réussir à « tourner ses propres règlements et ses propres lois », a besoin de la prison qui *rend visible* une délinquance qu'elle « contrôle », « surveille » et « punit » afin qu'elle-même puisse passer pour ce qu'elle n'est pas : respectueuse de la loi. L'exemple le plus éclairant de cet *illégalisme des droits* consiste à voter une loi d'amnistie fiscale pour cette classe[69] alors qu'il a été constaté avant ce vote qu'elle enfreignait la loi. La prison est ainsi une institution qui *blanchit l'élite* et *salit le peuple* : elle gère les illégalismes[70].

Si cette analyse par Michel Foucault de la prison est passionnante, elle ne voit pas que l'évolution

69. Qui dispose d'un niveau élevé de revenus annuels ou de patrimoine.

70. « Bref, la pénalité ne "réprimerait" pas purement et simplement les illégalismes ; elle les "différencierait", elle en assurerait "l'économie" générale. » Michel Foucault, *Surveiller et punir*, *op. cit.*, p. 318.

de la peine carcérale est *le fruit* de cette *universalisation pragmatique* qui caractérise l'histoire de l'argent comme celle du droit. La prison est le résultat d'un *processus de simplification* qui rend désormais moins compliquée la sanction pénale. Condamner n'importe quel infracteur à la prison, ou, plus précisément, avoir la prison comme *étalon de la peine*, est ainsi plus simple que de choisir, parmi un ensemble bariolé de punitions, celle qui pourrait se révéler la plus pertinente, efficace et conforme au régime. Avec la prison, le système pénal a trouvé son *invariant*, comme Galilée l'a trouvé en physique avec *l'accélération de la vitesse* dans la chute d'un corps ou Einstein avec *la vitesse de la lumière*. Une fois fixé comme étalon de la peine, cet invariant est combiné à une variable : le temps. Tout fautif dans une démocratie *sait une chose* et *en ignore presque toujours une autre* : qu'il sera condamné à la prison ou à l'aune de celle-ci, et, dans le premier cas, pour un temps que la justice devra déterminer et qu'il ne connaît pas à l'avance. Qu'il ait dérobé de l'argent à une banque ou qu'il ait mangé un de ses concitoyens, *il sait* que son corps sera détenu, mais *il ignore* pour quelle durée. Le citoyen qui déambule dans la rue commerçante ou le centre commercial se retrouve dans une situation comparable : il sait qu'il pourra acheter quelque chose, mais il ignore quoi et à quel prix. L'argent et la prison entretiennent une telle *affinité élective* qu'il ne faut pas s'étonner de retrouver dans la seconde une grande quantité de citoyens qui recherchaient le premier. Symétriquement, il ne faut pas s'étonner que les citoyens qui ne manquent pas d'argent aillent très peu en prison. Certes, Foucault a raison de reconnaître qu'au XXe siècle la priorité pénale de la prison constitue *une régression* par rapport à la perspective éducative initiée par les Lumières et *un échec* en tant qu'institution. Mais si la prison est un échec, nous y voyons deux autres raisons. Elle s'est d'abord imposée *au fil du temps, imperceptiblement et insidieusement,* «comme» une punition alors qu'elle n'était initialement qu'*un simple garde-corps.* Du fait de cette ambiguïté, qui la fait passer pour ce qu'elle n'est pas, elle s'est *imposée* aux autres punitions pour finir par *les écarter* et *assumer* seule *le sens et l'essence du système pénal.*

On pourrait bien sûr objecter à cet argument que les démocraties n'ont pas une seule punition dans leur dispositif pénal. On y trouve d'abord *l'amende*, qui concerne principalement les infractions les moins graves (les contraventions), mais qui constitue une réelle amputation de la personne[71] dès lors que l'on considère, avec Georg Simmel, l'argent comme cette nouvelle essence de l'humanité. Les nantis punis déclencheront probablement moins tôt *ce jugement* car ils sentiront moins *l'amputation*; mais cet avantage apparent les amènera à éprouver *un sentiment d'immunité* qui peut les conduire à récidiver vers une faute plus grave. En plus de l'amende, les démocraties disposent en général de trois autres peines : *le sursis, les travaux d'intérêt général* (TIG[72]) et *le bracelet électronique* appelé

71. Il ne faut pas considérer que *l'amende* ne punit pas parce qu'elle n'*amenderait* pas. L'argent jouant désormais un rôle essentiel dans la vie de chacun, l'amende invite le contrevenant à réviser son comportement et déclenche, à la suite de son mécontentement initial, son jugement moral et un examen de conscience.

72. Cf. en Angleterre, aux Etats-Unis, en Allemagne.

Placement Sous Surveillance Electronique (PSEM)[73]. Si ces punitions font pâle figure au regard de celles pratiquées dans le passé ou aujourd'hui par certains régimes non démocratiques, elles vont dans le sens d'une humanisation de la punition. Plus fondamentalement, ces peines n'ont *aucune substantialité pénale* puisqu'elles sont toutes *présentées* comme des *alternatives à la prison*. Dit autrement, c'est parce que la prison est considérée comme la *punition essentielle* qu'il est possible d'en envisager d'autres qui n'ont aucune légitimité propre, mais qui s'en voient décerner une à partir de celle qu'elles remplacent. *Etalon de la punition judiciaire*, la prison fonde et justifie les peines de second rang. Le statut substantiel et central de la prison dans le dispositif est ainsi le fruit d'une évolution similaire à celle de l'argent : son *universalisation*. De simple *moyen de détention* (garde-corps), elle s'est imposée comme *punition universelle* (*criterium* de toute peine).

Par conséquent, les autres punitions judiciaires tirent seulement *leur sens* de *cette essence pénale* que constitue désormais *la prison*. Faute d'être des *peines en soi*, elles se présentent comme des *peines de substitution*, signifiant par là même qu'elles ne constituent pas réellement des peines. Sursis, TIG et PSEM forment des *quasi-peines*, un *je-ne-sais-quoi pénal*. Il faut dire que le monde postmoderne est fasciné par *les ersatz* : des cigarettes électro-

73. Instauré par la *loi de décembre 2005 sur la récidive*, il a été élargi à la «*surveillance de sûreté*» par la *loi sur la rétention de sûreté* de février 2008. Il ne s'agit pas simplement d'une alternative à l'incarcération, puisque ce dispositif peut faire suite à une peine de prison, d'abord dans le cadre d'une *surveillance socio-judiciaire*, et ensuite dans le cadre d'une *surveillance de sûreté*.

niques pour remplacer celles fabriquées à partir du tabac, des édulcorants (*aspartam, stevia*) pour remplacer le sucre. Pendant la Seconde Guerre mondiale, la chicorée remplaçait le café, la margarine le beurre. Dans les années 1970, les œufs de lump étaient le caviar de la classe moyenne. Autant d'ersatz qui *tiennent lieu* de produits originaux, faute de détenir la saveur des aliments qu'ils cherchent à remplacer. N'est-il pas alors légitime de penser ces *peines de substitution* comme des *ersatz d'une pseudo-punition* – la prison – par lesquels s'évapore l'essentiel pénal? Le système pénal des démocraties n'est ni systématique ni punitif : il remplace *une pseudo-punition* (la prison) par des *ersatz.*

Le fait même de *sub-stituer* ces ersatz à une peine indique qu'ils sont d'une autre nature. Substituer consiste précisément à remplacer une chose par une autre. Ces peines sont donc glissées *sous* (*sub*) la prison. Autant *la prothèse* est une *sub-stitution pertinente* car elle vient remplacer une partie du corps malade ou manquante, autant *les peines alternatives* sont *problématiques* lorsqu'on ignore le sens de la punition. Le dentiste qui change une dent demandera à son prothésiste une molaire ou une incisive. La prothèse, qui ne sera composée ni d'émail ni de dentine ni d'une chambre pulpaire, accomplira néanmoins *la fonction* de la défunte dent. De nouveaux matériaux pour une vieille fonction : mastiquer, déchirer, couper. Pour remplacer la prison par une autre peine, ne conviendrait-il pas de déterminer en quoi consiste *une punition pertinente, efficace et démocratique*? Mais qui peut dire quelle est la fonction de la prison? Certainement pas le code pénal qui lui attribue *la fonction de punir* sans jamais éclairer le lecteur sur le sens de ce verbe. Au commencement, pourtant, est le Verbe.

Comment pourrait-on alors croire que *le sursis* – « mesure probatoire qui sert d'alternative à l'exécution de condamnations fermes » – constitue une punition ? Si le malade *en sursis* évite la mort pour encore quelque temps, le délinquant condamné à une peine *avec* sursis échappe par conséquent à ladite peine. Il ne s'agit pas d'*une cavale*, mais *d'une renonciation organisée légalement*, d'*une échappatoire officielle* ! La prononciation d'un sursis[74] relève d'un *refus de punir* et d'une volonté de laisser une deuxième chance à celui qui a fauté. Le fait de définir *le sursis* comme « une peine dissuasive visant à prévenir la récidive » relève de la rhétorique. Pour qu'elle soit *dissuasive*, il faudrait que la décision soit *punitive*, non *promesse de punition* en cas de nouvelle faute. Ne pas punir *la première faute,* alors qu'il s'agit de la mission même de la justice, constitue déjà *une erreur,* sinon *judiciaire,* du moins *judicatoire*[75] ainsi qu'*un contresens moral.* Le fait qu'on puisse reconnaître à cette décision de sursis *une dimension psychologique et humaniste* ne doit pas nous empêcher d'en contester *la dimension punitive.* Si la justice doit recourir à la psychologie, ce n'est

---

74. Cf. les trois sursis dans le système pénal français : le *sursis simple*, dont la seule obligation est de ne pas récidiver pendant une période courant à partir de la condamnation définitive ; le *sursis avec mise à l'épreuve*, qui ne concerne que les personnes physiques et comporte des mesures de contrôle et d'aide, voire d'autres obligations ; le *sursis assorti de l'obligation d'accomplir un travail d'intérêt général.*

75. *Judicatoire* : qui renvoie au *jugement.* Dans le cas présent, c'est donc une *erreur logique* de faire passer le sursis, qui constitue un avertissement, pour une punition.

certainement pas en lui abandonnant son pouvoir pénal ; c'est en intégrant celle-là à celui-ci.

Il en va de même du *travail d'intérêt général*[76] *et* du *bracelet électronique.* Le premier ne fait que prolonger la valeur rédemptrice[77] du travail qui a été intégré au XIXe siècle à la prison. Le TIG vient ainsi d'une conception réformatrice de la prison : il n'est pas imaginé pour punir. Même si une des étymologies du travail dérive du mot latin *tripalium* renvoyant à un instrument de torture, c'est une valeur positive qui est au XIXe siècle investie dans le travail au sein de la prison : celle de procurer au prisonnier le sens de l'effort. Le fameux « travail, famille, patrie », devise du régime de Vichy, hérite de cette conception du travail comme facteur de sociabilité. Le fait de condamner un coupable à travailler *hors de la prison* se fait par conséquent sur ce vieux fond idéologique alors même que *les démocraties modernes* sont devenues des *sociétés du loisir et de la culture* remplaçant celles du *travail et de l'industrie.* Le brouillage du TIG tient à cette ambiguïté : l'Etat prétend punir en inculquant le *goût de l'effort* alors que la société vante l'*hédonisme. Le condamné au TIG* ne peut que trouver décalée et peu coercitive une telle sanction en lui reconnaissant pour seul mérite de le soustraire à la prison. Certes, le TIG constitue bien l'obligation de travailler sans rémunération – et c'est la seule dimension négative qu'il comporte –, mais la dimension généreuse à laquelle il fait appel, tout

76. Le TIG, instauré par une loi de 1983, impose au condamné un travail non rémunéré. Il est mis à la disposition d'une association, d'une collectivité territoriale ou d'un établissement public pour purger sa peine.

77. Comme Foucault le montre dans *Surveiller et punir*, *op. cit.*

comme celle de l'effort, penche plus en faveur de la *réintégration* que de la *punition.*

Enfin, dernier-né de *l'imaginaire pénal*, le *bracelet électronique* comporte trois éléments de pénibilité : l'obligation de le porter, de le supporter sur la durée en dépit de son inconfort, et d'être surveillé électroniquement et astreint à des contrôles réguliers. Ici encore, le fait qu'il soit *obligatoire et pénible*[78] ne suffit pas à en faire une punition. Conçu dans la perspective de ne pas envoyer en prison le coupable (ou de l'en faire sortir plus tôt), le bracelet ne résulte pas d'une réflexion pénale : il réactive les anciens fers qu'on plaçait sur les jambes des bagnards afin de les empêcher de fuir. Synthèse de l'antique et de l'électronique, il incarne la postmodernité plus que la virtuosité pénale. En effet, le fait d'être entravé afin de ne pas fuir ne signifie nullement qu'on soit puni pour la faute commise. Il évite la prison à 20000 personnes, ce qui constitue certes un indéniable progrès, non une punition. Foucault, mort en 1984, n'a bien sûr pas connu cette innovation qui date de 2005, mais qui institue plutôt une *surveillance sans punition* qu'elle ne prolonge *Surveiller et punir*[79]. Il est facile d'imaginer que les futurs moyens de contrôle électronique ou génétique auront moins de rapport encore avec *la punition* mais toujours davantage avec *la sur-veillance.*

---

78. L'une des pénibilités du bracelet tient à l'intériorisation de l'univers carcéral dans le foyer. «Le domicile devient la prison» explique ainsi Agathe Logeart dans son article intitulé «Prisons : la vérité du bracelet électronique» dans *Le Nouvel Observateur* du 11 octobre 2012.

79. Livre (*op. cit.*) paru en 1975. Le bracelet électronique est bien une forme de surveillance, mais pas de punition. Par conséquent, la thèse foucaldienne selon laquelle le pouvoir quadrille le pays se trouve confirmée tandis qu'aucune idée de punition ne peut lui être attachée.

Aucune de ces décisions de justice ne peut se présenter comme une punition dans la mesure où elles sont fondamentalement définies et choisies *pour éviter la punition* ou ce que la démocratie tient pour telle. L'emballage rhétorique qui les fait passer pour ce qu'elles ne sont pas ne trompe personne, surtout pas la personne condamnée. Il ne s'agit pas de dire que la justice fait fausse route en évitant la prison à un fautif, mais qu'elle s'égare en présentant ces mesures comme des punitions alors que trop souvent le motif de cette substitution est comptable[80]. Officiellement présentées comme des *peines de second rang,* ces décisions de justice sont des *ersatz d'une pseudo-peine* qui ont du mal à se voir reconnus comme des punitions par les condamnés, une partie du milieu judiciaire et la majorité des citoyens.

Comme *l'argent,* qui n'était qu'un *simple moyen des échanges* à l'époque d'Aristote et qui est *désormais la fin(alité) de l'économie, la prison,* qui ne fut longtemps qu'un *moyen de détention,* est devenue la *fin(alité) de la punition.* Qui veut la fin veut le moyen comme fin ! Toute l'activité économique ayant convergé historiquement vers *l'argent,* il n'est pas illogique que l'activité pénale ait conflué vers la prison. La tendance à *l'abstraction* et à *l'universalisation* de certaines activités humaines a ainsi contribué en Occident à *réduire* la riche variété d'un système pénal *primitif et sadique* au profit de l'incarcération qui se révèle toutefois *moins humaniste* qu'on ne le croit.

Si l'argent et le droit sont deux manières *réductrices* de traiter un problème concret – *l'échange*

80. Un condamné au bracelet électronique coûte en 2013 à l'administration pénitentiaire 10 euros par jour contre 100 pour un prisonnier.

pour le premier, *la faute* pour le second –, le dilemme auquel nous sommes confrontés est le suivant : faut-il s'en remettre à Hegel qui soutient que cette froideur de la loi a précisément pour fonction de mettre au pas la sentimentalité afin d'élever le citoyen à un degré de rationalité supérieure ? Ou devons-nous admettre que le droit est un chemin parmi d'autres que l'humanité a emprunté pour traiter de manière *technique, réductrice* et *anti-humaniste* le problème de la faute ?

Cette paresse pénale, qui consiste à ne pas penser la punition, repose d'abord sur *une illogicité du droit* qui n'est ni repérée ni, par conséquent, dénoncée ; elle découle ensuite d'*une pratique réductrice de la punition* laissant croire que la prison tire sa légitimité de *son abstraction* et de *son universalité*. Or, cette paresse pénale laisse se développer des *paradoxes* et des *obstacles* à sa conceptualisation.

1.2

Les paradoxes de la punition moderne : de la volonté de ne plus punir au sein de la démocratie au traitement punitif des *Rogues States*

> «La découverte comique énonce le paradoxe, la découverte scientifique le résout.»
>
> Arthur KOESTLER[81].

L'impensé pénal se manifeste dans la relation paradoxale que les démocraties postmodernes entretiennent avec la punition. Si discours et textes abondent dans *le domaine pénal, l'idée de punition* est délaissée. En dehors du domaine pénal proprement dit – *domaine* où l'Etat réprime les actes dans la mesure où ils contreviennent au droit –, le citoyen postmoderne *ni ne punit ni ne veut être puni*. Deux domaines se présentent ainsi comme le lieu de cette *nouvelle donne* et d'une *société de l'impunité* : la famille et l'école. Une exception remet au goût du jour la punition : la remise dans le droit chemin des *Etats voyous* (*Rogues States*). Un domaine enfin navigue entre deux eaux : le sport.

81. *Le Cri d'Archimède*, Calmann-Lévy, 1965, p. 80.

1.2.1. LA DISPARITION DE LA PUNITION EN FAMILLE

> «Ne peut être un éducateur que celui qui peut sentir de l'intérieur la vie psychique infantile, et nous adultes ne comprenons pas les enfants, parce que nous ne comprenons plus notre propre enfance.»
>
> FREUD[82].

> «Fessée sans haine oncques n'a meurtri la main d'un juste ni le cul qui avoue son manquement.»
>
> Proverbe du XIIIe ou XIVe siècle.

Les parents ne punissent plus leurs enfants ou, en tout cas, répugnent de plus en plus à le faire dans nos démocraties, la paix formant désormais le quotidien des premiers et l'horizon géopolitique des secondes. Il n'y a donc pas de raison que les citoyens, dans l'intimité du foyer, en viennent à se déclarer la guerre et à s'armer de tisons ou de martinets. Ceux qui le font encore risquent de passer dans leur entourage pour des parents indignes. Pire : ils doivent s'attendre à voir débarquer chez eux, façon *Minority Report*[83], la police au nom de la

82. Freud, *Nouvelles conférences sur la psychanalyse,* sixième conférence : «Eclaircissements, applications, orientations», trad. A. Berman, Paris, Gallimard, coll. «Idées», 1978, p. 192-193.

83. Inspiré d'une nouvelle de Philip K. Dick, ce film de science-fiction de Steven Spielperg sorti en 2002 se déroule en 2054 à Washington où des services spéciaux de police ont mis au point un dispositif pour prévenir les crimes et se saisir de criminels n'ayant donc pas pu réaliser leur forfait! Les

maltraitance des enfants[84]. Votée en 1959, la *Déclaration des droits de l'enfant* stipule que « l'enfant, pour l'épanouissement heureux de sa personnalité, a besoin d'amour et de compréhension» et, dans son *principe 9*, que « l'enfant doit être protégé de toute forme de négligence, de cruauté et d'exploitation, il ne doit pas être soumis à la traite, sous quelque forme que ce soit[85]».

Le fait que les parents ne battent plus leurs enfants constitue, quoique depuis peu de temps, un indéniable progrès des mœurs et de l'intelligence de l'humanité. Nous sommes ainsi passés de *Cendrillon*[86], contre qui la marâtre déploie une tyrannie faite de brimades[87], à *Martine à la ferme*[88] où tout est éducation, bonheur et volupté! Même si Rousseau est passé par là, il faut reconnaître que *le désert punitif* dans lequel se déploie désormais la

---

criminels sont punis *pour leur intention* de commettre un crime, non *pour leur crime avorté.*

84. Un numéro vert en France permet aux enfants d'évoquer leur situation auprès des membres de l'association Enfance et Partage. Si cette association est d'une réelle utilité, il ne faudrait cependant pas croire que toute punition constitue un acte de maltraitance.

85. La *Déclaration des droits de l'enfant,* adoptée par l'Assemblée générale de l'ONU le 20 novembre 1959, affirme que « l'enfant est reconnu universellement comme un être humain qui doit pouvoir se développer physiquement, intellectuellement, socialement, moralement, spirituellement, dans la liberté et la dignité». Trente ans plus tard est adopté le premier texte juridique internationalement contraignant : *La Convention internationale des droits de l'enfant.*

86. Charles Perrault, *Cendrillon, Barbe bleue et autres contes,* Poche jeunesse, 2008.

87. Dont nous devinons qu'elles ne sont pas synonymes de punitions.

88. Gilbert Delahaye et Marcel Marlier, *Martine à la ferme,* Casterman, coll. «Farandole», 1954.

vie d'une grande partie[89] des enfants en démocratie suscite l'étonnement. Soit l'humanité est devenue d'une intelligence telle que parents et enfants vivent dans un état de communion ne rencontrant plus d'obstacle, soit ce refus de punir est symptomatique d'un choix éducatif qui n'affronte pas les problèmes, repoussant leur résolution à plus tard.

Nous serions tentés de reconnaître dans la première hypothèse un signe du progrès de l'humanité. Il suffit de penser aux raclées reçues par *Brasse-Bouillon* et données par *Folcoche*[90] pour se dire qu'il était temps de mettre fin à cette époque où l'enfant n'était pas mieux traité qu'un chient errant[91]. Le nombre d'enfants ayant affronté, pour une brouille, une pluie de coups est si peu quantifiable qu'il fait de sa réduction drastique une bonne nouvelle. Il faut se rendre à l'évidence : la violence ne peut fonder l'éducation qui doit au contraire appeler

89. Nous n'affirmons pas que tous les parents ont renoncé à punir. Mais cette tendance, qui vient des classes supérieures, se diffuse vers les autres par le biais des médias et de la loi.

90. Contraction de *Folle* et *cochonne*!

91. «Petit salaud qui l'appelait *maman*! Folcoche le lâcha pour se ruer sur nous. Remarquez que d'ordinaire, elle ne nous battait jamais sans nous en donner les motifs. Ce soir-là, aucune explication. Elle réglait ses comptes. Freddie se laissa faire. [...] Quant à moi, pour la première fois, je me rebiffai. Folcoche reçut dans les tibias quelques répliques du talon et j'enfonçai trois fois le coude dans le sein qui ne m'avait pas nourri. Evidemment, je payai très cher ces fantaisies. Elle abandonna tout à fait mes frères, qui se réfugièrent sous une console, et me battit durant un quart d'heure, sans un mot, jusqu'à épuisement. J'étais couvert de bleus en rentrant dans ma chambre, mais je ne pleurais pas. Ah! non. Une immense fierté me remboursait au centuple», Hervé Bazin, *Vipère au poing*, Editions Bernard Grasset et Pierre et Philippe de Tartas, illustré par José Correa, 1986, p. 71.

l'écoute, l'attention et la compréhension. La douceur des propos plutôt que la noirceur des ramponneaux ! Partisan de cette nouvelle donne comme un indéniable progrès, Luc Ferry, prenant le contrepied de Gide[92], montre que l'histoire de la famille a connu récemment trois ruptures : *le passage du mariage de raison au mariage d'amour*, *l'invention de l'intimité*, et, *last but not least*, *l'avènement de l'amour parental*. Concernant ce dernier, le philosophe rappelle ainsi que, jusqu'au XVIIe siècle, « l'enfant devait tout à son père parce qu'il lui devait la vie [93] ». La dette paraît chère payée pour quelques gouttes de sperme ! Mais les mœurs surfaient sur celles-ci : jusqu'au premier tiers du XXe siècle, dont il reste des résidus dans les faits divers familiaux, le père avait, sinon un droit, du moins un pouvoir de vie et de mort sur son enfant comme le *pater familias* avait, dans la Rome antique, la *patria potestas*, le pouvoir absolu sur l'ensemble de la famille.

Jules Vallès décrit ce pouvoir dans de nombreuses pages de *L'Enfant*. L'une d'elles offre une idée de l'époque que nous laissons derrière nous sans regret : « Je ne criais pas, pourvu qu'on ne me cassât pas les membres – parce que j'aurais besoin de gagner ma vie. "Papa, je suis un pauvre, ne m'estropie pas !" Mais la petite Louisette qu'on battait, et qui demandait pardon, en joignant ses

---

92. Le prix Nobel de littérature – dont l'enfance passée dans une famille bourgeoise échappa aux punitions, non à l'éducation puritaine – soutient dans un livre que la famille est un lieu d'aliénation : « Familles ! Je vous hais ! Foyers clos ; portes refermées ; possessions jalouses du bonheur », *Les Nourritures Terrestres*, Le Livre de poche, 1964, p. 69-70.

93. Luc Ferry, *Familles, je vous aime. Politique et vie privée à l'âge de la mondialisation*, XO éditions, 2007, p. 110.

menottes, en tombant à genoux, se roulant de terreur devant son père qui la frappait encore... toujours!... "Mal, mal! Papa, papa!" [...] Elle était à terre, son visage tout blanc, le sanglot ne pouvant plus sortir, dans une convulsion de terreur, devant son père, froid, blême, et qui ne s'était arrêté que parce qu'il avait peur, cette fois, de l'achever. On la tua tout de même. Elle mourut de douleur à dix ans[94].»

Ainsi, après avoir rappelé qu'il était peu concevable qu'un père pût se sacrifier pour ses enfants, que la plupart des naissances n'étaient pas désirées, mais incontrôlées, que Montaigne[95] ignorait le nombre de ses enfants morts en nourrice et que Rousseau avait abandonné les siens, Luc Ferry s'interroge : «Comment l'amour et l'affection en vinrent-ils à prendre la place des liens traditionnels et de l'indifférence[96]?» Pour répondre à cette question, il convient d'abord de prendre en compte *la représentation que la société se fait de l'enfant*, ensuite de constater *son émergence sur fond de nouvelles valeurs*. Philippe Ariès rappelle que notre amour de l'enfant s'inscrit de différentes manières dans l'histoire. De l'enfant au Moyen Age, il écrit : «Le passage de l'enfant dans la famille et dans la société était trop bref et trop insignifiant pour qu'il ait eu le temps et une raison de forcer la mémoire

94. Jules Vallès, *Jacques Vingtras, L'Enfant*, Le Club français du livre, 1949, p. 231. La dédicace du livre est éloquente : «A tous ceux qui crevèrent d'ennui au collège ou qu'on fit pleurer dans la famille qui, pendant leur enfance, furent tyrannisés par leurs maîtres ou rossés par leurs parents, je dédie ce livre.»

95. «J'ai perdu deux ou trois enfants en nourrice, non sans regrets ni sans fascherie.» Montaigne, *Essais*, II, 8, Garnier-Flammarion, 1969.

96. Luc Ferry, *op. cit.*, p. 113.

et de toucher la sensibilité. Cependant un sentiment superficiel de l'enfant – que j'ai appelé le "mignotage" – était réservé aux toutes premières années, quand l'enfant était une petite chose drôle. On s'amusait avec lui comme avec un animal, un petit singe impudique. S'il mourait alors, comme cela arrivait souvent, quelques-uns pouvaient s'en désoler, mais la règle générale était qu'on n'y prît pas trop garde, un autre le remplacerait bientôt. Il ne sortait pas d'une sorte d'anonymat[97].» Ce «mignotage» médiéval peut être mis en relation avec le fait que, dans certaines régions d'Afrique, l'enfant n'a pas de nom avant d'avoir atteint l'âge de cinq ou sept ans, en raison de la forte mortalité infantile. Ne pas nommer, c'est moins regretter.

Progressivement est ainsi apparue l'idée que l'enfant n'est peut-être *ni une larve* qu'on emmaillote, *ni un déchet potentiel* dont on se déleste sans regret, *ni un adulte en miniature* dont on attend l'âge de raison. La représentation de l'enfant comme *être intelligent doté d'un fort potentiel* a sûrement mis du temps à émerger; elle ne s'est pas réalisée en plaçant d'un coup l'enfant au centre des préoccupations sociales. Si cette représentation a évolué, c'est précisément parce qu'elle ne s'est pas construite isolément. Ce nouveau regard a en effet participé d'une entreprise plus vaste par laquelle l'humanité s'est mise à s'examiner, se découvrant au terme de cette analyse moins fruste et plus noble qu'elle ne se croyait. Deux exemples illustrent cette entreprise qui vaut introspection de l'espèce humaine et conversion du

97. Philippe Ariès, *L'Enfant et la vie familiale sous l'Ancien Régime*, Préface, Seuil, 1973, p. II.

regard : celui de *la situation sociale des Noirs* et *des femmes.*

L'abolition de l'esclavage[98] à partir du XVIIIe siècle n'a en effet conduit ni immédiatement à l'égalité juridique des Noirs et des Blancs, ni à une reconnaissance totale de leurs descendants. Il suffit de se rappeler que l'Amérique pratiquait encore la ségrégation raciale jusque dans les années 1960 et que, sur son modèle, l'Afrique du Sud a maintenu le régime de l'apartheid jusqu'en 1991, pour comprendre que le droit ne suffit ni à modeler les faits ni à changer les mentalités. L'élection du président Obama en 2008 ainsi que sa réélection en 2012 témoignent des progrès accomplis dans ce domaine sans pour autant sanctifier une égalité absolue entre Noirs et Blancs. La situation actuelle, même si elle porte encore les stigmates des injustices passées, indique néanmoins qu'une véritable conversion du regard s'est opérée et que la supériorité de la race blanche sur la noire n'est plus qu'un fantasme cultivé par des individus incultes ou pathologiquement déterminés.

Le même phénomène s'est opéré plus récemment pour les femmes, tenues longtemps dans un état de minorité juridique, sociale et morale dont elles peuvent s'estimer sorties. Confinées dans l'espace domestique, dévolues à la famille, les femmes s'émancipent peu à peu du père et du mari pour devenir des personnes et des citoyennes à part entière, libres de leurs choix et responsables de leurs actes. Des attitudes et inégalités de fait ne

98. Si l'on excepte l'abolition de l'esclavage par Solon à Athènes au VIe siècle av. J.-C., l'abolition moderne fut initiée par le Danemark en 1792, mais fut laborieuse tout au long du XIXe siècle en Occident.

prenant pas en compte ces acquis perdurent toutefois dans nos démocraties – à l'instar du fameux plafond de verre[99] – et font l'objet de critiques et de lois visant à les éradiquer.

Mutatis mutandis, la représentation de l'enfant a parcouru un chemin similaire et parallèle à celle des Noirs et des femmes : de *déchet*, il est devenu *projet*; de *larve animale*, il est devenu *parvis de l'humanité*; d'*adulte minuscule*, il est devenu *enfant en majuscule*. A titre d'illustration de ce changement de représentation, arrêtons-nous sur ce qu'en dit Rousseau : «On façonne les plantes par la culture, et les hommes par l'éducation. Si l'homme naissait grand et fort, sa taille et sa force lui seraient inutiles jusqu'à ce qu'il eût appris à s'en servir; elles lui seraient préjudiciables, en empêchant les autres de songer à l'assister; et, abandonné à lui-même, il mourrait de misère avant d'avoir connu ses besoins. On se plaint de l'état de l'enfance; on ne voit pas que la race humaine eût péri, si l'homme n'eût commencé par être enfant[100].»

Ce n'est donc pas dans *l'égalité et le droit* que Rousseau enracine le regard qu'il porte sur l'enfant, mais dans *la nature*. Etre naturel, l'enfant doit laisser se développer en lui les tendances qui le conduiront à devenir un adulte épanoui. L'éducation n'est donc pas un exercice qui *contra-*

99. Concept sociologique qui signifie qu'une catégorie de la population ne peut plus s'élever socialement. Les femmes connaissent ce plafond dans le monde de l'entreprise où, à études et fonctions égales, elles reçoivent des salaires inférieurs à ceux des hommes. Cf. Olivier Bleys, *Le Plafond de verre*, Desclée de Brouwer, 2009.

100. Rousseau, *Emile ou De l'éducation*, Le Monde/Flammarion, 2009, p. 20.

rie le petit animal, mais *une technique d'accompagnement* de l'enfant dans *l'exploration* de sa naturalité afin qu'il y puise les fondements de son humanité et de sa sociabilité. Cette conception paradoxale de l'éducation, qui invite le pédagogue à chercher la vérité et la liberté de l'homme, non dans la tradition, mais dans la nature, rend donc peu évident le rôle de la punition.

Les seules lois que l'enfant doit découvrir sont moins celles des adultes que celles de la nature : le feu qui brûle, les corps qui tombent, le rôle des saisons, etc. Dans une telle éducation, le pédagogue cherche à faire de l'enfant *un complice de la nature*, non *un supplicié de la culture*. La punition relève ainsi davantage du *dressage* que de *l'éducation*, les tuteurs étant bons pour les plants de tomates, non pour les pommettes de l'enfant ! Il ne s'agit pas de dresser l'enfant à se plier aux conventions et règles qui feront de lui un être *hypocrite et sot* ; il convient de l'inviter à découvrir en lui et hors de lui la nature et ses lois afin de *développer sa raison*.

Rousseau s'oppose ainsi à l'idée de punir l'enfant dans le but d'en faire un adulte droit et qui n'aurait plus à être corrigé : « Que de voix vont s'élever contre moi ! [...] C'est, me répondez-vous, le temps de corriger les mauvaises inclinations de l'homme ; c'est dans l'âge de l'enfance, où les peines sont le moins sensibles, qu'il faut les multiplier, pour les épargner à l'âge de raison. Mais qui vous dit que tout cet arrangement est à votre disposition, et que toutes ces belles instructions dont vous accablez le faible esprit d'un enfant ne lui seront pas un jour plus pernicieuses qu'utiles[101] ? » La chose est claire : la punition dans l'enfance n'est pas *une nécessité*,

101. *Ibid.*, p. 83.

mais *un accident* ! Ainsi, le père qui abandonna ses enfants ne fit pour autant pas l'apologie du *père fouettard* ; il dressa l'éloge d'un précepteur qui veille et accompagne l'enfant qui lui est confié. L'idéal éducatif rousseauiste repose donc sur la confiance et *la rareté de la punition* puisque la question du bien et du mal ne se pose pas initialement dans l'éducation. Comme *l'homme sauvage* à l'état de nature[102], *l'enfant* vit dans un *état amoral* qui n'appelle pas la punition. La plupart de ses *peines* doivent venir des *erreurs* qu'il commet, non des *réprobations* qu'il subit : «Maintenez l'enfant dans la seule dépendance des choses, vous aurez suivi l'ordre de la nature dans le progrès de son éducation. N'offrez jamais à ses volontés indiscrètes que des obstacles physiques ou des punitions qui naissent des actions mêmes, et qu'il se rappelle dans l'occasion ; sans lui défendre de mal faire, il suffit de l'en empêcher. L'expérience ou l'impuissance doivent seules lui tenir lieu de loi. N'accordez rien à ses désirs parce qu'il le demande, mais parce qu'il en a besoin. [...] Qu'en recevant vos services avec une sorte d'humiliation, il aspire au moment où il pourra s'en passer, et où il aura l'honneur de se servir lui-même[103].»

A la différence de l'Eden d'où sont *ex-pulsés* Adam et Eve pour avoir transgressé la loi, Emile vit la nature au gré de ses *im-pulsions* et des règles qu'il en retire. *Impulsions versus expulsion.* L'éducation doit *ex-primer* l'enfant, non le *ré-primer*. Rousseau préfère *l'à tâtons* au *bâton*, *colin-maillard* au *collet et au mitard*. Mieux vaut que l'enfant se trompe, quitte à se punir lui-même –

102. Rousseau, *Discours sur l'origine et les fondements de l'inégalité parmi les hommes*, Garnier-Flammarion, 1971.
103. Rousseau, *Emile*, *op. cit.*, p. 93.

poena naturalis[104], comme le dit Kant, d'une indigestion pour avoir trop mangé d'un mets ou d'une baie! *Exit la punition* dans la famille; place à *l'exploration*! La punition est du côté de *la licence*, l'exploration de *la liberté*[105]! D'avoir abandonné ses enfants n'empêche donc nullement Rousseau de découvrir, voire d'*inventer l'enfance* comme cette période originale et profondément *antisociale* puisque tournée vers la nature, «écologiste», diront les plus modernes. La fragilité momentanée de l'enfant est une réceptivité à la naturalité des choses et la condition de sa force future. C'est par l'expérience qu'il accède à la raison, non par le bourrage de crâne. L'enfant est promesse, non seulement de l'humanité qui est en lui, mais de l'humanité elle-même. Le développement de ce double potentiel ne constitue pas seulement un regard de pédagogue : il fonde également une vision de l'homme, une conception de la cité et, par conséquent, une éducation, soit une mission pour la famille.

Nous sommes enclins à nous prendre pour les enfants de Rousseau ou, puisqu'il a déposé les siens à l'hôpital des Enfants-Trouvés, pour ceux du rousseauisme. Dans les familles de nos démocraties, les enfants ne sont plus punis : ils sont adorés, révérés et plébiscités. Cependant, il serait précipité de passer de Rousseau à l'adoration que nous portons à nos enfants. En effet, le philosophe cherchait pour l'enfant ce que Darwin a trouvé pour l'espèce : une adaptation à la nature qui exige la survie et entraîne la sélection naturelle. Rousseau

104. Kant, *Métaphysique des mœurs, doctrine du droit*, J. Vrin, 1971, p. 214.
105. Rousseau, *Emile*, *op. cit.*, p. 83.

serait certainement surpris de constater que règne de nos jours le paradoxe suivant : moins les hommes font d'enfants, plus ils les aiment! Cette douceur que nous appliquons à l'enfant comme une discrète onction ne provient-elle pas d'un phénomène de raréfaction? Disons-le autrement : notre amour pour nos enfants n'est-il pas, au moins en partie – tant il serait absurde de penser que les parents n'ont pas éprouvé de l'amour pour leurs enfants avant le XXe siècle –, la conséquence d'une nouvelle donne démographique? Aux *taux de fécondité astronomiques* des anciens temps et des pays actuels *dits* du tiers-monde où une femme peut mettre au monde de 10 à 20 enfants, les démocraties semblent aujourd'hui préférer des *taux abyssaux* : 1,5 enfant par femme en Europe contre 4,5 en Afrique, continent sur lequel la mortalité infantile reste galopante, même si elle se réduit[106].

Jusqu'au XXe siècle, l'espérance de vie de l'enfant était si désespérante qu'elle entraînait l'attitude que décrit Philippe Ariès : «On ne pouvait s'attacher trop à ce qu'on considérait comme un éventuel déchet. [...] Nous ne devons pas nous étonner de cette insensibilité, elle n'est que trop naturelle dans les conditions démographiques de l'époque[107].» Aujourd'hui, la mortalité infantile devient *l'exception* alors qu'elle était autrefois *la norme.* Cette récente longévité ne joue-t-elle pas un rôle déterminant dans la valeur que nous attachons à l'enfant? Si tel est le cas, *le culte de l'enfant* serait peut-être finalement moins lié au rousseauisme et

106. En Afrique subsaharienne, le taux de mortalité infantile est passé de 174‰ en 1990 à 121‰ en 2010.

107. Philippe Ariès, *L'Enfant et la vie familiale sous l'Ancien Régime*, *op. cit.*, p. 60-61.

à l'évolution des mœurs qu'à *la chute de la mortalité infantile* d'une part et, d'autre part, à *l'effondrement de la natalité.* L'amour que nous portons aux enfants viendrait alors de leur *raréfaction* et non d'un progrès de l'esprit[108]. Ce qui est rare est cher. D'ailleurs, si cet amour de l'enfant peut être assimilé, en dépit de la déchristianisation de l'Occident, au culte du *petit Jésus*, n'est-ce pas parce que le monothéisme a, par définition, *raréfié* les dieux en les réduisant à un seul, ce Dieu souvent représenté *enfant* dans les bras de sa mère par la sculpture et la peinture? Nous retrouvons ici l'argument qui valait pour l'argent et la prison : la réduction des moyens d'échange à l'argent et de l'art de punir à la prison a contribué à leur règne universel. Dans nos démocraties, l'amour pour l'enfant dissimule une absence d'amour pour l'espèce humaine qui peine à se reproduire.

Nous chérissons nos enfants en raison de leur rareté, non de leur humanité ou de notre spiritualité. Si l'injonction biblique «Croissez et multipliez» a illustré pendant des millénaires la fécondité tonifiante de l'humanité (pas seulement monothéiste), l'amour semble être passé de *l'extension* à *la tension.* Nous aimons d'autant plus nos enfants que nous en avons moins. Le «moins démographique» est l'ami du «mieux affectif». La qualité prime la quantité. En se détachant de la sexualité, la reproduction s'est raréfiée et l'affection intensifiée.

Il suffit de voir l'amour que portent à *leur enfant*

108. Cette thèse s'oppose à celle de Philippe Ariès qui défend l'idée selon laquelle c'est l'attention que les parents se sont mis à porter à leurs enfants qui a contribué à la chute de la mortalité. Ce qui était vrai au XVIIe siècle ne l'est plus : la natalité régresse désormais plus que la mortalité, signalant le désintérêt réel de l'adulte pour l'enfant.

les Chinois vivant dans les villes pour comprendre qu'il fait l'objet d'un surinvestissement affectif, non seulement parce qu'il est digne de cet amour, mais aussi parce qu'il est le fruit d'une contrainte : la politique de l'enfant unique mise en place par le gouvernement chinois au début des années 1980 afin de contrôler la démographie du pays[109]. Cette politique ne vise pas l'euthanasie du deuxième enfant, mais elle donne lieu à une punition des parents désobéissants[110]. Tout est fait pour que la famille se tienne en deçà du taux de reproduction qui assure le renouvellement d'une génération par une autre. Il est alors aisé d'admettre que l'enfant resté unique, valorisé par l'Etat chinois qui lui ouvre les portes de l'école et du médecin, soit également choyé par la famille, tandis que les enfants surnuméraires sont dissimulés, voire tués et, par conséquent, *moins bien traités*, à défaut d'*être moins aimés*. Mais comment ces derniers pourraient-ils se sentir aussi aimés que l'enfant unique à qui s'adresse la reconnaissance sociale et s'offre un parcours d'excellence ? L'amour de l'enfant ne s'exprime donc pas dans la seule relation du parent à l'enfant : il est poreux à l'atmosphère sociale, aux décisions politiques affichées comme aux idéologies dissimulées.

En Occident, deux paradoxes caractérisent cette nouvelle donne familiale. Le premier paradoxe peut se formuler ainsi : le mouvement profond de baisse de la natalité au profit d'une population préoccupée par sa jouissance, sa santé et sa vieillesse

109. 1,351 milliard de citoyens chinois contre 1,237 milliard d'Indiens et 313,9 millions d'Américains.

110. Ils se voient infliger soit une lourde amende, soit une peine de prison en cas de récidive (donc lors de la naissance du troisième enfant) accompagnée d'une privation de soins médicaux et de scolarisation des enfants de la famille.

cohabite avec un culte de l'enfant qui se manifeste notamment par *la volonté de ne plus le punir*. La force de l'idéologie individualiste, si elle ne rivalise pas avec la politique chinoise de l'enfant unique, permet cependant de contenir, sans aucune nécessité objective, la démographie à des seuils qui n'assurent pas le taux de reproduction. Le culte de l'enfant peut ainsi être vu comme une résistance à l'affaiblissement de l'instinct de l'espèce humaine à se reproduire. Comment expliquer autrement le fait que celui qui inhibe la liberté des adultes puisse faire l'objet d'un désir aussi intense chez ceux qui ne peuvent en avoir (stérilité ou homosexualité) et d'un amour aussi fusionnel chez ceux qui en ont obtenu un ou plusieurs par voie naturelle ou artificielle, tardivement ? L'enthousiasme dont les parents font preuve à l'égard de leur(s) enfant(s) tient ainsi au caractère exceptionnel de celui-ci. Miraculeux et miraculé – c'est-à-dire ayant échappé au narcissisme des adultes –, l'enfant fait naître chez ses parents qui ne sont plus jeunes[111], mais qui croient retrouver leur jeunesse à la faveur de la paternité et de la maternité, un sentiment réel et profond à partir duquel ils abordent l'éducation comme le souci d'une minorité éclairée.

Le second paradoxe provient du climat affectif en Occident : si l'idéologie individualiste ne parvient pas à éradiquer totalement l'instinct de survie de l'espèce humaine dans les populations concernées, elle nourrit l'amour que nous portons aux enfants en les reconnaissant comme individus. Ayant renoncé à une part de notre individualité pour nous reproduire, nous reprenons la main en offrant

111. Il faut quand même reconnaître que la nature a prévu l'âge de la reproduction bien avant la trentaine !

à notre enfant une éducation qui prenne en compte son individualité. Il ne faut alors pas s'étonner du fait que l'éducation s'attache de plus en plus à la singularité de l'enfant et se détache des modèles standardisés imposant à celui-ci de respecter des normes sociales et impersonnelles. Le fait que nous aimions retrouver dans l'enfant le reflet de notre individualité rend impertinente une éducation fondée sur la punition : car punir l'enfant serait punir l'individu qu'il est et que je suis comme parent, ce qui reviendrait à me punir moi-même.

Une telle société imagine ainsi des modalités de la famille qui paraissent infinies et dont le principe n'est désormais plus le groupe, mais l'individu. Nous pouvons donner quelques exemples de ces agrégats d'individus qui définissent aujourd'hui la famille postmoderne : le couple homosexuel, l'individu seul, deux individus mariés ou non mariés, un parent avec enfant(s) (famille monoparentale) ou deux individus mariés mais n'ayant pas eu d'enfant(s) ensemble ou n'en ayant eu qu'une partie (famille recomposée), le couple hétérosexuel sans enfants ou avec enfants (adoptés ou non), etc. Dans un contexte aussi modulaire, l'enfant apparaît comme une variable qu'il faut prendre en compte, mais vis-à-vis de qui la punition apparaît comme un acte désuet et inefficace, « anachronique » dirait Zazie[112]. L'enfant est un individu comme les autres qui se voit respecté *pour* son individualité. Si la punition trouvait autrefois place et sens dans un contexte familial relativement homogène, nous observons qu'elle n'a plus de pertinence dans le cadre d'une *famille recomposée*

112. Raymond Queneau, *Zazie dans le métro*, Livre de poche, 1963.

où le «beau-père», par exemple, n'a ni l'autorité morale ni le droit de punir l'enfant qu'il éduque et qui n'est pas le «sien» : faute de paternité, il a *la patenôtre* ou *la patience*, ce qui, au regard des *raclées* que recevait Brasse-Bouillon dans *Vipère au poing*, constitue un progrès incontestable!

De nombreux discours viennent étayer cette nouvelle situation de l'enfant, rare et cher, phare et chéri dans une société qui ne tient plus la famille comme son fondement, l'individu primant le groupe et la personne passant par conséquent au premier plan, reléguant l'agrégat au statut de décor. Dans *Eduquer sans punir*, Thomas Gordon nous livre les règles de cette éducation désormais libérée de son horizon orageux et punitif. Il explique ainsi que «les adeptes de la philosophie *qui aime bien châtie bien* affirment que la discipline est "salutaire pour l'enfant", qu'elle le rendra plus sain et plus heureux. [...] Mais cette croyance ne concorde pas avec les résultats des recherches. Il existe une multitude de preuves selon lesquelles la discipline sévère rend les enfants malades et nuit à leur santé mentale[113]». Il invoque ainsi une série d'études pour établir quatre constats : les garçons de douze ans, souvent punis et soumis à des restrictions de leurs parents, ont une forte tendance à se punir, à avoir des accidents et à se suicider (Sears, 1961); les enfants inhibés et névrosés sont soumis à des contraintes et à un contrôle excessif de leur famille (Becker, 1964); les enfants qui ont peu confiance en eux-mêmes ont eu une mère qui raisonnait moins avec eux et leur imposait une dis-

113. Dr Thomas Gordon, *Eduquer sans punir, apprendre l'autodiscipline aux enfants*, Poche Marabout, 2013, p. 109-110.

cipline plus arbitraire et plus sévère (Coopersmith, 1967) ; les étudiants le plus souvent punis détestent davantage leurs parents et leurs enseignants, ont des relations moins intéressantes avec leurs camarades, se querellent plus souvent, sont plus timides, ont moins de succès en amour (Watson, 1943).

Devant de telles études, on oscille entre l'admiration et la compassion. L'affirmation de Watson selon laquelle les enfants punis souvent sont moins heureux et moins *successfull* en amour que les enfants non punis (récompensés, aimés, coachés, protégés, cajolés ?) constitue un mystère. Devant ces recherches américaines en psychosociologie qui ne fournissent une définition claire ni de *la punition* ni *du bonheur* ni du *succès en amour* et qui traînent un si grand nombre de présupposés dans leurs objets comme dans leurs attendus, nous retrouvons le bien-fondé de l'expression caustique que le général de Gaulle avait un jour adressée à son ministre de la Recherche : « Des chercheurs qui cherchent on en trouve, mais des chercheurs qui trouvent, on en cherche[114]. »

Plus généralement, les propos de Thomas Gordon sont un témoignage de ce que l'époque nous dit de la punition : elle n'est plus désirée, et le meilleur moyen d'imposer ce refus est de montrer *urbi et orbi* qu'elle est *inefficace*. La définir serait un préalable logique à cette critique, mais la confusion est souvent l'alliée du désir. Comme le disait le cardinal de Retz, « on ne sort de l'ambiguïté qu'à son détriment[115] ». Or, dans sa critique du « qui-aime-bien-

114. De Gaulle à Gaston Palewski, son ministre de la Recherche.

115. *Mémoires*, in *Œuvres*, Gallimard, coll. « Bibliothèque de la Pléiade », 1984.

châtie-bien», Gordon ne part pas de *la punition*, mais de *la discipline*. *A priori*, il n'y a aucune confusion possible entre les deux : la discipline, selon le dictionnaire, est «un ensemble de lois, d'obligations qui régissent une collectivité, et destinées à y faire régner l'ordre». Elle intervient en amont de la punition et ne peut donc pas, sévère ou laxiste, être prise pour celle-ci. L'enfant fait preuve de *discipline* lorsqu'il se soumet à cet ensemble de règles. Il est *indiscipliné* lorsqu'il y désobéit. La discipline est la condition de la vie collective. Son absence se nomme *anarchie* ou *anomie*, au mieux *désordre*. En aucun cas la discipline ne peut se confondre avec la punition, puisque celle-ci est la réaction d'un manquement à celle-là ! Comme le code pénal, Gordon prend *la cause pour l'effet* et *un diallèle* pour une pensée logique.

L'affirmation selon laquelle une discipline «sévère» plongerait les enfants dans la maladie est un raccourci que la psychanalyse, par exemple, récuserait. Freud explique ainsi qu'un enfant bénéficiant d'une éducation peu sévère développe néanmoins un *Surmoi*[116] (*Über-Ich*), soit cette instance

116. Sartre affirmait, à titre de boutade, qu'il n'avait pas de Surmoi après avoir compris que ce gendarme intérieur provenait en grande partie des intériorisations d'interdits formulés par le père. Le sien étant mort lorsqu'il avait quinze mois et sa mère n'ayant rien d'une Folcoche, Sartre vécut une enfance peu marquée par la punition, ce qu'il raconte ainsi dans *Les Mots* : «Il n'y a pas de bon père, c'est la règle ; qu'on n'en tienne pas griefs aux hommes mais au lien de paternité qui est pourri. Faire des enfants, rien de mieux ; en avoir, quelle iniquité ! Eût-il vécu, mon père se fût couché sur moi de tout son long et m'eût écrasé. Par chance, il est mort en bas-âge.» *Les Mots*, Gallimard, coll. «Folio», 1983, p. 19. De là à penser que l'existentialisme sartrien tire sa dimension libertaire de ce «fils à maman» davantage porté à la nausée qu'au combat avec le père, il y a un pas à franchir.

psychique par laquelle l'enfant s'identifie à l'autorité et donc aux parents et qui peut constituer une source de culpabilité entraînant des troubles de la personnalité. Dans *Malaise dans la civilisation,* il montre qu'un père trop faible fournit à l'enfant l'occasion de développer un Surmoi rigoriste pour compenser l'amour dont il est l'objet : il peut alors en venir à retourner son agressivité contre lui-même[117]. Dans l'analyse du petit Hans qui souffre d'une phobie des chevaux se manifestant par la peur d'être mordu, Freud reconnaît un symbole de la castration et le symptôme d'un complexe d'Œdipe qui se révèle au moment où le garçonnet doit composer dans le triangle familial avec la naissance d'une petite sœur. Il explique ainsi à propos de Hans : «Ses parents [...] étaient tombés d'accord d'élever leur premier enfant sans plus de contrainte qu'il n'est absolument nécessaire pour le maintien d'une bonne conduite[118].» Le pouvoir d'autoculpabilisation n'est donc pas la conséquence nécessaire et prévisible d'une éducation psychorigide, voire sadique : le fantasme et l'économie psychique de l'enfant jouent un rôle aussi important dans son (dés)équilibre psychique que la cause externe constituée par l'éducation des parents. Une éducation non coercitive peut donc générer un sentiment très fort de culpabilité pouvant entraîner névrose ou psychose.

117. Le père de la psychanalyse écrit ainsi : «Or, l'expérience enseigne que la sévérité du Surmoi développée par un enfant ne reproduit nullement la sévérité du traitement qu'il a lui-même subi. Elle paraît indépendante de cette dernière, un enfant ayant eu une éducation très indulgente pourra se trouver doté d'une conscience morale.» Freud, *Malaise dans la civilisation*, Seuil, coll. «Points», 2010, p. 148.

118. Freud, *Cinq psychanalyses*, PUF, 1954, p. 93-158.

Mais la psychosociologie américaine de Gordon, plate, naïve, puritaine et hygiéniste, fait fi des enjeux inconscients de l'équilibre psychique.

Il faut ajouter que ces «recherches» fantaisistes pourraient faire l'objet de recherches symétriques montrant que des enfants ayant été soumis à une éducation stricte et une discipline sévère ont été heureux à l'âge adulte dans tous les compartiments de leur vie, ou dans certains d'entre eux – ce qui est à mettre au crédit de leurs «mauvais parents» –, d'une part parce que la réussite sociale et le bonheur sont une alchimie personnelle qui ne fait l'objet d'aucune équation scientifique découverte par le MITI ou la NASA, d'autre part, parce que des parents psychorigides peuvent provoquer des effets différents et imprévisibles sur la personnalité de leurs enfants. Hervé Bazin, dont l'enfance fut malheureuse quoique très bourgeoise, devint un adulte adulé de la république des Lettres au point de faire sombrer dans l'oubli son oncle René[119], écrivain notoire et notable. Si sa mère[120] s'était montrée plus tendre avec lui, le célèbre romancier aurait pu devenir ce consommateur formaté par l'*american way of life* promise de manière subliminale par le Dr Gordon !

Ajoutons que l'intuition populaire de la possibilité du bonheur dépasse les études dites scientifiques sur l'éducation. L'histoire de Cendrillon, venue du fond des âges et mise en forme par de

---

119. René Bazin (1853-1932), écrivain catholique monarchiste qui connut le succès avec *Les Oberlé* (1870) et *La terre qui meurt* (1901) et qui siégea à l'Académie française alors que son neveu préférera militer pour l'extrême gauche et le parti communiste, et présidera l'Académie Goncourt.

120. Inspiratrice, à son corps défendant, du personnage de Folcoche dans *Vipère au poing*, *op. cit.*

nombreux conteurs, invite les enfants à ne pas se désespérer d'une éducation fondée sur la brimade car elle peut déboucher sur un mariage princier! Une voie lactée existe de la cendre à la lumière. Dès lors, n'est-il pas osé de s'en réclamer pour justifier un rejet de la punition? Et ne faut-il pas alors traiter celle-ci avec *moins de raideur* et peut-être *plus de rigueur*?

N'illustrant aucune théorie, mais permettant au moins de faire pièce au rejet manichéen de la punition par cette psychosociologie, un fait divers ayant défrayé la chronique à l'automne 2008 vaut contre-exemple. Après avoir assassiné 77 personnes froidement sur l'île norvégienne d'Utøya pour des motifs idéologiques, Anders Behring Breivik, qui vivait de manière discrète dans une ferme, devint pendant quelques semaines le centre mondial de l'attention des médias. Sachant que la punition qui l'attend n'est en rien mystérieuse[121], les journalistes essayèrent donc de comprendre ce qui avait pu motiver un tel geste. Relatant le divorce de ses parents qui avait contrarié l'ensemble de la fratrie, un journaliste suisse, ayant lu le blog du criminel et le compte rendu de son procès, fournit des éléments de compréhension, sinon du geste criminel, du moins de ce qui a structuré la personnalité de son auteur : «Tout en grandissant dans un milieu "privilégié", Anders Breivik pense que son éducation a "complètement manqué de discipline". A

121. La Norvège ayant aboli la peine de mort en 1905 (pour les condamnés de droits commun) et en 1979 (pour tous les crimes). Breivik lors de son procès réclama soit l'acquittement, soit la peine de mort, ne reconnaissant que ces deux issues comme «solution juste» à son procès.

douze ans, il fait les 400 coups avec des amis immigrés, taguant sans relâche les bâtiments d'Oslo[122].»

Loin de dire que tous les enfants ayant eu une éducation laxiste deviendront tagueurs et tueurs en série, ce fait divers illustre autant la formule de l'Ecclésiaste[123] que l'inanité de la thèse de Gordon. Il éclaire le fait que l'absence de punition ne garantit le bonheur ni de l'individu ni de la famille, ni de la société. Comme tous les enfants, Breivik, en l'absence de père, avait besoin de voir et sentir ses comportements encadrés et limités. Il a visiblement vécu son enfance comme les héros de la littérature grecque, sans entrave jusqu'à l'acte démesuré qu'un Dieu punit. Le fait que son enfance se déroule sans rappel à l'ordre explique en partie qu'il ait glissé de *l'impunition de son enfance* au *sentiment d'impunité*, ce dernier l'ayant grisé dans la préparation de ce crime.

Bien des crimes pourraient ainsi être analysés à l'aune de cette défaillance de l'autorité parentale, de cette faible intériorisation des interdits et de ce sous-développement du Surmoi, instance psychique qui est certes culpabilisatrice, mais surtout fondatrice de toute société, comme l'expose Freud : «Il est conforme à notre évolution que la contrainte externe soit peu à peu intériorisée, par ceci qu'une instance psychique particulière, le surmoi de l'homme, la prend à sa charge. Chacun de nos

122. Sylvain Besson, «Breivik, itinéraire d'un tueur de masse. Comment un jeune homme de bonne famille est-il devenu un loup solitaire?», *Le Temps*, samedi 30 juillet 2011. Ce n'est pas l'objet ici, mais il faudrait analyser cette affirmation qui conduit Breivik à accuser ses parents de l'avoir laissé jouer avec des enfants immigrés!

123. «Un cheval mal dressé devient rétif, un enfant laissé à lui-même devient mal élevé», Ecclésiaste, XXX, 8.

enfants est à son tour le théâtre de cette transformation; ce n'est que grâce à elle qu'il devient un être moral et social[124].» Dans le cas Breivik, le défaut de cette instance psychique a donné lieu à un défoulement pulsionnel : Utøya est devenu le théâtre d'un massacre dont l'auteur est considéré comme un être immoral et asocial. Si l'autorité, dans son pouvoir d'imposer une discipline et d'infliger des punitions, contribue au développement du Surmoi et à l'harmonie de la société, son absence risque donc d'entraîner chez l'enfant un *sentiment d'impunité* le conduisant à réaliser des *actes punissables.* L'absence de punition, qu'on a tendance aujourd'hui à présenter comme *un trait d'humanisme et un gage de démocratie*, ne constitue donc pas un progrès, mais *un semis invisible de violence.*

Loin de prôner un retour à l'autoritarisme ou à des contextes du passé – les figures viriles, patriarcales ou martiales –, le fait de revendiquer la nécessité de la punition ne vise pas à remettre l'enfant à «sa» place, mais à redonner la sienne à la famille, à savoir *force, cohérence et légitimité.* D'une manière générale, il convient de ne pas penser la punition «contre celui» qui commet une faute, mais «pour la communauté» à laquelle il appartient et dans laquelle la faute est reconnue. Encore faut-il que cette communauté ne soit pas un agrégat tenant par la simple glu des concessions individuelles, mais une manière pour l'humanité de se réaliser. Or, la prise en compte de l'individualité de l'enfant rend désormais difficile de reconnaître la famille comme une priorité. Punir suppose de s'opposer à l'enfant, et notamment à ses désirs. De

124. Freud, *L'Avenir d'une illusion*, PUF, 1983, p. 17.

chose, pour ne pas dire de *Petit Chose*[125] qu'il était autrefois, l'enfant est devenu *roi*. En général, on ne punit pas le roi : on le courtise.

Le rapport du parent à l'enfant s'est ainsi inversé en moins d'un siècle : de bourreau, le parent est devenu esclave; de monarque, il est devenu courtisan. Les parents s'efforcent désormais de deviner les désirs de leur(s) enfant(s) – et pas seulement à l'occasion de cette absurde fête commerciale de Noël – pour ensuite les réaliser, comme le faisaient autrefois les nobles à Versailles. Du Moyen Age au XIXe siècle, la punition, ou ce qui était reconnu comme telle et qui n'était souvent qu'une brimade, consistait à exercer une pression – celle du parent – sur l'enfant. Au XXIe siècle, c'est l'enfant qui exerce une pression sur le parent et la famille. Cette pression est d'autant plus grande que la famille a délaissé toute perspective de punir l'enfant et que l'Etat, au nom de la protection de l'enfance et des droits de l'homme, l'encourage dans cette voie.

Lorsque Marlène Schiappa, auteur d'un *Eloge de l'enfant roi*, affirme que «mus par différentes attentes, les nostalgiques du martinet, les partisans du patriarcat, les pourfendeurs ou les adorateurs du tout-psychanalyse s'unissent pour dénoncer le coup d'Etat permanent de l'enfance, effet secondaire indésirable, selon eux, du paradigme post-soixante-huitard[126]», elle croit identifier l'ennemi de l'enfant au lieu de voir que le problème posé vient de l'étrange place qui lui est faite. Si La Boétie a clairement expliqué que le

125. Premier roman d'Alphonse Daudet (Livre de poche, 1972) dans lequel la mère n'est pas une Folcoche, mais où l'enfance ne tutoie pas le bonheur.

126. Marlène Schiappa, *Eloge de l'enfant roi*, Editions François Bourin, 2012, p. 21.

pouvoir du roi reposait sur la *servitude volontaire*[127] de ses sujets, il faut oser établir le parallèle de cette analyse politique avec la situation familiale contemporaine : *l'enfant roi* n'est tel que par *le renoncement volontaire des adultes à leur autorité.* C'est parce que les parents ont abdiqué leur souveraineté que l'enfant tient les clés du royaume. Au fondement de la famille, il y a désormais une *servitude volontaire* qui propulse l'enfant sur un trône qu'il n'aurait jamais dû, pour son plus grand bien, occuper.

Pourtant, comme chez Hamlet, ce royaume de l'enfant est pourri. Philippe Ariès a magistralement montré que l'enfance est *une invention récente*, fruit d'une construction sociale qui a isolé l'enfant du monde des adultes pour lui attribuer des qualités (innocence, dépendance, fragilité, etc.) qui impliquaient de nouvelles attitudes de la part des parents et des adultes (respect, protection, autorité, etc.). La famille, qui n'existait que comme *lignage* chez les nobles et comme *couple* chez les vilains, est désormais le lieu de son éclosion ou de sa décoction[128]. Famille : cocon ou prison ? Engels[129] défend l'idée selon laquelle *le père* occupe la position du *capitaliste, la mère et l'enfant* celle du *prolétaire*[130] ! La fabrication de l'enfance aurait donc un envers, voire un revers : l'aliénation. L'enfant,

127. Etienne de La Boétie (1530-1563), *Discours de la servitude volontaire*, Gallimard, coll. «Tel», 1993.

128. La famille, présentée comme *un «cocon»*, ressemble à *un œuf*, dont l'éclosion provoque l'épanouissement de l'enfant, ou à *une tisane*, dont l'enfant constitue la plante qui infuse.

129. Friedrich Engels, *L'Origine de la famille, de la propriété privée et de l'Etat*, Editions sociales, 1983.

130. Terme qui veut dire, avant de désigner celui qui n'a que sa force de travail, celui qui fait beaucoup d'enfants !

adulé, serait en réalité dépossédé de lui-même le plus tôt et le plus longtemps possible. Ni agent économique, ni agent politique, il ne jouirait d'aucune autonomie. Sa seule contrepartie serait *l'impunité*, dont il n'abuse pas ! L'enfant : autrefois adulte en miniature, de nos jours avorton adulé. Le roi est nu.

Osons une autre explication. Cette infantilisation est peut-être moins *la marque de l'aliénation* que *le symptôme d'une société en voie de désagrégation* sous le poids d'une individualisation forcenée. De fait, cette *infantilisation* de ces hommes que nous appelons *les enfants,* et qui s'étend désormais au-delà de l'enfance[131], ne manque pas de sens : elle est la conséquence logique d'une société libertaire, jouissive et libidinale, qui s'intéresse moins à l'enfance qu'à ce qu'elle prend pour son principe, à savoir *le désir*. Aussi, l'enfant est-il moins aimé *pour lui-même* que comme *être libidinal, porte-drapeau d'une société juvénile et jouissive.* Cette adulation de l'enfance offre un prétexte aux adultes – parents ou non – de vivre une vie acidulée tout en nourrissant le terreau sur lequel le désir pousse d'autant mieux qu'il n'y rencontre plus la punition.

Dans un tel contexte, *le refus de punir* révèle moins une *sacralisation de l'enfant* qu'il ne masque *une forme nouvelle d'indifférence à son égard.* Si *l'égalité des Noirs et des Blancs*, puis *des femmes et des hommes*, est le résultat d'un progrès de la raison, *le culte de l'enfant* repose plutôt sur un triomphe de l'imagination, ou de ce que Freud

---

131. Le concept d'*adulescence* désigne la fusion de l'adulte et de l'adolescent, c'est-à-dire non de l'adolescent en adulte parce qu'il aurait mûri rapidement, mais de l'adulte qui tente de vivre *comme* et de se faire passer *pour* un adolescent, tant dans l'art de s'habiller que dans la manière de se comporter.

appellerait une *régression fantasmatique*, qui, dans le cas présent, *surinvestit l'enfant* pour *désinvestir l'espèce.* Derrière la représentation de l'enfance comme humanité fragile et raréfiée, on adore en réalité *une image du désir désexualisé.* Telle est l'ambiguïté de nos sociétés postmodernes qui engendre le paradoxe suivant : nous aimons les enfants au point d'en avoir le moins possible ! Nous désirons le désir de l'enfant, l'enfant comme être de désir, plus que nous désirons l'enfant. Nous comprenons désormais qu'il y a deux manières d'éprouver pour les enfants de *l'indifférence* : en avoir *beaucoup* et les *dévaloriser* par des brimades ; ou en *faire très peu* et les *survaloriser* en les plaçant par-delà le bien et le mal.

L'enfant est devenu *impunissable*, c'est-à-dire tabou, intouchable, monarque quasi divin, être en tout cas déjà divinisé. Il jouit d'une *impunité* que bien des adultes lui envient, à l'instar de ces bourgeois qui, aux XVIIIe et XIXe siècles, rêvaient de s'acheter un titre nobiliaire. *Le punisseur* est devenu *punissable* tandis que l'ancien *puni* est devenu *impunissable.* L'impunité et la punition ont changé de camp ! Vieille « dialectique du maître et de l'esclave » dont Hegel[132] nous avait montré le mérite et dans laquelle il nous incitait à reconnaître le principe même de l'histoire. L'abandon de la punition sur le terrain familial n'annonce ni dépassement spirituel (*Aufhebung*) ni bénéfice pour l'enfance : il signe la raréfaction de l'enfant tout en la faisant passer pour un hommage permanent !

132. G.W.F. Hegel, *La Phénoménologie de l'esprit* (1806-1807), t. I, trad. J. Hyppolite, éd. Aubier-Montaigne, 1941, p. 161-162.

Philippe Ariès explique que, dans l'Ancien Régime, si tous les hommes ne sont pas punis – puisque les nobles échappent par leur condition à la punition que subit le vilain selon le bon vouloir du seigneur –, tous les enfants en revanche le sont puisque, noble ou roture, l'enfant est une raclure d'humanité. Concernant les adultes : « Encore au XVIIe siècle, les moralistes font un devoir aux maîtres de châtier leurs serviteurs, et nous savons au moins par Molière ou La Fontaine en quoi consistait ce châtiment : Martin Bâton. On a le sentiment que la même évolution introduira le fouet à l'école et dans le droit pénal : il devient sous l'Ancien Régime l'une des peines auxquelles les tribunaux condamnent les gens de peu[133]. » A la différence de cette *inégalité* devant la punition qui caractérise les adultes, la punition est *égalitariste* pour l'enfance et indifférente à l'appartenance sociale, comme en témoignent ces vers de Thomas Tusser : « De Powless je viens, à Eton arrivai / Pour apprendre aussitôt le latin / Là je fus fouetté cinquante-trois fois d'un coup[134]. » Philippe Ariès montre que « cette brutalité ne se limitait pas aux écoliers : L'Estoile rapporte comme un jour de 1583 "le roi fit fouetter à Paris au Louvre jusqu'à dix vingt, que pages que laquais [notez la familiarité des pages, fils de courtisans, et de la valetaille]" qui à la salle basse du Louvre avaient contrefait la procession des pénitents ». Punition sur fond de pénitence, surimpression de la peine dans les corps ! Aujourd'hui, l'enfant vit la surimpression de

133. Philippe Ariès, *L'Enfant et la vie familiale sous l'Ancien Régime*, *op. cit.*, p. 286-287.

134. Thomas Tusser (1524-1580), poète anglais cité par Ariès, *ibid.*, p. 288.

l'impunité et de l'impénitence. Cette disparition de la punition dans la famille ne constitue donc pas une *révolution instaurant un nouvel égalitarisme*, mais une *involution de l'espèce installant l'individu sur un piédestal* !

1.2.2. L'EFFACEMENT DE LA PUNITION À L'ÉCOLE

> «Je préférais subir toutes sortes de punitions plutôt que d'apprendre à débiter par cœur[135].»
>
> EINSTEIN.

Qu'un tel esprit, modèle de l'intelligence scientifique, préfère la punition à la bêtise révèle que l'enseignement à la fin du XIXe siècle était à la curiosité ce que le gavage des oies est à l'appétit. Aujourd'hui, notre école ne bourre plus les crânes ni ne flagelle les corps; elle a emboîté le pas à la famille en matière de punition, voire l'a dépassée en tant que lieu ouvert au respect et à l'application de la loi[136]. Si le développement de l'amour parental a fini par s'imposer à l'école – *l'élève* étant d'abord *un enfant* –, cette protection s'est inscrite dans un cadre juridique fixant par la loi l'évolution des mœurs.

L'institution scolaire s'est donc mise au diapason familial : l'enseignant n'a plus le droit de gifler un élève, de lui donner des coups de règle sur les doigts, de l'affubler d'un bonnet d'âne ni de l'envoyer au coin de la classe faire pénitence sous les

---

135. Cité par Françoise Balibar dans *Einstein, la joie de la pensée*, Gallimard, coll. «Découvertes Gallimard», 1997, p. 17.

136. Tandis que la famille reste, par son intimité, une zone de non-droit.

yeux de ses camarades. Il ne peut plus l'interpeller avec véhémence ni lui demander de copier 100 fois des lignes de manière mécanique et répétitive comme c'était le cas jusqu'aux années 1970. Professer sans fessée : tel est le nouveau cap de l'enseignant qui sait qu'il lui est, sinon interdit de punir, du moins fortement déconseillé de le faire sans s'entourer au préalable de toutes les conditions prévues par la loi. L'élève – *discipulus* en latin – ne peut de nos jours faire l'objet de punition que dans un contexte balisé par des textes. *L'élève indiscipliné*, qui se voyait autrefois accablé de punitions sous toutes ses formes, se trouve en position de force dans l'école du XXIe siècle. Comme dans la famille, l'autorité a changé de camp : c'est désormais l'enseignant qui marche sur des œufs et avance sur la pointe des pieds s'il ne veut pas que la punition, autrefois appliquée dans l'action et sous le coup de l'humeur, se retourne contre lui.

Le cinéma a illustré ce nouveau phénomène, parfois avec brio, souvent avec facilité tant la veine comique semble un filon rentable. Glorifier le cancre revient à présenter l'élève indiscipliné en *Spartacus* affrontant les légions romaines. *Le cancre*, autrefois source du tragique dans des films où l'enseignant incarnait encore une autorité, devient le bon génie de l'établissement et la source d'une joie de vivre que l'école de Jules Ferry n'avait tout simplement pas prévue ! Les différentes adaptations cinématographiques de *La Guerre des boutons* (1936, 1962, 1994, 2011), inspirées du livre de Louis Pergaud[137], témoignent de cette évolution et du rôle de plus en plus comique du héros. Lebrac, qui n'en rate pas

137. Louis Pergaud, *La Guerre des boutons, roman de ma douzième année*, Gallimard, coll. « Folio », 2011.

une, fait face, dans le livre, à une réaction millimétrée de l'autorité familiale et scolaire qui avancent de conserve. L'instituteur se présente comme le prolongement culturel de l'autorité naturelle du père[138]. Pour les enfants de Longeverne, la menace ne réside pas dans le fait de sortir deux heures plus tard tous les soirs, mais d'être privés de cette guerre avec *les Velrans*, les enfants de l'autre village. La guerre des boutons, avec l'instituteur en juge de paix, apparaît avec le recul comme l'avant-goût d'une guerre à laquelle lecteurs et adolescents de l'époque se rendront la fleur au fusil.

Dans la première adaptation de ce roman au cinéma[139], la répression de l'instituteur demeure fidèle à l'esprit du texte. En revanche, dans la version d'Yves Robert (1962), Lebrac attire sur lui tendresse et compassion, faisant déjà naître le sourire du spectateur. En 1994[140], l'instituteur paraît débordé par l'élève Lebrac. En 2011, dans les deux versions[141] concurrentes, Lebrac devient l'homme

138. «*Et vous savez, ajouta-t-il pour assommer le malheureux, vous savez que votre père m'a recommandé de vous soigner! Il paraît que vous n'en fichez pas la secousse à la maison; toujours sur les quat'chemins à faire le galvaudeux, la gouape, le voyou, au lieu de songer à vous décrasser le cerveau. Eh bien, mon ami! si vous ne me répétez pas à onze heures tout ce que nous allons redire pour vous et pour vos camarades qui ne valent guère mieux que vous, je vous préviens, moi, que pour commencer, je vous foutrai en retenue de quatre à six tous les soirs, jusqu'à ce que ça marche! Voilà!* Le tonnerre de Zeus, tombant sur l'assemblée, n'eût pas provoqué stupeur plus profonde. Tous restaient écrasés par cette épouvantable menace.» Louis Pergaud, *La Guerre des boutons, roman de ma douzième année*, *op. cit.*, p. 33-34.

139. *La Guerre des gosses* de Jacques Daroy (1936).

140. *La Guerre des boutons, ça recommence,* de John Roberts, version irlandaise autour d'un pont.

141. Celles de Christophe Barratier (*La Nouvelle Guerre des boutons*) et de Yann Samuell (*La Guerre des boutons*).

fort de la classe tandis que l'instituteur y apparaît comme l'homme faible. Dans le livre et sa première adaptation à l'écran, l'indiscipline de l'élève est présentée comme une violence devant appeler une réaction proportionnée et légitime Dans les deux dernières adaptations de 2011, l'instituteur ne pilote plus le navire qui part à la dérive. La source du comique s'est déplacée : en 1936, on rit du pirate Lebrac qui défie l'ordre, mais en ubit la réaction; en 2011, on rit de l'instituteur incapable de redresser la barre.

Comme *la loi, le film* s'adapte à la réalité : le droit ne serait pas respecté s'il était trop loin des mœurs; les films ne seraient pas vus s'ils représentaient des valeurs dépassées. Coller au réel et aux mœurs est une exigence pour la loi comme pour l'image. Au cinéma, tout se passe comme si les adaptations régulières d'un livre avaient pour but, non de décrire l'époque en question avec reconstitution *ad hoc* de décors, mais d'assurer la pérennité de l'œuvre à travers l'évolution des mœurs. Montrer l'identité dans la différence, l'un dans le multiple, la permanence dans le changement : tel semble être le rôle de l'adaptation cinématographique qui nous permet de constater, au sujet de l'enfance et de l'école, combien la punition s'est effacée du tableau noir comme de la vie de l'élève.

Publié un an après *La Guerre des boutons*, l'unique livre d'Alain-Fournier, *Le Grand Meaulnes*[142], présente une autre facette de la même réalité. Meaulnes, le héros de dix-sept ans, transgresse

142. Le livre a fait l'objet de deux adaptations au cinéma, le titre du livre étant conservé pour chaque adaptation, celle de Jean-Gabriel Albicocco (1967) et celle de Jean-Daniel Verhaeghe (2006).

l'ordre social en s'échappant de l'école pour lui préférer l'aventure et cultiver, à son retour, le souvenir de la belle Yvonne de Galais et du « domaine mystérieux» qu'il a découvert. A son retour d'escapade, l'instituteur feint d'ignorer ce qui s'est passé et choisit de ne pas le punir. Cette non-punition n'est pas le signe d'une évolution des mœurs, mais bien le choix de l'autorité d'exercer son pouvoir en niant la réalité – l'absence de Meaulnes – pour mieux montrer que l'ordre n'a pas été troublé par cette incartade. Il y a des silences plus forts que des punitions !

A l'opposé, un siècle plus tard, la série télévisée française *Soda*[143] met en scène une famille sympathique dont les parents (*Pap's* et *Mam's*) disposent, en guise d'arsenal punitif pour leurs deux enfants (*Adam* et *Eve*), la suppression provisoire de l'argent de poche, l'annulation des sorties et la privation de l'accès aux écrans ! Le lycée privé, où les enfants sont scolarisés, semble un mixte de l'école répressive passée et de l'entreprise marchande qui doit trouver un compromis entre, d'une part, des parents qui veulent conduire leurs enfants peu motivés à décrocher le bac et, d'autre part, le respect des règles internes de l'établissement, autrement dit la quadrature du cercle ! A la vie peu contraignante en famille s'opposent donc les règles du lycée où règne comme un dragon une proviseure revêche qui distribue les punitions à tour de bras. Le succès de cette série repose sur l'ambiguïté de deux mondes et de deux époques : celle d'une école répressive qui assurait autrefois le rôle d'ascen-

143. *Soda* est une série télévisée française de vingt-deux minutes, créée par Frank Bellocq, David Soussan, Kev Adams et Cyril Cohen, produite par CALT et diffusée depuis le 4 juillet 2011 sur M6 et dès le 5 mai 2012 sur W9. Au Québec, elle est diffusée sur VRAK.TV.

seur social et celle d'une famille protectrice dans laquelle les parents sont producteurs d'une gaieté sans autorité ni débouché.

Nous pourrions passer en revue les films sur l'école qui semblent ponctuer l'avancée des mœurs bien plus que les réformes scolaires. Du célèbre *Zéro de conduite* (1933) de Jean Vigo, opposant la joie insouciante des adolescents au collège comme lieu grisâtre et machine à punir, au récent *Les Profs*[144] (2013) décrivant un lieu de vie rosacé pouvant devenir machine à réussir en trichant, les films sur l'école ponctuent ce retrait de la punition. Dans un registre plus politique, *Le Cercle des poètes disparus*[145] *met en selle* un professeur de lettres moderniste, aux prises avec l'administration d'une école américaine prestigieuse, dont les méthodes puisent leur source dans la scolastique, tandis que le film *P.R.O.F.S*[146] *met en scène* la sévérité d'un lycée émoussée par une équipe d'enseignants faisant pénétrer avec dix-sept ans de retard les idéaux de Mai 68. Dans tous ces films, le spectateur comprend que l'école a été une bastille dont il fallait libérer les détenus qui y étaient prisonniers même quand ils n'étaient plus en retenue.

La plupart de ces films[147] ridiculisent la punition pour assurer la promotion du cancre dans une

144. Film de Pierre-François Martin-Laval, 2013, avec Christian Clavier.

145. Film (*Dead Poets Society*) de Peter Weir, 1990, avec Robin Williams.

146. Film de Patrick Schulmann, 1985, avec Patrick Bruel et Fabrice Luchini.

147. *Le Cercle des poètes disparus* est à part dans la mesure où il défend la figure du poète et de l'acteur de théâtre qui ne sont pas des hérauts de la marchandise.

société du rire et du spectacle[148]. Le film *Entre les murs* montre jusqu'où peut aller cet amenuisement de l'autorité présentée comme une horizontalisation des relations entre professeur et élèves. Il ne s'agit plus de *sancti-onner* les comportements déréglés et les attitudes relâchées, mais de *sancti-fier* l'élève par l'écoute en se rappelant qu'il est d'abord cet enfant à qui l'école doit respect et bienveillance. Le livre, après avoir touché le grand public, est adapté à l'écran avec succès par un film[149] qui décroche *la palme d'or* au festival de Cannes, prix dont on ne sait s'il récompense la qualité artistique du film ou valide la pédagogie qui le nourrit. Le succès populaire du livre et du film semble indiquer que l'école en a fini définitivement avec *la punition* pour entrer dans l'ère de *la discussion*.

Si le cinéma reflète cet effacement de la punition, celui-ci prend corps dans des textes juridiques et administratifs. Dans une circulaire, le ministère de l'Education nationale clarifie la relation que le maître doit cultiver avec ses élèves. La scolarisation précoce des enfants à l'école maternelle suppose d'abord d'exclure toute punition : «L'école joue un rôle primordial dans la scolarisation de l'enfant : tout doit être mis en œuvre pour que son épanouissement y soit favorisé. C'est pourquoi aucune sanction ne peut être infligée.

---

148. Guy Debord, *La Société du spectacle*, Gallimard, coll. «Folio», 1996. Ce livre, paru en 1967, montre que les sociétés modernes se caractérisent par le règne de la marchandise auquel le spectacle contribue. Il n'est pas absurde de dire que le cancre est ainsi devenu, par le biais du cinéma, une valeur marchande, «bankable» comme le disent les gens du spectacle, c'est-à-dire qui rapporte de l'argent. Dans *Les sous-doués passent le bac*, film de Claude Zidi de 1980 avec Daniel Auteuil, le cancre est gosse de riche, cynique et fainéant, soit l'individu érigé en demi-dieu!

149. *Entre les murs*, 2008, film de Laurent Cantet.

Un enfant momentanément difficile pourra, cependant, être isolé pendant le temps, très court, nécessaire à lui faire retrouver un comportement compatible avec la vie du groupe. Il ne devra à aucun moment être laissé sans surveillance[150].» L'instruction est claire et l'évolution des mœurs patente : en apparence, l'élève est *impunissable* jusqu'à l'âge de six ans. Outre que le rédacteur de ce texte ignore que la sanction[151] peut être une récompense, la seule réaction prévue en cas de comportement violent est donc *l'isolement* «pendant un temps très court». Rien de grave *a priori* dans cette *séparation* de l'enfant qui permet de protéger le groupe de ses agissements. Cependant, on ne peut s'empêcher de rapprocher cet *isolement* du petit homme avec celui qu'on réserve à l'adulte. Certes, *isoler* un enfant ce n'est pas l'*incarcérer*; en revanche, *incarcérer* un adulte revient bien à l'*isoler*. L'isolement est par conséquent le plus petit dénominateur commun de la punition dans notre société puisque l'école maternelle en fait son seul moyen de réaction à la faute de l'enfant tandis que le système pénal en fait son mode de punition privilégié.

Il faut dire que la prison n'est pas étrangère à l'école. Philippe Ariès montre qu'il en existe dans certains établissements et qu'elle fait partie des châtiments corporels au même titre que le fouet de la fin du Moyen Age jusqu'au XIXe siècle[152]. Faute de

150. Circulaire 91-124 du 6 juin 1991 du ministère de l'Education nationale.

151. Cf. *supra* la note 18.

152. «Au cours des XVe et XVIe siècles, une profonde évolution des mœurs va substituer la peine corporelle à l'amende, évolution parallèle à celle qui établit l'autorité absolue du principal de collège, à celle qui instaure la délation, le régime monitorial et le principe de la surveillance

donner à l'enfant de l'école maternelle une gifle ou une fessée – qui est *une punition corporelle évidente* –, l'école du XXIe siècle choisit une méthode corporelle plus hygiéniste et aseptisée : la *séparation,* qui a des airs de quarantaine[153], mais qui s'adresse et s'applique d'abord au corps de l'élève. Evitant le corps-à-corps de l'enseignant et de l'enfant, l'institution lui préfère une relation corporelle plus discrète sous la forme de la séparation et de l'isolement. Disons que cette punition qui ne dit pas son nom est *subrepticement corporelle.*

Cette *séparation,* qui vaut *mise à l'isolement,* nous en dit long sur le rapport au corps de notre société : *une pornographie généralisée* dans les médias et *un puritanisme imposé* dans les lieux où sont réunies des personnes pourtant considérées comme de stricts corps. Au XIIIe siècle, Louis IX, roi de France, n'hésite pas à se faire donner le fouet par exigence spirituelle – les fameuses «austérités» – constituant la juste remise en place du corps. Punis par personne, mais pénitents et

---

constante. Cette peine corporelle peut être le cachot; il existait à Montaigu par exemple, mais le cas est rare. C'est très généralement le fouet : les verges deviennent l'insigne du maître d'école, au moins de l'école de grammaire, la marque de la dépendance où le maître tient désormais ses élèves et par conséquent de la sujétion où l'enfant est tombé : *infirmus*. Jusqu'à la fin du XIVe siècle, les allusions aux corrections corporelles sont très rares : alors elles n'ont pas de caractère humiliant parce qu'elles concernent aussi bien les austérités monastiques représentées dans les Bibles moralisées, ou celles que s'imposent les saints, comme la scène de la vie de Saint Louis où le Roi reçoit la discipline. A partir du XVe siècle, le fouet prend un caractère avilissant, brutal, et devient de plus en plus fréquent.» Philippe Ariès, *op. cit.*, p. 285-286.

153. Ladite circulaire ne dit pas si cette séparation doit être de 4 minutes ou de 40 secondes.

contrits[154], Louis IX et son époque ne voient aucune humiliation dans cette pratique. En revanche, la punition corporelle de l'enfant lui vaut au XVe siècle le statut d'*infirme*, c'est-à-dire de *faible*. Séparer l'enfant du groupe d'élèves vis-à-vis duquel il s'est montré violent revient également à en faire un *infirmus*. Sans l'envoyer à l'infirmerie, l'enfant qui persiste dans une telle attitude se voit analysé par le ban et l'arrière-ban de l'institution et son cas tranché par celui qui soigne les malades : «Toutefois, quand le comportement d'un enfant perturbe gravement et de façon durable le fonctionnement de la classe et traduit une évidente inadaptation au milieu scolaire, la situation de cet enfant doit être soumise à l'examen de l'équipe éducative, prévue à l'article 21 du décret nº 90-788 du 6 septembre 1990, à laquelle participeront le médecin chargé du contrôle médical scolaire et/ou un membre du réseau d'aides spécialisées[155].» Si le cas est jugé grave, l'*isolement ponctuel* peut donner lieu à un *isolement provisoire* : «Une décision de retrait provisoire de l'école peut être prise par le directeur, après un entretien avec les parents et en accord avec l'inspecteur de l'Education nationale.» Du *ponctuel* au *provisoire*, la durée de la peine de l'élève s'allonge en fonction de la gravité de ses actes ou de son attitude, exactement comme pour le détenu en prison. La punition d'antan s'exerçait directement *contre le corps*; celle d'aujourd'hui se pratique *dans le temps*. Détenir, retenir : la prison

154. *La pénitence* se distingue dans la terminologie chrétienne de *l'absolution* qui est la réconciliation que Dieu décide tandis que la première est la volonté de se réconcilier avec l'Eglise.

155. Circulaire 91-124 du 6 juin 1991 du ministère de l'Education nationale.

croit punir en enfermant; l'école croit punir en séparant.

Après l'école maternelle, l'école primaire maintient ce cordon sanitaire autour de l'enfant. La même circulaire déclare ainsi : «Tout châtiment corporel est strictement interdit. Un élève ne peut être privé de la totalité de la récréation à titre de punition. Les manquements au règlement intérieur de l'école, et, en particulier, toute atteinte à l'intégrité physique ou morale des autres élèves ou des maîtres peuvent donner lieu à des réprimandes qui sont, le cas échéant, portées à la connaissance des familles.» Le fait de priver l'enfant de *la récréation* constitue bel et bien un châtiment corporel, même si celui-ci se veut humain en permettant à l'enfant de conserver du temps pour *se re-créer*. Si l'élève, qui est un corps, s'en prend à d'autres corps (d'élèves ou d'enseignants), il est *réprimandé*. Là encore, la réprimande n'est pas la punition : l'enfant est *ad-monesté, averti, mis en garde, rappelé à l'ordre*, mais non *puni* puisque *impunissable*. Le *corpus discipuli* n'a rien à craindre : l'école respectera son intégrité. L'impunité de l'élève règne à l'école primaire. *L'habeas corpus*[156] est étranger à l'école de la République puisque le corps de l'enfant, qui n'est pourtant que corps, ne peut s'y soumettre.

Dans un tel système, l'enseignant n'est pas central car il ne jouit d'aucune impunité. Il peut se faire insulter, mais doit s'abstenir d'admonester un élève; il peut se faire frapper, mais ne doit battre

---

156. *Habeas corpus ad subjiciendum* signifie littéralement : «Que tu aies le corps pour le soumettre.» Cette expression s'adresse *au geôlier* et non *au prisonnier* afin que celui-là produise le détenu devant la cour («Aie le corps [la personne du prisonnier], [avec toi, en te présentant devant la Cour] afin que son cas soit examiné»).

aucun élève. A l'école primaire, le dispositif punitif se limite à l'isolement. Dans le secondaire, les punitions existent, mais s'exercent selon la fameuse hiérarchie des normes chère à Kelsen : en respectant la Constitution et les lois de la République ainsi que celles de l'Union européenne. Chaque établissement scolaire de l'enseignement scolaire dispose ainsi d'un *règlement intérieur*, voté par le conseil d'administration, qui définit l'ensemble des règles de vie et qui fixe les droits et devoirs de chaque membre de la communauté. En réalité, il y a très peu de différences d'un établissement à l'autre, et le copié-collé reste la principale source de l'inspiration punitive! Un chapitre de ce règlement intérieur est néanmoins consacré aux punitions.

Prononcées par un personnel de direction et d'éducation, de surveillance ou par un professeur, ces punitions sont divisées en deux groupes : *les punitions scolaires* et *les sanctions*[157] *disciplinaires*. Les premières sont des réactions à deux attitudes possibles de l'élève : un comportement perturbateur dans la vie de la classe ou de l'établissement ou un manquement mineur à ses obligations. Les secondes sont moins universelles et doivent être fixées par le règlement intérieur. Au lycée Jean-Baptiste-Corot de Savigny-sur-Orge, *les punitions scolaires en 2014* sont en général au nombre de 4 : *inscrire la faute sur le carnet de correspondance de l'élève; exiger de l'élève qu'il s'excuse oralement ou par écrit; l'exclure ponctuellement d'un cours; lui donner un devoir supplémentaire avec retenue ou non, qui devra être examiné et corrigé par celui qui l'a prescrit.* Lesdites *sanctions disciplinaires* sont au nombre de 5 : *l'avertissement, le blâme, la*

157. Cf. *supra* la note 19.

mesure de responsabilisation, l'exclusion temporaire de la classe (d'une durée maximale de huit jours), mais pas de l'établissement, l'exclusion définitive de l'établissement (mais pas du système scolaire). Dans ce dispositif punitif, l'élève reste, comme dans le primaire, *intouchable*, même si les châtiments corporels existent (retenue, exclusion). On note que la mesure de responsabilisation, limitée à vingt heures en dehors des horaires de cours, s'inspire des TIG (Travaux d'intérêt général) et consiste par exemple à laver un mur qui a été tagué (par l'élève ou non) ou à nettoyer la cour, voire à intervenir auprès d'une association ou d'une administration ou d'une collectivité territoriale sur la base d'une convention.

Disons les choses plus simplement : l'enseignant non seulement ne trouve pas dans ce dispositif les réponses appropriées à certaines situations, mais il est de surcroît invité à rester stoïque, discret, *low profile*. La raison de cette attitude est simple : la société n'abordant plus les problèmes de face, elle les dissimule, soit par le langage, en euphémisant les problèmes rencontrés, soit en les niant. Dans le film *Entre les murs*, l'enseignant-vedette, qui veut porter à la connaissance de tous l'agression qui a eu lieu dans sa classe, répond à son collègue qui lui conseille d'oublier l'événement : «Tu veux acheter la paix sociale!» La vérité de la relation pédagogique n'est aujourd'hui pas éloignée de cette attitude hypocrite : dans certaines classes où il est devenu difficile, voire impossible d'enseigner, il faut que le cours ait lieu, quoi qu'il s'y passe. La dépression de nombreux enseignants et le suicide[158] de

158. A propos de l'enseignante d'espagnol en collège qui s'est suicidée en mai 2013 à La Trinité : «Hier, au gré d'un

certains témoignent du fait qu'ils n'ont plus d'*autorité*. Les autorités, en revanche (chefs d'établissement, inspecteurs, recteurs, ministres), s'accommodent de cette situation. Faute d'assurer aux jeunes adultes du travail, l'Etat maintient les enfants le plus tard possible dans un système scolaire où certains d'entre eux n'apprennent plus. La volonté politique de dissimuler ce projet de halte-garderie et de le faire passer pour une école républicaine est d'autant mieux acceptée que l'enfant, à défaut d'être éduqué, est *respecté*. Que l'enseignant fasse les frais de ce *respect de l'élève* ne constitue pas un enjeu politique. Que ce respect de l'élève soit étranger à sa condition d'apprenant constitue une erreur politique et pédagogique. D'une certaine manière, l'enseignant n'est pas *puni* par une telle relégation en *seconde division*; il est simplement *démuni*. Dans cette école, *l'enfant est au centre, l'enseignant à la périphérie* et, dans un certain nombre d'établissements ou de classes, *le savoir nulle part*.

"*J'accuse*" bouleversant, François Filippi, le père de Nathalie, et Serge Baillod, son compagnon, avaient stigmatisé le harcèlement d'élèves voyous, mais aussi l'omertà de l'Education nationale : "De cette action en justice, nous n'espérons qu'une seule chose, c'est qu'on cesse avec l'omertà sur les violences scolaires pour que, jamais, il n'y ait plus d'autres Nathalie Filippi."» *Nice-Matin*, 15 mai 2013. A propos de l'enseignante de mathématiques en lycée à Béziers qui s'est suicidée en s'immolant par le feu dans la cour de récréation : «Ma fille était devenue fragile, sans doute, mais elle restait un excellent professeur de mathématiques et aurait dû pouvoir continuer d'exercer. Son message désespéré était celui-ci : il faut refonder, à tout prix, une nouvelle et authentique école de la République, celle où primaient les valeurs du civisme et du travail. Celle où le professeur était au centre de tout. Celle où l'enfant du peuple pouvait devenir fils de roi.» *Midi Libre*, 19 octobre 2011.

L'effacement de la punition ne constitue donc pas un progrès de l'humanité : il s'accompagne d'un effacement de l'autorité de l'enseignant et du savoir. Enseigner consiste *à savoir* pour transmettre, mais aussi *à pouvoir punir* pour restaurer les conditions de cette transmission. Le pouvoir de punir est donc indissociable de celui d'enseigner. La punition ne vise pas à écraser l'élève, mais à lui offrir une seconde chance pour développer sa raison. Le fait de punir un élève n'est ni une marque de l'humeur de l'enseignant, ni un signe de l'infériorité ontologique de l'enfant, mais le nécessaire devoir d'orienter la liberté de l'enfant vers l'autonomie. Un élève qui ne sentira ni la menace ni la légitimité de la punition développera des ferments de licence, non de liberté. Une telle école qui voit la punition comme une menace pesant sur l'enfant privilégie *le sens* sur *la norme*. Or, c'est la norme qui fait sens, non le sens qui fait la norme. A partir du moment où le sens est érigé en norme, celle-ci n'existe plus et plus rien n'est légitime pour venir la restaurer. C'est précisément ce qui est en train d'arriver à l'école : minée par l'herméneutique incessante de ce qui est légitime, l'enfant est surprotégé, infantilisé et pardonné par avance de ne pas vouloir apprendre. Aujourd'hui, l'enseignant est nu. Il est condamné à séduire ou à se voir nier dans son entreprise pédagogique.

1.2.3. L'AMBIGUÏTÉ DE LA PUNITION DANS LE SPORT

«Il est moins grave de perdre que de se perdre.»

Romain GARY[159].

A la différence de la famille et de l'école, *le sport* applique scrupuleusement les règlements de chaque discipline. Un ou plusieurs arbitres sont les garants de ces règles sur le lieu de la compétition et sanctionnent immédiatement le joueur en cas de faute commise et perçue. Aucune autre activité sociale ne met son acteur *sous le contrôle permanent d'un juge* pour rectifier immédiatement ses fautes! Au *tennis*, le juge sanctionne le joueur dont la balle *sort* des limites du terrain lors du service soit en l'autorisant à servir une seconde balle, soit en offrant le point à son adversaire s'il s'agit du second service et donc d'*une double faute*. Au *football*, l'arbitre siffle une faute contre une équipe en accordant *une touche*, *un coup franc* ou *un pénalty* à l'équipe adverse en cas *de sortie de balle* sur un côté du terrain, *de geste interdit* par le règlement.

Le joueur qui commet les fautes les plus graves peut être exclu du terrain immédiatement et pour une durée variable. Au football, c'est le cas du joueur qui reçoit *un carton rouge* pour une faute commise sur un autre joueur : non seulement il est sur-le-champ exclu du terrain, mais il lui est également interdit de participer aux deux matchs suivants. Inspiré par les feux de la circulation (vert, orange, rouge), les cartons dans le sport visent à *prévenir* avant de *punir*. Si la faute est grave, le

159. *Chien blanc*, Gallimard, 1972.

joueur peut recevoir directement *un carton rouge*, mais celui-ci est plus fréquemment brandi par l'arbitre lorsque le joueur a déjà reçu *un carton jaune* et récidive par une faute de même nature qui lui vaut *l'expulsion*. D'autres sports pratiquent le recours au *carton rouge* (volley-ball, rugby, water-polo, athlétisme, etc.) ou *noir* (l'escrime qui fait du rouge *un avertissement*, du noir *une punition*).

Au *hockey sur glace*, cette exclusion ressemble à la sanction pénale puisque le joueur purge sa peine «en prison», en réalité sur «le banc de pénalité» où il reste deux minutes si la faute est légère, cinq minutes si elle est grave. Nous voyons là comment le système pénal a infiltré le domaine du sport! «La patrouille», c'est-à-dire les arbitres, veille à ce que le détenu ne s'évade pas et purge la totalité de sa peine! La punition sportive est souvent *réparatrice* : elle offre à l'équipe ou à l'adversaire lésé *une réparation*. D'ailleurs, au football, l'espace séparant le but d'une ligne située à 18 mètres de celui-ci s'appelle «la surface de réparation», ce qui ne veut pas dire que les autres fautes ne sont pas réparées par la punition sifflée par l'arbitre; cette surface indique que la punition qui s'y déroule et qui endosse le terme générique de *pénalty* est la plus radicale dans la mesure où elle fournit l'occasion la plus directe de donner lieu à une réparation, à savoir le but.

La plupart des sportifs professionnels se prêtent volontiers aux punitions appliquées au cours d'un match. Des contestations de la faute commise ont souvent lieu, mais il est très rare de voir un sportif refuser absolument *la pénalité*, quitter le match, le combat ou l'épreuve en invoquant *l'erreur d'arbitrage*. Il faut bien reconnaître que ces *erreurs* existent et qu'elles sont souvent le fait d'une mauvaise appréciation de l'arbitre qui a mal vu l'action tout en ayant la certitude d'être dans les meilleures conditions pour la juger. Le recours à la vidéo permet désormais, même si elle n'est pas généralisée, de revoir l'action, de l'observer au ralenti et sous différents angles. Ce nouveau moyen rend par conséquent la décision de l'arbitre de plus en plus objective. De ce point de vue, il convient de reconnaître que les progrès de la technique viennent au secours des défaillances humaines qui caractérisaient jusqu'à présent l'arbitrage. Il faut ajouter que ces progrès rendent également moins praticables les tricheries organisées par des clubs et reposant sur la corruption de l'arbitre. Le *pouvoir arbitral*, malgré les enjeux financiers de plus en plus inquiétants du sport professionnel, semble tendre de manière progressive vers l'objectivité.

En revanche, sur le lieu de la compétition, une pratique échappe presque systématiquement à la punition : il s'agit du *dopage*. Soit parce que la pratique en est habilement dissimulée, soit parce que les contrôles de substances dopantes sont peu fréquents et/ou suffisamment relâchés pour que le sportif puisse passer à travers les mailles du filet, ce qui est *interdit* par les règlements de chaque fédération sportive et par la loi est finalement *peu puni*. Si le public s'enthousiasme des *punitions appliquées sur le terrain* pour les fautes qui y sont commises, il a l'air plus indifférent à la pratique du dopage et aux *rares punitions qui en découlent*. Nous constatons ici un *hiatus* entre deux types de punition : la première qui *rend possible le jeu* et la seconde qui *l'empêche*. Qu'il est agréable et beau de voir le footballeur remonter le terrain à une vitesse proche de celle d'un coureur de 100 mètres au bout de quarante minutes de jeu ! Qu'il est fabuleux de voir les cyclistes du Tour de France gravir le mont Ventoux en moins d'une heure ! Qu'il est spectaculaire de voir un athlète comme Ben Johnson pulvériser en 1988 le record du monde du 100 mètres à Séoul en 9,79 secondes !

La raison de ce hiatus est facile à comprendre : le sport est devenu un spectacle dans lequel s'affrontent et se mettent en scène les nouveaux gladiateurs. D'un côté *la punition* prévue par les règles du jeu garantit le bon déroulement de celui-ci, de l'autre, l'impunité presque totale au regard du dopage assure à l'événement sportif sa grandiloquence et ses performances... spectaculaires. De l'événement sportif, il faut cependant dire que *la société du spectacle* attend désormais plus *une performance* qu'un gage de *fair-play* et de *courage.* Déconnectée de toute relation à la morale, cette société est au service d'une économie qui fait du sport *un pur moyen de gagner de l'argent.* Le fondement économique de la compétition implique donc que celle-ci soit nourrie par la chimie pour que l'alchimie spectaculaire transforme le plomb sportif en or massif. Contrairement à la formule de Pierre de Coubertin, l'important n'est pas de *participer*, mais *d'arracher une part d'audience*, *cette particule médiatique* qui assure la domination d'*un segment de marché.*

Le sportif lui-même fait l'objet d'investissements qui ne sont pas seulement *libidinaux*, mais aussi et surtout *financiers.* Les clubs de football achètent et vendent des *joueurs* comme les écuries achètent des *chevaux.* Cet esclavagisme rampant est masqué par les salaires indécents qui sont offerts aux joueurs. Cependant, dans les deux cas, esclave ou footballeur, l'homme est acheté et vendu, c'est-à-dire traité comme *une marchandise.* Constater que des pays étrangers achètent un club de football comme on achète un bien immobilier ou un actif financier indique clairement ce que sont devenus le sport et le sportif : un terrain et un agent économiques. Entraînement à la guerre dans l'Antiquité, le sport est aujourd'hui l'enjeu et la conséquence de batailles économiques.

Comme on demande à un gladiateur de gagner sa liberté par sa victoire sur ses rivaux, on exige du sportif qu'il offre au spectateur la contrepartie de ce que celui-ci a acheté : un show. Nous sommes habitués au fait que le cinéma fabrique ses grands succès hollywoodiens – les fameux *blockbusters* – avec des *effets spéciaux* qui offrent au spectateur, non un film, mais *un feu d'artifice.* Le film est une succession de débauches pyrotechniques où les combats, les courses-poursuites en voiture, train ou vaisseau de l'espace entraînent le spectateur dans une ronde distrayante. Le sport n'échappe pas à la règle : il serait décevant d'assister à la fatigue d'un footballeur au bout de quinze minutes ou d'un cycliste au bout de 50 kilomètres. La réalité n'étant pas une fête, il faut que le sport rejoigne *la puissance féerique du cinéma* tout en donnant l'impression d'une victoire sur le réel. La discrétion est donc de mise pour que les effets spéciaux demeurent sur le stade encore plus invisibles qu'au cinéma. Tel est le fondement du *dopage* : un *effet spécial* qui doit laisser l'effort visible[160]. A la différence des *superhéros* des comics américains qui

160. Dans le cas du cyclisme, de nombreux journalistes se sont étonnés de voir les coureurs pédaler sur une distance de 300 km ou de monter des côtes de 15 % sans afficher la moindre fatigue sur leur visage.

remportent leurs victoires sans suspens ni effort, il faut que le spectacle offert par le sport soit tonique et son issue incertaine.

Certains objectent qu'il y a pourtant régulièrement des sportifs qui sont épinglés et donc *punis* pour cause de dopage. Certes, mais selon quel tempo? En vertu de quelle chronologie? Et dans quel intérêt? Même si, régulièrement, l'autorité sportive *punit* des sportifs, elle le fait souvent avec un temps de retard afin de ne pas priver la machine économique de sa source d'énergie, les sportifs ayant pulvérisé les records. «Depuis la pantalonnade de la victoire de Delgado en 1989, et les révélations qui s'ensuivent, personne n'ignore plus que le Tour de France ressemble de plus en plus à une cour de junkies. Le triomphe puis la chute du sprinter canadien Ben Johnson ont jeté un cruel éclairage sur l'athlétisme de haut niveau. La morphologie si particulière des nageuses est-allemandes, la vitalité étonnante de quelques vieux crocodiles des courts de tennis, la retraite prématurée de certaines sprinteuses au faîte de leur forme ne laissent aucun doute sur les ravages de la drogue dans pratiquement toutes les disciplines sportives [...][161].» Mis à part les sportifs communistes qui se dopaient dans le cadre de la guerre froide pour des motifs idéologiques, le dopage depuis la chute du mur de Berlin est désormais presque partout[162] un combustible pour la machine économique. *Carl Lewis* a enchaîné les médailles d'or aux championnats du monde et aux Jeux olym-

161. Guillaume Fabert, *Les Z'héros du sport, tableau des mœurs sportives de notre temps*, Régine Deforges, 1990, p. 59-60.

162. Sauf encore en Corée du Nord et peut-être à Cuba.

piques, soit 65 victoires consécutives au saut en longueur pendant dix ans selon un mystère qui doit plus à la chimie qu'à Eleusis ! *Lance Armstrong* est effectivement puni en 2011 et destitué de tous ses titres – et notamment de ses sept victoires du Tour de France –, mais combien de temps après son dernier succès ? Six ans, soit le temps de l'oubli pour tous les sponsors qui se sont servis de ce porte-dossard convaincu qu'il était le « boss » de cette opération !

« La machine économique a donc tourné à plein régime ; il importe peu que maintenant le sportif écope et paye l'addition. Le dopage reste le délit le moins recherché par les autorités parce qu'on voit bien qu'il est *le combustible* du sport-spectacle. Il serait aussi pertinent de le tuer dans l'œuf que d'arrêter de consommer des *énergies fossiles* au motif qu'elles polluent la planète. Dans les deux cas, la vie (économique) continue, avec un consensus si universel que les punitions pour dopage dérangent plus l'opinion publique qu'elles ne lui révèlent la face cachée d'Uranus. Il est bien sûr possible de penser que *le dopé* fait les frais d'une « punition naturelle », celle se retournant contre lui en l'absence de toute punition officielle devant émaner des instances sportives ou/et de la loi. La première punition concerne *la santé du sportif*, la seconde *la conscience qu'il a de lui-même*. Concernant la première, un certain nombre de sportifs sont morts de l'absorption de substances dont ils ignoraient souvent jusqu'au nom et *a fortiori* les composants et leurs effets secondaires. Les cas les plus connus et les plus souvent avancés sont ceux de deux cyclistes : le Danois *Knud Enemark Jensen* à l'épreuve du 100 kilomètres contre la montre aux Jeux olympiques de Rome en

1960 et l'Anglais *Thomas Simpson*, champion du monde en 1965. Le Danois meurt le jour de l'ouverture des Jeux. Son décès est mis sur le compte d'une insolation alors que l'autopsie révélera qu'il avait pris des amphétamines et du Ronicol pour fluidifier le sang. A l'époque, aucun contrôle en matière de dopage n'existait. L'Anglais meurt dans l'ascension du mont Ventoux en 1967 pour avoir pris des amphétamines, décès qui déclencha l'année suivante les premiers contrôles antidopage sur le Tour de France.

Philippe Gaumont – auteur d'un livre précieux[163] qui associe le témoignage à la prise de conscience tardive, mais salutaire, qu'il a effectuée – raconte dans un entretien la spirale qui l'entraîne : «Au début, on vous apprend à ingurgiter toutes sortes de choses et cela crée déjà un rapport aux médocs plutôt malsain. Lors de ma première année professionnelle, alors que je ne me dopais pas encore [...] il m'arrivait déjà de prendre 15 comprimés par jour ! Des vitamines (Becozyme, Indusil, Vitascorbol), des acides aminés (Arginine, Plurifactor), du magnésium, du fer, de la cortine naturelle (un premier pas vers la cortisone), du Duxil (pour enrichir mon sang en oxygène), de l'Atépadène (pour le métabolisme des muscles et des nerfs), du Legalon (pour nettoyer le foie). J'avais vingt et un ans, je faisais ce qu'on me disait. [...] Et puis vous constatez que les aînés de l'équipe ont recours à des produits illicites [...] Cela crée une tentation. Pourquoi pas moi ? Pour être un vrai pro, ne dois-je pas faire comme eux ? A tel point que quand j'ai été dopé

163. Philippe Gaumont, *Prisonnier du dopage*, Grasset, 2005.

pour la première fois, avec du Kenakort [cortisone], j'avais l'impression d'être devenu un homme[164] !»

Il y a donc un glissement progressif vers le dopage qui conduit le jeune professionnel vers des doses qui mettent en jeu sa santé pour pouvoir assurer sa progression dans le classement et dans sa carrière. Mais ce glissement se fait également dans le sport amateur où le dopage est devenu un fléau. Dans un article de *L'Express* de 1998, Alain Mercier rappelle que plus d'un million sur les 13 millions de sportifs amateurs recourent au dopage, la plupart du temps sur la base de médicaments prescrits mais détournés de leur usage[165]. Il apparaît difficile de *punir* dans le *sport amateur* des pratiquants qui ne visent *a priori* et officiellement aucun gain pécuniaire et dont l'expression indique que l'activité est pratiquée pour elle-même! Cependant, le sport amateur est un sas pour un grand nombre de sportifs souhaitant faire de leur passion leur métier. Quant au dopage, il est le reflet d'une société qui recherche la performance dans tous les secteurs de sa vie : les citoyens s'y abandonnent dès qu'un effort est requis, qu'il s'agisse du sport bien sûr, mais aussi des études, du travail ou des rapports sexuels. Dans cette société placée sous la tutelle de la chimie, il ne faut donc pas s'étonner de ce «pandopage» discret passant par un recours systématique de chacun à un levier d'Archimède

164. Entretien accordé par Philippe Gaumont à l'hebdomadaire belge *Ciné-Télé Revue* du 23 juin 2005.

165. Dans l'ordre sont absorbés : d'abord *les stimulants* (amphétamines, caféine et éphédrine), puis *les stupéfiants* (cannabis, antidouleurs et cortico-stéroïdes), enfin *les anabolisants* (testostérone et nandrolone notamment). Alain Mercier, «Le dossier noir du dopage amateur», *L'Express* du 29 octobre 1998.

pharmacologique pour réussir ce qu'il a entrepris. Selon sa définition, le dopage consiste en l'utilisation d'une drogue, d'un médicament ou d'une intervention biologique prohibée ou non dans le but d'améliorer une performance physique, intellectuelle ou psychique. Or, en grec ancien, *pharmakon* signifie aussi bien *remède* que *poison*. Le dopage se révèle par conséquent un *pharmakon* mal employé.

La punition du dopage n'est donc pas chose aisée. Nous en constatons les limites dans le fait qu'il excède largement le sport de haut niveau, se trouvant par là même accueilli favorablement par l'opinion. Au-delà de cette *autopunition* menaçant la santé et la vie des sportifs, il existe une *punition morale* qui prend la forme d'une perception de soi négative et morose. Philippe Gaumont exprime simplement la manière dont il considère sa vie et sa personnalité de sportif de haut niveau : « On ne sait plus comment s'arrêter de tricher. On est toujours à la recherche du nouveau "matos". Tout se met à tourner autour de l'argent, de la volonté de sauver sa peau pour le prochain contrat. [...] Quand sont venues les années de la triche, tout était gâché. L'émotion, la fierté, le dépassement de soi avaient disparu. [...] Dans un palmarès, c'est sûrement une victoire [*la course cycliste classique belge Gand-Wevelghem de 1996*] qui compte, mais je n'ai pas ressenti de joie particulièrement forte ! [...] J'étais obsédé par l'idée de continuer à survivre dans ce milieu où la solidarité est aussi rare que l'eau dans le désert... [...] Je ne saurai jamais quel sportif j'étais vraiment. Le dopage a tout gâché[166]. » Cet aveu vaut de l'or : il nous explique que le dopage

166. Entretien accordé par Philippe Gaumont à l'hebdomadaire belge *Ciné-Télé Revue* du 23 juin 2005, déjà cité.

est pratiqué dans la perspective que le sportif a de se dépasser pour devenir un champion; cependant, une fois devenu champion, il prend conscience que le dépassement n'a pas eu lieu et que le titre sonne faux! Le fait de ne pas s'attribuer le titre, mais d'en reconnaître l'obtention par le dopage brise la chaîne de l'effort qui conduit du désir à sa satisfaction. Spinoza définit la joie comme ce qui augmente notre puissance d'agir. Or, le dopage augmente la puissance d'agir du sportif en faisant diminuer sa joie, c'est-à-dire en lui procurant *l'or*, mais en le dépossédant de *son aura*. Le dopage donne *la possession* de la médaille, la prise de pouvoir par la force, mais il n'en établit pas *la propriété*. Au fond de lui, le sportif se vit comme un *usurpateur*. Le dopage instille alors *une tristesse* qui place sous les yeux du sportif la source de ses succès : *la tricherie*. Si la joie[167] augmente notre pouvoir d'agir, la tristesse le diminue et le dopage y contribue. Se doper conduit du *top* au *bottom*. Ainsi, plus le champion doit son succès à la chimie ou/et aux interventions biologiques, moins il reconnaît la valeur de son succès! De cette cause obscure du succès provient le sourire étrange de ces champions hissés sur le podium, un sourire moins énigmatique que celui de la Joconde. Tout ça pour ça! «Beaucoup de bruit pour rien», aurait dit Shakespeare!

Définissant *le désir* comme *le fait pour chaque être de persévérer dans son être*[168], Spinoza nous

167. «Par joie, j'entendrai donc, par la suite, une passion par laquelle l'âme passe à une perfection plus grande. Par tristesse, une passion par laquelle elle passe à une perfection moindre», Spinoza, *Ethique* III, Proposition XI, scolie, Garnier-Flammarion, 1983, p. 146.

168. «L'âme, en tant qu'elle a des idées claires et distinctes, et aussi en tant qu'elle a des idées confuses,

permet de comprendre l'essence du dopage : en se substituant au désir, il prive celui-ci de s'affirmer et de s'épanouir comme joie; il conduit alors l'être du sportif à ne plus éprouver le plaisir de ses victoires, à tomber malade ou se suicider[169]. Par le dopage, le sportif abdique son courage, cette vertu qui conduit à la connaissance de soi; il sombre de l'être dans le paraître. Béquille de la promotion sociale, le dopage *répand*, au-delà des produits chimiques, le poison de la tristesse.

Cependant, la déception et la tristesse peuvent se voir relevées par la punition. Si le cycliste Marco Pantani est allé jusqu'au bout de sa tristesse, c'est parce qu'il a continué de nier son forfait, voulant masquer au public la cause de ses succès sans pour autant soustraire celle-ci à sa conscience. En revanche, celui qui accepte la punition y reconnaît *un effet bénéfique*, à l'instar de Philippe Gaumont qui déclare : «Cela dit, au bout du compte, je suis très content d'avoir été interpellé. C'est en me retrouvant devant le juge d'instruction que je me suis mis à tout raconter pour la première fois. Et en faisant cet exercice, j'ai pris conscience de la situation dans laquelle je m'étais mis. Encore une fois, parler a été une véritable thérapie. Cela a été une sorte d'exutoire. Je suis heureux d'avoir arrêté le vélo comme cela : dans la franchise et avec un

s'efforce de persévérer dans son être pour une durée indéfinie et a conscience de son effort», *Éthique* III, proposition IX, *op. cit.*, p. 144.

169. Ce qui fut le cas de *Marco Pantani*, maillot jaune du Tour de France et champion du Tour d'Italie en 1998, mort d'une overdose en 2004 après une très longue dépression provoquée par le fait d'avoir été le mouton noir du cyclisme en raison d'une pratique du dopage qu'il a toujours niée, mais pour laquelle il a été plusieurs fois puni.

certain panache. Je me dis qu'un gars comme Marco Pantani est peut-être mort de ne pas avoir parlé. Aujourd'hui, je continue à témoigner publiquement pour que les parents qui enverraient leurs enfants dans le milieu du vélo sachent qu'il convient d'être vigilant[170].»

De nombreux policiers racontent que des détenus en cavale sont, au bout de plusieurs années, soulagés de se faire «serrer», ne supportant plus de se cacher, de dépendre de contacts peu fiables ou de mettre en porte-à-faux des gens qu'ils aiment. La cavale est une fuite en avant; le dopage également : il est une fuite dont les conséquences sont déjà négatives pour l'image que le sportif a de lui-même et qu'il s'était donné, dans sa jeunesse, pour but de sculpter. Coupes au-dessus de la tête et médailles autour du cou, le dopé ne sculpte rien mais rase les murs de la sincérité : il gère une image de lui-même dans l'espoir que la vérité, qui dévoilera le tricheur, interviendra le plus tard possible. Repousser l'échéance dans l'action diurne et pousser la déchéance dans la représentation nocturne : telle est la légende sordide du héros du sport.

Alors que la famille et l'école ont renoncé à punir dans une perspective humaniste et un idéal d'écoute et de compréhension de l'enfant, les institutions sportives pratiquent avec *rigorisme* la punition *réglementaire* et contribuent avec *laxisme* à l'application d'une punition *judiciaire*. Cette ambiguïté confère aux compétitions un caractère d'étrangeté mêlant le martial au féerique, renvoyant les sportifs à leur mauvaise conscience, à la maladie, au

170. Entretien accordé par Philippe Gaumont à l'hebdomadaire belge *Ciné-Télé Revue* du 23 juin 2005, déjà cité.

décès prématuré et, désormais, à *l'eugénisme* et à *la cyborgisation*[171] de l'humanité. Nouvel esclave de la société du spectacle, le sportif de haut niveau est d'autant moins puni qu'il risque de l'être dans son corps – on ne tire pas sur une ambulance – et qu'il l'est déjà dans son âme torturée.

1.2.4. LE TRIOMPHE DE LA PUNITION DIPLOMATIQUE

> « En diplomatie, l'ultimatum est la dernière exigence avant les concessions. »
>
> Ambrose BIERCE,
> *Le Dictionnaire du diable*, Voix d'encre, 2011.

La démocratie n'aime ni la punition ni l'humiliation qui l'accompagne. Obnubilée par *la dignité*, dont elle garnit désormais discours et lois, et par *l'égalité*, qui rend l'autorité discrète et impudique, elle chasse petit à petit la punition de la famille, de l'école et, en partie, du sport. Il y a cependant des lieux où la démocratie assume pleinement la pratique de la punition : ceux où il n'y a pas une once de démocratie, c'est-à-dire ces territoires où *la dignité et l'égalité* sont bafouées sous le regard de ceux qui ont élevé ces qualités au rang de vertu théologale. La démocratie considère ainsi praticable la punition *démocratique* lorsqu'elle s'exerce sur des *terres non démocratiques* et qu'elle s'en prend *à des tyrans ou des peuples supposés barbares* !

171. Cyborg : contraction de deux mots anglais, *cybernetic organism*, il désigne un être humain qui a reçu pour greffon un mécanisme qui remplace un organe (cœur), un os (hanche), un membre (jambe) ou augmente le corps et ses capacités (puce électronique).

Un exemple de ce retour de feu de la punition dans les démocraties vient des Etats-Unis et de leur lutte contre les «*Rogues States*». Selon cette «hyperpuissance[172]», les *Etats voyous* se comportent à la manière de citoyens délinquants ou criminels : de même que ceux-ci ne respectent pas *les lois de l'Etat*, de même ceux-là enfreignent *les lois internationales*. Il faudrait donc *punir les Etats* comme on *punit des citoyens* : en leur appliquant le traitement prévu par la loi. Cependant, dans le cas de ces Etats criminels, la considération juridique et judiciaire ne suffit pas, voire fait défaut : il faut lui substituer une considération morale et une intervention armée. Au droit et à la police qui s'appliquent *aux voyous* fait ainsi écho la morale et l'armée capables de justifier et d'appliquer la punition *aux Etats voyous*.

L'adjectif anglais «*rogue*» désigne le délinquant ou le criminel à la manière du «voyou» français : il évoque celui qui triche en ne respectant pas la loi et renvoie à l'image du coquin, du gredin, du filou. Le voyou «joue» avec la loi en la contournant : il transgresse la règle du jeu. La tâche de l'autorité qui reconnaît un individu comme *voyou* est donc de lui infliger la peine prévue par la loi pour lui rappeler celle-ci, mettre fin à son pouvoir de nuire et compenser le dommage subi par la (ou les) victime(s). Cependant, dans le cadre international, le concept de *voyou* est moins évident qu'au sein d'un Etat dans la mesure où il ne trahit pas des *lois*, mais des *traités* et des *conventions* que les Etats *signent* et *respectent* en fonction de leurs

172. Terme inventé par Hubert Védrine, ministre français des Affaires étrangères de 1997 à 2002, auteur de *L'Hyperpuissance américaine*, Fondation Jean-Jaurès, 2000.

intérêts et de leur puissance. Dans les relations internationales, il y a donc des Etats qui signent un traité et d'autres pas ; et parmi les signataires, il y a ceux qui le respectent et d'autres pas. Sans parler des Etats qui signent un traité, puis s'en retirent. Les relations internationales sont donc à géométrie variable ; elles ne constituent pas une réalité stable et homogène dans laquelle un Etat pourrait être assimilé à cette personne qu'en droit interne un policier ou un juge considère comme *voyou*.

Prenons l'exemple du Traité de non-prolifération des armes nucléaires (TNP[173]) : des pays comme *l'Inde, Israël et le Pakistan* ont refusé et continuent de refuser de signer ce traité, et développent leur petite entreprise nucléaire. A ce titre, il serait possible de déclarer ces *Etats voyous* au regard de ce traité. Si de nombreux pays émettent des préoccupations à l'égard de ces pays, aucun consensus international ne se dégage cependant pour les ranger sous l'étiquette de *Rogues States*. De la même manière, les Etats-Unis refusent de signer *le Protocole de Kyoto*, traité international qui vise la réduction des émissions de gaz à effet de serre dans la perspective d'une humanité moins menacée par la pollution anthropique et capable de produire des richesses dans le cadre d'un développement durable. Ce traité, qui porte l'espérance d'une humanité douce et intelligente, au moins dans la perspective industrielle et environnementale, est entré en vigueur en 2005 et a été signé en 2009 par 182 pays (sur 192). Les Etats-Unis sont *le seul pays*

173. La signature du TNP (*Treaty of Non-Proliferation of Nuclear Weapons*) eut lieu en 1968, son entrée en vigueur en 1970 et réunit 43 pays.

industrialisé à avoir signé ce Protocole tout en continuant de refuser de le ratifier[174] afin de ne pas «pénaliser» le développement peu durable de leur économie. Plus de vingt ans après, le fait que ce pays demeure le plus gros émetteur mondial de gaz à effet de serre ne semble pas constituer pour lui un motif de changement de cap. Les Etats-Unis sont-ils pour autant désignés par l'ensemble des Etats signataires comme un *Rogue State*? Que nenni! A tout seigneur tout honneur! La première puissance économique mondiale est un ogre énergivore devant lequel les autres pays s'inclinent.

Depuis la signature du Protocole, les Etats-Unis se comportent comme *le premier voyou écologique* qui ne veut en rien s'amender et qui se place par-delà la décroissance et la couche d'ozone. Ce pays n'assume nullement sa responsabilité délictueuse, niant avec hargne et malice la pertinence de la thèse du réchauffement climatique en finançant des études *ad hoc* et des personnalités scientifiques pour en démonter le fondement. Pourtant, *son impunité* et *son immunité* sont patentes : les signataires du traité n'ont pas formulé d'oukase conduisant les Etats-Unis sur la liste noire des *voyous de l'écologie*.

Qu'il s'agisse du *TNP* ou du *Protocole de Kyoto*, le non-signataire apparaît certes comme *un mauvais coucheur*, mais nullement comme *un voyou* méritant qu'une punition lui soit infligée. Le droit international révèle ainsi sa vraie nature : il s'agit d'*un droit mou* qui peine à punir. Certes, des punitions sont prévues pour les Etats infracteurs qui ont signé le traité concerné. Par définition, l'Etat

174. Aucun sénateur n'a voulu le ratifier, ce qui vaut consensus absolu sur la question!

qui ne signe pas le traité ne peut être puni pour son refus de jouer selon les règles qui lui sont proposées. Sa souveraineté est le signe de sa liberté, non le motif de sa punition. Il est donc difficile d'identifier *les voyous* sur la base d'un tel droit dont la mollesse a une raison d'être : il n'existe ni *Etat mondial* édictant des lois auxquelles seraient soumis égalitairement tous les pays ni, par conséquent, *une police mondiale* pour les faire respecter. Le droit international constitue ainsi *un intermédiaire* entre *le droit national*, qui dispose d'un authentique système pénal et d'une police, et l'inexistence d'un *droit mondial*[175]. Dans cet *entre-deux juridique*, la punition est soit *individuelle*, soit *collective*. Dans les deux cas, cependant, l'infracteur n'est pas considéré comme un voyou.

La punition individuelle est le fait d'un Etat qui se sent lésé. Dans le jargon diplomatique, il est question d'une «sanction unilatérale». *L'Etat tiers victime* demande réparation à *l'Etat tiers infracteur*. Le principe qui s'applique dans une telle punition individuelle repose sur la réciprocité[176].

---

175. La convention de Vienne sur le droit des traités de 1969 reconnaît dans ses articles 53 et 64 une certaine hiérarchie des normes internationales. Mais comme nous le constatons dans le cas du TNP et du Protocole de Kyoto, les Etats qui n'en sont pas signataires rappellent par le refus qu'il n'y a aucune norme supérieure à la souveraineté d'un Etat!

176. Il est à noter que les Etats de l'Union européenne ne peuvent invoquer ce principe pour punir un Etat tiers fautif et doivent, en vertu du *droit communautaire*, ester auprès de la Cour de justice de l'Union européenne. La CJUE regroupe trois institutions au Luxembourg : la Cour de justice, le Tribunal, le Tribunal de la fonction publique. Conformément à l'article 19 du *Traité sur l'Union europénne*, « elle assure le respect du droit dans l'interprétation et l'application des traités ».

Par exemple, lorsqu'un Etat est victime de la part d'un autre Etat d'une pratique de *dumping* (concurrence déloyale consistant à vendre des produits moins chers qu'ils n'ont coûté à être produits), il peut subventionner la branche industrielle affectée ou augmenter ses taxes douanières sur les produits concernés.

La punition collective peut prendre à son tour trois formes : *morale*, *économique* et *disciplinaire*. *La punition morale* relève essentiellement de la *réprobation*. Elle consiste par exemple à publier, comme le fait l'ONU[177], un rapport sur la situation d'un pays qui viole les droits de l'homme de manière systématique. L'organisation internationale peut également manifester sa réprobation en retirant partie ou totalité de sa représentation diplomatique dans le pays incriminé. La conséquence de ces mesures vise à mettre cet Etat dans une quarantaine internationale. L'inefficacité de cette punition s'est illustrée notamment en 1994 à travers l'impuissance de l'ONU à prévenir et arrêter le génocide au Rwanda (qui a fait 800 000 morts en quelques mois) ainsi que la guerre dans l'ex-Yougoslavie de 1991 à 1995 (incluant le génocide de Srebrenica).

La punition économique – deuxième forme de sanction collective – provient de ces organisations internationales économiques qui recourent à l'arme financière pour faire entendre raison aux Etats récalcitrants. Ainsi, les pays qui ne respectent pas les obligations découlant du traité ou de la convention peuvent voir suspendue une aide prévue ou promise – financière ou prenant la forme d'une

177. L'Organisation des Nations unies a pour finalité la paix dans le monde.

assistance technique ou de la fourniture de produits. FMI, Banque mondiale et banques régionales[178] de développement, mais aussi l'AIE[179], pratiquent cette punition, illustration à peine modernisée de la vieille pratique de la carotte et du bâton.

La punition disciplinaire est la répression des organisations internationales : elle concerne l'Etat qui ne respecte pas les règles du traité qu'il a signé. Les punitions peuvent aller de *la suspension du droit de vote* à *l'exclusion de l'Etat infracteur* en passant *par la suppression de l'ensemble de ses droits*[180]. En janvier 2013, le FMI a adopté ainsi pour la première fois de son histoire[181] une «déclaration de censure» contre l'*Argentine* accusée d'avoir tronqué ses statistiques économiques, notamment en déclarant une inflation de 10,8% qui s'élevait en réalité à 25%, voire à 30%. Ce pays, qui a reçu un carton rouge comme au football, risque donc, par cette exclusion, de ne plus pouvoir emprunter d'argent à l'institution internationale.

---

178. Ce type de punition n'est pas le privilège exclusif des organisations économiques internationales puisque l'ONU, conformément au chapitre VII de la Charte, peut également prendre des punitions de type économique.

179. L'*Agence internationale de l'énergie* de l'OCDE a pour but de faciliter la coordination des politiques énergétiques des pays membres et peut donc prendre des punitions économiques.

180. Cette situation intermédiaire est prévue, par exemple, par l'article 5 de la Charte de l'ONU, par l'article 6 des Statuts de la Banque mondiale, par l'article 19 de l'AIEA.

181. Le Fonds monétaire international (FMI) est une institution internationale créée en 1944 et regroupant 188 pays. Son rôle est de «promouvoir la coopération monétaire internationale, de garantir la stabilité financière, de faciliter les échanges internationaux, de contribuer à un niveau élevé d'emploi, à la stabilité économique, et de faire reculer la pauvreté».

Pour éviter l'exclusion, il doit corriger les données fournies. Si tel n'est pas le cas, *une procédure de mise à l'index* fait suite à la déclaration de censure et constitue un pas de plus vers l'exclusion.

De ce mille-feuille *diplomatique*, il ressort que les punitions se révèlent souvent *inefficaces* (la punition morale), parfois *violentes* (la punition économique), toujours *laborieuses* (la punition disciplinaire) ; elles ne visent cependant jamais *l'Etat puni* comme s'il s'agissait d'un *voyou*. D'où vient alors cette idée d'introduire une nouvelle forme de punition si elle n'est ni fondée par un traité, ni définie par son caractère moral, économique ou disciplinaire ? Elle vient de l'Amérique qui, auréolée de son statut d'hyperpuissance, jouissant d'*une impudente immunité* et d'*une impunité auto-immune*, s'est autoproclamée justicier de la planète et a décidé, fidèle à sa tradition culturelle du western, de partir en cavalier seul dans certaines expéditions punitives avec l'espoir et la force de conviction que d'autres pays la rejoindraient.

Historiquement, la *Libye* est le premier *Etat voyou* désigné à la vindicte internationale par les Etats-Unis en raison de la menace qu'il était censé faire peser sur la sécurité mondiale et, surtout, sur les intérêts américains. Il est vrai que le chef de cet Etat, le colonel Khadafi, n'avait rien d'un enfant de chœur. Il a soutenu le terrorisme international le plus bariolé[182]. Il s'est lancé dans une guerre contre le Tchad où il se heurta à la France. Dans les années 1980, il entame une carrière de terroriste avec deux

182. L'IRA, l'ETA, la Fraction Armée Rouge, les Brigades Rouges, les organisations indépendantistes palestiniennes, mais aussi l'ANC qui combat l'apartheid en Afrique du Sud, le dictateur ougandais Amin Dada dans sa guerre contre la Tanzanie (1978-1979).

avions de ligne : l'attentat de Lockerbie en 1988, conduisant à l'explosion en vol d'un Boeing 747 de la compagnie Pan Am, faisant 270 morts, et celui d'un vol de la compagnie UTA provoquant la mort de 170 personnes. Dans son propre pays, le colonel ne badine pas avec les voyous[183], ordonnant le massacre de plus de 1 000 détenus dans la prison d'Abou Salim.

Les Etats-Unis cherchent depuis le début des années 1980 à faire tomber le régime libyen, sans succès. C'est finalement l'attentat en 1986 dans une boîte de nuit de Berlin-Est fréquentée par des soldats américains et attribué au colonel Khadafi qui donne naissance au concept d'*Etat voyou*. En réaction à cet attentat et sans même chercher à obtenir le feu vert d'une quelconque Organisation internationale, Ronald Reagan donne l'ordre à son armée de bombarder la capitale libyenne et Benghazi. Ce raid, affublé du nom d'un titre de western – opération *Eldorado Canyon*[184] –, tuera 60 personnes, dont 15 civils. Par une telle opération, l'Amérique déclare avoir «puni» l'Etat voyou de l'attentat dirigé contre les militaires américains à Berlin et donc contre l'Occident. Cet attentat ne fut pourtant ni revendi-

183. Parmi lesquels se trouvent évidemment des opposants au régime de Khadafi.

184. *Eldorado Canyon* est un parc naturel américain, près de Denver, ainsi qu'une vallée dans le Nevada. Mais *Eldorado* (1966) est le nom d'un film de Howard Hawks dont le héros n'est autre que John Wayne, mercenaire au service d'une famille, et dont le scénario est très proche de celui de *Rio Bravo* du même réalisateur. N'oublions pas que Ronald Reagan est lui-même un ancien acteur de cinéma qui a tourné pendant deux décennies dans plus de 50 films dont des westerns, telle *La Piste de Santa Fé* (1940), de Michael Curtis, ou des films de guerre tel *Sabotage à Berlin* (*Desperate Journey*) (1942) réalisé par Raoul Walsh.

qué ni reconnu par la Libye; mais on n'attend pas d'un voyou qu'il dise la vérité pour le punir.

Ce concept d'*Etat voyou* se voit ensuite renforcé par un nouvel effort théorique de l'action punitive américaine qui prend la forme d'un syntagme fonctionnant comme une étiquette américaine collée sur le front de l'ennemi : celle d'«Empire du mal» apposée sur la cuirasse de la puissante URSS pour mieux l'identifier et la combattre comme général d'une armée de l'ombre. Enfin, au début du XXIe siècle, la diplomatie américaine s'étoffe d'une troisième réflexion théorique : dans son discours de l'Union du 29 janvier 2002, le président Bush parle d'un *axe du Mal* pour désigner les pays qui s'en prennent aux démocraties[185]. Le 11 septembre 2001 est passé par là et il convient d'offrir au monde une vision – une *Weltanschauung* – où chacun connaît la place qu'il occupe. *Etat voyou, empire du Mal, axe du Mal* : la diplomatie américaine repose sur le principe des poupées russes. L'Etat voyou se voit solidement emboîté dans deux concepts qui renvoient au théologico-géopolitique : il plonge ses racines dans le mal et Satan. Il ne s'agit donc ni de mollir ni de s'embarrasser des ronds de jambe diplomatiques. Place à l'action et à la punition.

185. «De tels Etats constituent, avec leurs alliés terroristes, un axe maléfique et s'arment pour menacer la paix mondiale. En cherchant à acquérir des armes de destruction massive, ils représentent un danger dont la gravité ne fait que croître. Ils pourraient fournir ces armes aux terroristes, leur donnant ainsi des moyens à la hauteur de leur haine. Ils pourraient attaquer nos alliés ou tenter de faire du chantage auprès des Etats-Unis. Dans l'un quelconque de ces cas, le coût de l'indifférence serait catastrophique.» Extrait du *Discours de George W. Bush sur l'état de l'Union*, 29 janvier 2002.

Il y a désormais dans la politique étrangère américaine deux axes formant un repère orthonormé : en abscisse, *l'axe du Bien* rassemblant dans la douleur et la lucidité les démocraties occidentales et quelques pays satellites et/ou vassaux; en ordonnée, *l'axe du Mal* englobant *l'empire du Mal,* dirigé par la Russie et incluant désormais *les Etats voyous.* Avec une vision si mécanique et schématique des relations internationales, le président cow-boy nous laisse entendre que l'Amérique incarne l'empire du Bien, protégeant de son bouclier antimissile[186] les valeureuses démocraties et tous les Etats aspirant à le devenir. Entre ces deux théorisations républicaines (Ronald Reagan, 1981-1989 – G.W. Bush, 2001-2009), les démocrates ne sont pas en reste et assurent la continuité de cette vision géopolitique morale, moralisée et moralisatrice.

Affinant le concept de cet Etat dévoyé et jeté en pâture à la vindicte publique des Etats de l'axe du Bien, l'administration Clinton énumère les quatre critères permettant de l'identifier : cet Etat est voyou par *la tentative d'acquérir des armes de destruction massive*, par *le soutien à des groupes terroristes*, par *le mauvais traitement de la population même du pays* et, *last but not least*, par *une hostilité déclarée envers les Etats-Unis.* Que faut-il penser de cette hostilité envers les Etats-Unis, sinon qu'elle révèle une tendance *paranoïaque* de ce grand pays fédéral qui possède des armes de destruction massive – ne cherchant donc plus à s'en procurer – et met les armes à feu en libre circulation sur son territoire? Il est de ce point de vue

186. Lancé par George Bush en 1983, l'*Initiative de défense stratégique* est plus connue sous le nom de «Guerre des étoiles».

étonnant de voir comment il est facile de brosser le portrait psychologique d'un ennemi sans parvenir à faire le sien, voire à le faire sien !

A partir d'une telle définition de l'Etat voyou, les Etats-Unis ont fourni le concept qu'il ne reste plus qu'à illustrer par des exemples. Le 11 Septembre leur en fournit l'occasion. Cinq jours après l'attentat contre le *World Trade Center*, le *Pentagone* et *Washington*, l'administration W. Bush publie une liste[187] de six Etats voyous comprenant la *Corée du Nord, le Pakistan, l'Irak, l'Iran, l'Afghanistan* et, bien sûr, *la Libye*. Comme toute liste, celle-ci est opératoire : elle présidera à l'interventionnisme américain dans trois des pays y figurant. Ces pays sortiront de la liste au fil des invasions américaines. L'invasion de l'Afghanistan[188] par les Etats-Unis sous l'égide de l'Otan permet de renverser le régime taliban et de mettre au pouvoir un homme ayant la confiance des Américains (*Hamid Karzaï*). Dans la foulée, l'Irak est envahi au fallacieux prétexte que Saddam Hussein disposerait d'armes de destruction massive. Le régime baasiste est renversé, le pays occupé, le tyran exécuté par la justice irakienne. Autant la France s'est opposée à l'intervention en Irak, autant elle a pris l'initiative pour mettre fin au régime de Khadafi alors même que la Libye avait été soustraite dès 2008 de la

187. Les médias américains ont établi une liste qui inclut Cuba, le Soudan et le Venezuela. Ils n'ont cependant autorité ni pour envahir ces pays ni pour les punir autrement que par le *Rogue state bashing* ! Ces médias, relayés par des médias européens, dressent également une liste d'Etats voyous *financiers*, à savoir ceux qui ne payent pas leurs dettes : la Grèce, la Somalie, le Soudan et le Zimbabwe.

188. Cf. l'opération *Infinite Reach* en août 1998.

liste des *Rogue States* suite à des concessions[189] que le colonel avait faites aux Etats-Unis !

La diplomatie de la punition a fait son œuvre : elle a libéré les pays ou les peuples de leurs tyrans, les plongeant sans le vouloir, mais sans pouvoir l'empêcher, dans un chaos politique qui ne fait certes pas regretter ces dirigeants, mais qui met en question la pertinence de cette diplomatie. Son efficacité se révèle donc en demi-teinte. Bertrand Badie reconnaît dans cette diplomatie de la punition[190] une résurgence de *la politique de la canonnière* qui visait à faire payer les Etats refusant d'honorer leurs dettes en tirant sur leur territoire à coups de canon depuis des navires de guerre. L'invasion de l'Irak par les Etats-Unis ressemble toutefois très peu à cette politique de la canonnière. A défaut de se faire payer *des dettes qui n'existaient pas*, les Etats-Unis ont siphonné l'or noir irakien par le biais de leurs compagnies pétrolières, recouvrant ainsi, non l'argent de dettes, mais celui des dépenses de guerre. Quant aux cas

189. Notamment en leur livrant les deux accusés de l'attentat de Lockerbie et en indemnisant les familles des victimes (10 millions de dollars par famille) en 2003, en promettant d'arrêter le programme nucléaire, de renoncer aux armes de destruction massive (ADM) et au soutien des groupes terroristes dans le monde.

190. «Au XIXe siècle, la pratique de la punition des Etats occidentaux était chose courante. Il n'est que d'évoquer les guerres de l'opium et les nombreuses entreprises dites de canonnière qui, dans tous les cas, se terminaient bien souvent par des conquêtes plus ou moins étendues. La pratique a ensuite disparu sous le double effet du multilatéralisme qui réprouvait ces formes passées de "diplomatie punitive" et d'un système bipolaire qui les rendait beaucoup plus difficile à entreprendre.» Bertrand Badie, «La "diplomatie de punition" évoque une déviation par rapport à la norme et affaiblit le multilatéralisme», *Le Monde* du 4 septembre 2013.

de l'Afghanistan et de la Libye, ils paraissent encore plus éloignés de toute entreprise canonnière, l'ennemi ne tirant pas de missiles de ses bateaux, mais procédant dans le premier cas à une réelle occupation du pays, dans le second à des tirs aériens et une assistance portée aux rebelles du gouvernement.

Bertrand Badie voit également dans cette diplomatie de la punition une «déviation» de la norme internationale et une menace qui pèse sur le système multilatéral[191]; en réalité, il reste prisonnier

---

191. «[...] l'opération Eldorado Canyon entreprise en 1986 par le président Reagan pour punir le régime du colonel Khadafi tenu pour responsable d'un attentat [...] qui avait coûté la vie à plusieurs militaires américains à Berlin. Le raid sur Tripoli fit 60 victimes [...] Ce n'était pas, à proprement parler, une punition puisqu'il s'agissait en fait de représailles après la mort de citoyens américains. [...] Si maintenant, nous nous plaçons sur le plan de la cohérence et du sens donné à l'action envisagée, la dimension morale semble prendre le dessus. On punit dans l'idée de réagir à une attitude jugée répréhensible et inacceptable. Mieux encore, on précise explicitement, comme jamais à ce point jusqu'ici, qu'il ne s'agit pas d'utiliser la force pour arrêter un conflit ou pour renverser un régime. Il s'agit donc de punir au sens le plus strict du terme, mais alors la punition, dans le langage comme dans la pratique, suppose qu'elle soit pratiquée par une autorité investie de ce rôle et jugée supérieure à celui qu'on punit. Tout le problème de la "diplomatie punitive" est précisément de savoir qui dans notre monde est autorisé à punir. La supériorité à laquelle je faisais allusion désigne clairement au sein des nations des institutions judiciaires spécialisées. Dans un système international qui se dote de normes, le droit de punir peut-il revenir à un Etat aussi puissant soit-il, ou appartient-il à des institutions, le Conseil de sécurité ou la Cour pénale internationale, qui sont nommément désignés à cette fin? La diplomatie punitive évoque donc une déviation par rapport à la norme et un risque évident d'affaiblissement des institutions multilatérales. Voilà où est le débat.» Bertrand Badie, «La "diplomatie de punition" évoque une déviation par rapport à la norme et affaiblit le multilatéralisme», art. cité.

d'une vision géopolitique enracinée dans le culte du multilatéralisme et du droit international dont nous avons vu qu'il était surtout caractérisé par sa mollesse. Quant au multilatéralisme, s'il parvenait à faire du conseil de l'ONU ou de la Cour pénale internationale la norme suprême en matière de punition diplomatique[192], il réaliserait le vieux rêve de Kelsen : parvenir à une parfaite hiérarchie des normes, soit un emboîtement de poupées russes permettant de protéger l'humanité d'elle-même! Or, si une telle hiérarchie se réalisait, il faudrait s'attendre qu'elle soit sans cesse contournée par les avocats ou par une autre hiérarchie : celle des puissances! Aussi, plutôt que de regarder cette *punition morale* à l'aune du *passé colonial* ou du *droit international* porté à son achèvement systématique, peut-être faut-il lui reconnaître un autre fondement.

En effet, s'il y a *un air* de représailles dans la punition infligée par les Américains à la Libye en 1986, il y a aussi *des paroles* : celles portées par les valeurs de l'Amérique qui ne sont jamais loin des intérêts l'amenant à agir ou à réagir. Formulons la chose d'une autre manière : si cette diplomatie a une raison d'être, c'est peut-être dans les valeurs morales propres à la démocratie qu'il faut la rechercher. Qu'elle soit américaine ou française, cette diplomatie de la punition s'enracine dans la volonté morale d'imposer les valeurs démocratiques au monde entier. Bertrand Badie insiste sur

192. A ne pas confondre avec *la punition militaire* qui consiste pour une armée à punir un ou plusieurs de ses soldats désobéissants. «La guerre est une poursuite de l'activité politique par d'autres moyens» (Clausewitz), il y a donc une continuité entre la négociation et l'invasion militaire, les deux reposant sur l'intérêt des Etats.

la dimension chirurgicale de la punition de 1986 infligée à la Libye par les Etats-Unis, comme si la réhabilitation progressive de cet Etat constituait l'*ultima ratio* de la relation que les Etats-Unis entretenaient avec cette dictature assouplie. La réalité dit pourtant autre chose : l'Amérique intervient en 2011 aux côtés de la France pour renverser le régime de Khadafi. Ce qui passait pour des *représailles* en 1986 se présente donc bien comme *une punition* en 2011. La Libye est libérée de son tyran. Il devient désormais possible d'imaginer l'organisation d'un Etat placé sous les auspices des valeurs démocratiques.

Il suffit de voir comment les Américains ont cru pouvoir transcender l'histoire de l'Irak, ses forces politiques nationales et régionales, ainsi que ses divisions religieuses, pensant pouvoir tracer le nouveau contour d'un Etat, sorte de coquille vide dans laquelle les citoyens pourraient vivre de leur travail et se réjouir de leur consommation dans la paix placée sous l'égide du pétrodollar, pour comprendre que les valeurs morales de la démocratie ne sont pas étrangères à cette politique punitive ! L'intervention en Libye menée par la France a donné lieu au même résultat. L'Irak et la Libye sont ainsi passés de régimes dictatoriaux caractérisés par un Etat fort à une absence de régime et à une anarchie qui risque d'embraser la région ! Une telle naïveté laisse pantois, mais indique nettement que cette diplomatie de la punition n'est pas *un retour momentané* à la politique de la canonnière du XIXe siècle dans le vide laissé par la guerre froide et les failles du multilatéralisme, mais *un souffle moral* que ces deux Etats, à intervalles réguliers, laissent échapper du fût de leurs canons avec plus ou moins de bonheur ! *La punition diplomatique* se révèle donc une *punition morale*, non au sens de cette punition collective[193] qui signe l'impuissance diplomatique, mais comme expression d'une volonté d'instaurer un nouvel ordre, fût-ce par les armes.

L'Amérique et la France sont deux pays messianiques qui veulent projeter sur le monde leurs valeurs. Issus de révolutions différentes[194], ces deux pays ne peuvent s'empêcher de voir dans les fragilités d'un Etat une occasion de faire advenir la révolution qui leur a si bien réussi : l'Amérique voulant faire triompher la liberté individuelle et le libre-échange, la France cherchant à imposer les valeurs de la République. D'un côté, un individualisme qui relie les hommes par le commerce et l'industrie, de l'autre une République qui soude les citoyens par la loi. Certes, dans les trois pays (Afghanistan, Irak, Libye) contre lesquels la démocratie a guerroyé avec une telle ambition, nous constatons trois échecs dont nous n'avons pas fini de discuter les causes, à commencer par la difficulté de l'Occident, amateur de rationalité et d'angles droits, à comprendre la complexité de cet Orient, fût-il moyen et amateur de courbes. Il n'empêche : le retour de la diplomatie de la punition, même infructueux et maladroit, voire infructueux car maladroit, indique que les démocraties font de la liberté cette norme suprême au nom de laquelle il est toujours, sinon urgent, du moins

193. Celle abordée *supra* et consistant à rédiger des rapports pour pointer des négligences, par exemple, dans le respect des droits de l'homme.

194. 1776, les colonies américaines se libèrent de la monarchie anglaise; 1789, le peuple français se libère (provisoirement) de la monarchie. *Déclaration d'indépendance* versus *Déclaration des droits de l'homme.*

nécessaire de se battre, comme en témoigne le discours de l'Union de G. W. Bush[195].

Dire de cette *punition diplomatique*, qui est aussi *militaire*, qu'elle est inacceptable parce que le pays qui l'inflige s'arroge un pouvoir auquel il n'a pas droit revient à considérer que *le droit* est *la source de l'autorité* alors qu'il n'en est que *l'émanation*. Or, la France et l'Amérique, si elles ne constituent pas des autorités morales, agissent à partir de cette norme morale que constitue la liberté et dont le droit doit selon elles découler. Le fait que des satrapes dirigent des peuples plongés dans la misère et l'humiliation constitue le motif profond à

---

195. «Pendant trop longtemps, notre culture a consisté à dire : "Fais ce que voudras." Maintenant elle adopte une nouvelle éthique et un nouveau credo : "En avant!" Dans les sacrifices de nos soldats, dans la grande fraternité de nos pompiers et dans le courage et la générosité des simples particuliers, nous avons eu un aperçu de cette nouvelle culture de la responsabilité. Nous voulons être un pays qui réalise des objectifs plus vastes que ceux de chaque individu. Nous avons une occasion exceptionnelle, et il ne nous faut pas la laisser passer. [...] L'Amérique sera le champion de la défense de la liberté et de la justice, parce que ces principes sont justes, vrais et inaliénables pour tous les peuples du monde. Aucune nation n'a l'exclusivité de ces valeurs, et aucune nation ne peut y échapper. Nous n'avons pas l'intention d'imposer notre culture, mais les Etats-Unis défendront toujours fermement les principes non négociables de la dignité humaine : la primauté du droit, la limitation de la puissance de l'Etat, le respect des femmes, la propriété privée, la liberté d'expression, la justice pour tous, et la tolérance religieuse. L'Amérique prendra la défense des hommes et femmes courageux qui protègent ces valeurs dans le monde, y compris dans les pays islamiques, parce que nous visons plus que l'élimination des menaces et l'endiguement du ressentiment. Au-delà de la guerre contre le terrorisme, nous cherchons l'avènement d'un monde juste et pacifique.» Extrait du *Discours de George W. Bush sur l'état de l'Union*, 29 janvier 2002.

partir duquel se déclenchent, à intervalles réguliers, des réactions punitives portées par les démocraties occidentales. La solidarité des peuples rend friable la solidité des dictatures.

Au-delà des printemps arabes et de l'interventionnisme des démocraties occidentales, comment se fait-il que la démocratie pratique la punition *hors sol* alors que sur son territoire elle éprouve à son égard une allergie grandissante ? Faut-il que la démocratie punisse des tyrans pour qu'elle parvienne à reconnaître à la punition *efficacité* et *légitimité* ?

1.3

Les obstacles à la pensée pénale

> «Nous avons l'étrange besoin de préciser notre pensée devant ceux qui vont l'interpréter d'autant plus faussement qu'elle sera plus nette.»
>
> Jean ROSTAND[196].

Si *la paresse pénale* et *les paradoxes de la punition* ne nous aident pas à penser celle-ci clairement, deux derniers obstacles nous en empêchent radicalement : *l'idéologie de la victimité* et *l'illisibilité pénale.*

La punition a déserté la famille et l'école des démocraties occidentales, mais elle perdure dans le sport afin de permettre aux matchs et aux épreuves de se dérouler dans le respect des règles. L'application sous forme de pénalités au cours ou à l'issue des épreuves est d'autant plus rigoureuse que se révèle laxiste le contrôle de la tricherie des sportifs professionnels dits de «haut niveau». Quant au domaine diplomatique, il fait faire à la punition un retour en grâce à travers le traitement militaire infligé aux *Rogues States.* Punir n'est donc plus une

196. *Pensées d'un biologiste*, J'ai lu, 1973, p.171 et 172.

évidence car son concept s'est dilué au point de perdre sa compréhension et son extension.

1.3.1. L'IDÉOLOGIE DE LA VICTIMITÉ

> «On ne peut tromper la violence que dans la mesure où on ne la prive pas de tout exutoire, où on lui fournit quelque chose à se mettre sous la dent.»
>
> René GIRARD[197].

Aujourd'hui, chaque citoyen fait sienne cette formule révolutionnaire : «La liberté consiste à pouvoir faire tout ce qui ne nuit pas à autrui[198].» Etre libre consiste à ne pas empiéter sur autrui tout en refusant que celui-ci empiète sur ma vie. Ni empiéter ni être empiété : tel est le principe que la démocratie pose au fondement des relations sociales. Chaque individu dispose ainsi d'un périmètre d'action; chaque personne compose donc la bulle de son existence; chaque citoyen expose par conséquent sa vie à la retenue des autres. Si cet équilibre fait l'essence de la démocratie, le dernier tiers du XXe siècle a cependant introduit un déséquilibre : l'empiètement y est moins puni que n'y est envisagée sa possibilité. Ce qui est dès lors pris en compte, ce n'est pas *le fait* de se faire marcher sur les pieds, mais *le risque* que cela arrive! La démocratie relâche alors son *système punitif* qui réprime *les coupables* au profit d'un *système préventif* qui empêche les *victimes*. Il ne s'agit plus d'agir pour

197. *La Violence et le Sacré*, Pluriel, 2013, p. 14.
198. Article 4 de *La Déclaration des droits de l'homme et du citoyen* du 26 août 1789.

mener des projets, réaliser un rêve, exprimer une volonté; il convient de se protéger de tout ce qui peut arriver et que nous désapprouvons ou craignons. Parmi les signes de cette nouvelle donne, nous constatons que *l'assureur* tend à remplacer *le banquier*[199], que *le risque* cherche à se substituer *au danger* et que *la prévention* s'efforce de réduire *les accidents.* Il suffit d'observer l'essor *des politiques de prévention* menées par les gouvernements de toutes les démocraties après la Seconde Guerre mondiale pour comprendre que le citoyen doit courir *le moins de risques possible.*

La politique de prévention routière s'est ainsi développée dans la foulée de l'augmentation du parc automobile, du nombre de conducteurs et d'accidents de la circulation. L'initiative vint d'abord des compagnies d'assurances qui se voyaient, au sortir de la Seconde Guerre mondiale, dans l'obligation de faire face à des dépenses croissantes en raison du piètre état des routes, de l'absence de fiabilité des véhicules et de la formation superficielle des conducteurs. L'enjeu de la prévention, sous couvert d'humanisme, tire donc son origine de motifs économiques. D'abord initiée et impulsée par des associations créées par les assureurs et les milieux professionnels de la route, les Etats prirent le relais de la prévention routière afin de réduire les accidents dont ils supportent encore aujourd'hui une partie du coût. Dans les accidents de la route, on dénombrait ainsi au début du XXIe siècle environ 1,2 million de personnes tuées par an et environ 50 millions de blessés. Il s'agit donc de *prévenir pour empêcher de mourir et de souffrir.*

---

199. Ce qui s'illustre dans le fait que les banquiers proposent désormais les mêmes services que l'assureur.

L'essentiel de la prévention repose sur l'éducation des usagers de la route. Il convient non seulement d'*apprendre à conduire*, mais également de *savoir se conduire* dans la rue et sur la route comme automobiliste, motocycliste, cycliste ou piéton. Quel que soit son rôle sur la voie publique, le citoyen se voit par exemple informé des distances à respecter entre deux véhicules en fonction de leur vitesse ou de l'état de la route, mais également des incidences de l'alcool, des médicaments, de la drogue, de la fatigue ou des pathologies (problèmes de vue, cardiaques, etc.) sur le comportement du conducteur. De l'enseignement à l'école en passant par la diffusion d'informations et d'émissions dans les médias, *la prévention routière* est devenue un axe complémentaire de la répression. Celle-ci a d'autant plus contribué à modifier le comportement des usagers de la route qu'elle a trouvé dans la prévention le fondement qui lui procure sens et justification. Le conducteur puni pour excès de vitesse par une amende ou un retrait de permis a désormais conscience qu'il l'est certes parce qu'il a contrevenu à la loi, mais aussi et surtout parce que l'autorité publique veut protéger la population et réduire le nombre de victimes.

Les députés européens proposent ainsi d'intensifier la prévention routière afin de réduire le nombre de victimes chaque année pour le diminuer par deux à l'horizon de 2020 : «35000 Européens perdent chaque année la vie dans un accident de la route et 1,5 million sont grièvement blessés. Les députés européens ne se résignent pas à ces chiffres. Ils proposent aujourd'hui une centaine de mesures pour améliorer la sécurité routière dans l'Union européenne. [...] Les parlementaires n'oublient pas non plus de dire tout le bien qu'ils pensent de certaines technologies de sécurité routière. A commencer par les éthylotests anti-démarrage qu'ils recommandent d'installer sur les véhicules de transport professionnel. Et également, à titre de mesure de réhabilitation, sur ceux des récidivistes de la conduite alcoolisée[200].»

Pourquoi les députés ne se «résignent» pas à ces chiffres morbides? D'abord parce que les accidents de la circulation provoquent de nombreux décès; ensuite parce qu'ils ont désormais une autre vision des citoyens : ceux-ci ne sont plus seulement tenus pour *responsables de leurs actes*; ils représentent aussi des *victimes potentielles.* Le renforcement de la prévention doit non seulement *protéger les citoyens de ceux qui peuvent les tuer ou les blesser*, mais également *protéger chaque citoyen de lui-même*, le conducteur commettant un accident pouvant certes entraîner la mort d'un passant, d'un autre conducteur ou d'un passager, mais aussi la sienne! La prévention a donc pour but d'éviter *le sacrifice* de vies humaines.

De la même manière, *la prévention dans le domaine de la santé* a pris la forme de politiques publiques s'attachant à alerter la population des dangers de la drogue, du tabac, de l'alcool, de la nourriture grasse, de l'automédication, de l'absence de sommeil, etc. Si nous prenons *l'exemple du tabac*, nous constatons d'abord que des études scientifiques ont établi un lien entre le fait de fumer, les maladies cardio-vasculaires et certains cancers. Malgré le lobbying puissant des fabricants

200. *Association Prévention Routière*, fil d'information : «Europe : 103 mesures pour réduire de moitié les victimes de la route d'ici 2020», http ://www.preventionroutiere.asso.fr/Fil-d-information/Septembre-2011/Europe-103-mesures-pour-reduire-de-moitie-les-victimes-de-la-route-d-ici-2020.

de cigarettes, de nombreux Etats sont passés de *la prévention* à *la répression*, interdisant aux personnes de fumer dans des lieux publics fermés, non seulement parce que cet acte comportait un risque pour leur santé, mais également parce qu'il menaçait la santé des personnes se trouvant à leur proximité. Telle est la conséquence des études portant sur *le tabagisme passif*. Il ne s'agit donc pas d'interdire au fumeur d'exercer sa liberté, mais de *l'empêcher d'empiéter sur le confort et la santé* de ceux qui se trouvent à proximité et, par ce biais, de le protéger (de) lui-même. En évitant de *sacrifier* une population à l'acte banal de fumer, la prévention et la répression préfèrent la *sanctifier* : les citoyens sont d'abord des *personnes qu'il faut protéger de tous les dangers*, l'un des dangers n'étant autre désormais que *le citoyen* qu'il importe de préserver de lui-même. Ce qui passait autrefois pour du *libre arbitre* – fumer tout en assumant les conséquences de cet acte sur sa santé – est aujourd'hui considéré comme de *l'inconscience*.

Nos démocraties sont ainsi passées d'une conception du citoyen comme *personne responsable* à celle de *victime potentielle*. Ce glissement n'est pas anodin. *Victima* désigne en latin *l'animal sacrifié*[201]. Le citoyen grec se rendait à Epidaure pour *sacrifier* un coq au dieu *Asclépios*[202], le dieu de la médecine, afin de recouvrer la santé. Les Mayas procédaient à des sacrifices humains[203] pour communiquer avec les dieux : les enfants (orphelins, illégitimes,

201. «Victime animal destinée au sacrifice» : *Dictionnaire illustré latin-français*, Félix Gaffiot, *op. cit.*

202. *Esculape* chez les Romains, *Imhotep* chez les Egyptiens.

203. La plupart des sacrifiés étaient volontaires car promis à accompagner le soleil dans sa course pendant

d'esclaves et de prisonniers) étaient noyés, leurs larmes étant supposées convaincre le dieu de la pluie de faire pleuvoir. Dans la Bible, Abraham est prêt à sacrifier son fils Isaac[204] sur le mont Moriah pour prouver son obéissance à Dieu. La pratique du sacrifice est commune à presque toutes les religions. Ce refus de la victime dans nos démocraties semble le signe d'une victoire de la raison contre la superstition. Pourtant, le fait de vouloir enfermer les citoyens à l'intérieur d'un cordon sanitaire participe d'une nouvelle idéologie qui, en réussissant à épargner des vies, parvient également à plonger le citoyen dans un nouveau bain : celui de *la victimité.*

La montée en puissance des assurances dans le paysage démocratique est le signe patent de ce changement des mentalités. *Assurer une personne* consiste à garantir l'indemnisation des accidents qui pourraient lui arriver, de façon à *com-penser* l'inconvénient que représente la nouvelle situation et la *dé-pense im-prévue* pouvant en résulter. Un accident de la route permet ainsi à l'automobiliste de voir son assurance payer la réparation de son véhicule et, le cas échéant, du véhicule qu'il a abîmé ainsi que tous les frais médicaux afférents aux conséquences du choc sur les personnes qui s'y trouvent impliquées. *L'assurance* rejoint donc la perspective de *la pré-vention* : en m'assurant, je vois à l'avance (*pré-vois*) ce qui peut m'arriver de négatif. Je vois la vie *en noir* pour pouvoir la voir *en rose* dans la perspective du dédommagement garanti par l'assurance. *Cette vision* qui fonde notre vie sur *la pré-vision* n'est pas exempte de

---

quatre ans, puis à revenir sous forme de colibri ou de papillon.

204. Ancien Testament, Genèse, 1-22, *op. cit.*, p. 44-45.

pessimisme puisqu'il s'agit de vivre dans l'idée que le pire peut nous arriver. Ce *noir et rose* du monde assuranciel plonge nos existences dans la *sinistrose.* Initialement, «sinistre» désigne ce qui annonce un malheur ou des événements funestes. De toute évidence, *le sinistre* relève d'un autre monde, celui de *la tragédie* dans laquelle le héros s'achemine vers son destin. Que les assurances récupèrent ce terme peut expliquer leur prétention à ne pas faire de nous des *héros*, mais des *citoyens préservés de tout danger*, tel Achille qu'Athéna rattrape provisoirement par les cheveux. Qu'un rétroviseur brisé et l'inondation d'un plafond suite à la fuite d'une machine à laver soient désormais considérés comme des *sinistres* en dit long sur l'interprétation d'une *mal-adresse*[205] *en mal-heur*. La dramatisation de nos petits gestes par les assurances débouche toutefois moins sur *un destin* que sur *une sinistrose.* Il faut bien que *l'assuré* – le client – ait peur si son assureur veut en faire *un citoyen rassuré* et surtout parvienne à lui vendre un contrat. Il doit d'abord lui montrer le gouffre noir vers lequel risque de le conduire chaque pas de son existence, puis le prendre par la main pour lui offrir un filet de protection rose bonbon. Souffler le chaud et le froid, *colorier* la vie citoyenne *en noir* et *rose* : telle est *la mission de l'assureur.*

La prévention doit cependant être distinguée de *la prudence.* Nous pouvons ainsi noter que celui qui est assuré se sent protégé par son contrat et peut alors prendre plus de risques. Il peut par exemple conduire plus vite que s'il n'était pas assuré, sachant qu'en cas d'accident l'assurance

205. En latin, *sinister* signifie «gauche», «ce qui est à gauche» et donc «maladroit».

pourvoira à l'essentiel des dépenses en résultant. Où l'on comprend que *prendre une assurance donne de l'assurance*. Inversement, ne pas être assuré constitue un risque évident pouvant conduire à la ruine le conducteur qui commet une faute entraînant accidentellement la mort d'une personne. Cependant, cette absence d'assurance l'invite en général à la prudence, même s'il existe toujours des individus suicidaires ou inconscients de leurs faits et gestes. De la même manière que le riche a les moyens de payer une amende l'amenant à croire que son argent lui procure une certaine *immunité*, l'assuré peut donc se croire *protégé* de ses inattentions sur la route ou de ses infractions à la loi.

Un exemple de ce changement de paradigme dans la conception de la personne a été fourni par le procès retentissant qui s'est déroulé à Saint-Paul dans le Minnesota aux *Etats-Unis* en 1998. Richard Boeken a ainsi attaqué Philip Morris en raison du cancer du poumon dont il était atteint et dont il tenait *responsable* la compagnie de tabac. Arguant du fait qu'il avait commencé à fumer à l'âge de treize ans et qu'il n'avait pas été correctement mis en garde des risques encourus par la consommation de cigarettes d'une des marques du fabricant, R. Boeken a obtenu un dédommagement final de 100 millions de dollars, quelques mois avant de mourir. Au-delà de la stratégie morbide de cette compagnie qui a utilisé de l'ammoniaque dans le traitement du tabac pour augmenter le taux de nicotine absorbée par le fumeur sans en ajouter dans la cigarette, le procès constitue une nouveauté radicale : le fumeur est estimé *victime* d'une manipulation ayant provoqué une maladie mortelle tandis que l'entreprise de tabac est seule estimée *responsable*. Ce renversement de perspective, qui constitue le symbole d'un vaste mouvement de société[206] partant en guerre contre l'acte de fumer, repose sur l'idée selon laquelle la personne *subit des effets* plus qu'elle ne *constitue une cause*. Désormais, *le tueur* n'est pas *le fumeur*, mais *le fabricant de tabac*. Il ne s'agit pas d'*un suicide à petit feu*, mais d'*un homicide à grande échelle*.

Cet exemple américain est l'illustration d'un changement de définition implicite de la punition dans le droit occidental. Frédéric Gros rappelle ainsi comment la conception de la justice se fondait jusque-là sur l'idée de *responsabilité* et ne prêtait aucune attention à *la victime*. Par la punition, la justice avait pour tâche de faire *ré-pondre* le fautif de l'acte commis afin de mettre en évidence *la responsabilité* du fautif. La victime ne représentait alors ni le centre ni le but de la punition : elle en était la grande absente. Frédéric Gros montre ainsi que cette absence reposait sur l'indifférence à l'égard de la souffrance : «Derrière la victime du crime, au-delà de ses souffrances et de ses larmes, ce qui était construit pour fonder le sens de la peine, c'était la Loi transgressée, la Société menacée, ou l'Individu amendable. Pour punir, il fallait commencer par oublier la victime, et plutôt qu'à sa souffrance, satisfaire aux demandes de la Loi imposant une rétribution de principe, de la Société

206. L'année 1998 fut historique pour les militants antitabac aux Etats-Unis. Richard Boeken voit condamné Philip Morris en première instance à lui verser 1,7 milliard de dollars qui se réduiront à 100 millions en appel. Au terme de poursuites engagées par 46 Etats, les industriels du tabac ont pris la décision de leur verser 246 milliards de dollars sur une période de vingt-cinq ans pour compenser les dépenses de santé induites par les cigarettes.

exigeant qu'on défende ses intérêts, de l'Individu implorant qu'on le transforme en citoyen honnête. Discours juridico-sacré, discours socio-politique, discours psychologique : la voix de la victime ne s'articule jamais. Ce qui dans le crime se trouve punissable, ce n'est jamais la relation criminelle à un autre, mais la relation criminelle à la Loi, à la Société ou à soi-même[207].»

La victime sort donc de l'oubli lorsque la justice et la société accordent à la souffrance une authentique reconnaissance. Frédéric Gros explique ainsi que le procès se centre désormais moins sur *le crime* et *le criminel* que sur *la souffrance* et *la victime* : «Ici et là on entend qu'il faut punir pour permettre à la victime de faire son deuil, permettre à une société de se rassembler et de communier autour d'une souffrance singulière, faire que la mémoire d'un crime effroyable se perpétue comme protestation vivante. [...] Punir, par ailleurs, ce n'est plus seulement défendre les intérêts sociaux de sécurité, d'ordre, de propriété, etc., mais permettre à toute une société de communier, de se retrouver, de faire union autour de l'expression douloureuse d'une souffrance. [...] une démocratie nouvelle se fait jour : celle des sujets sensibles[208].»

La nouvelle *Marseillaise* pourrait débuter ainsi : «Aux larmes, citoyens !» Il convient désormais pour chaque citoyen, en deçà de tout procès, d'inventorier le territoire de sa vie pour y trouver les espaces, souvent interstitiels, dans lesquels sa liberté est empiétée, sa dignité bafouée, sa person-

207. Frédéric Gros, «Punir c'est transformer une souffrance en malheur», chapitre IV, *in* Antoine Garapon, Frédéric Gros, *Et ce sera justice. Punir en démocratie,* Odile Jacob, 2001, p. 110-111.

208. *Ibid.*, p. 111.

nalité niée. Dans la famille, l'enfant peut désormais considérer qu'il est victime *de son niveau social, d'un manque d'amour*, *de brimades* subies. A l'école, les parents, au nom *de la souffrance, de l'injustice et de la liberté*, peuvent contester les rares punitions infligées à leur enfant et, au-delà, l'orientation scolaire décidée par l'institution. Dans le domaine sportif, l'athlète peut invoquer *une pathologie* pour justifier la prise d'un médicament figurant sur la liste des produits interdits ou le bricolage de son corps par la génétique. Quant à la diplomatie, le tyran peut invoquer auprès d'instances internationales *le viol de la souveraineté de son territoire* par des puissances étrangères. Bref, *le discours de la souffrance* est *le nouveau murmure du monde. Ré-pondre de ses actes* n'est aujourd'hui plus très pertinent; *pondre sa souffrance* s'impose comme la nouvelle source d'inspiration des lois. Quelles que soient les causes de sa situation, *la victime* est érigée en sujet spectaculaire : les faits divers s'intéressent aux victimes des crimes les plus sordides; les émissions de radio et de télévision donnent la parole à tous ceux qui ont remporté une palme dans le domaine de la souffrance; le web libère une parole et un imaginaire dans lesquels on entend moins la clameur du bonheur que les lamentations du malheur. Les confidences du sordide ont succédé à *La Guerre des Gaules* et aux mémoires de héros. De ce nouvel air du temps, Pascal Bruckner dit très justement : «Au lieu de rivaliser dans l'excellence, l'enthousiasme, hommes et femmes rivalisent dans l'étalage de leurs disgrâces, mettent un point d'honneur à décrire les tourments particulièrement effroyables dont ils seraient l'objet... La souffrance est l'analogue d'un baptême, d'un adoubement qui nous fait entrer dans l'ordre d'une humanité supérieure, qui nous hisse au-dessus de nos semblables[209].»

Etre victime signifie ainsi deux choses : être reconnu comme ayant subi un dommage, mais aussi penser que ce qui nous arrive est négatif et que la cause est en dehors de nous. Le premier sens désigne *un fait*, le second *l'interprétation d'un fait*. La frontière entre les deux peut être ténue, mais elle tend aujourd'hui à s'effacer. Loin du stoïcisme d'Epictète qui nous incite à nous reconnaître *responsables*[210] de ce qui nous arrive en toutes circonstances, notre société nous oblige à plonger dans *le bain de la déresponsabilisation* et de *la victimité*. D'un côté, *le sage* Epictète, esclave boiteux qui nous invite à la lucidité : «Donc, au milieu des traverses, des troubles, des chagrins, n'incriminons jamais autrui, mais nous-mêmes, c'est-à-dire les jugements que nous avons formés. L'ignorant accuse les autres de ses malheurs. L'homme qui commence à s'instruire s'accuse lui-même. L'homme rompu à la philosophie n'accuse ni un autre ni lui-même[211]». De l'autre, *le citoyen en quête de sécurité* qui se définit comme *victime* avant de se penser comme *responsable :* il croit que la société doit apporter des solutions à sa vie dont les souffrances ont nécessairement une cause extérieure. Dans une telle société qui met l'accent sur *la victime*, le

---

209. Pascal Bruckner, *La Tentation de l'innocence*, Grasset, 1995.

210. Epictète invite son auditeur à accueillir chaque événement qui lui arrive comme s'il en était l'auteur. C'est le sens latin de l'*amor fati*, l'amour du destin : «Ne demande pas que ce qui arrive arrive comme tu veux; veuille que les choses arrivent comme elles arrivent et tu seras à l'aise.» Epictète, *Manuel,* 8, Rivages Poche, 1994, p. 25.

211. *Ibid.*, 5, p. 23.

citoyen devient *passif* et perd *sa liberté*. L'Etat qui organise le cadre juridico-politique d'une telle société dépasse l'ambition de l'Etat providence[212] : il devient un Etat protecteur et maternant qui infantilise ses citoyens.

Un signe de cette régression politique se lit dans le nouveau rapport à la guerre des démocraties. Les Etats-Unis souhaitent maintenant se déplacer sur «le théâtre des opérations» avec la perspective d'en repartir sans aucun soldat américain tué. La politique du «zéro mort» paraît une gageure dans un contexte militaire; elle constitue cependant un objectif qui, à défaut d'être réaliste, témoigne de *cette idéologie de la victimité*. Le soldat, autrefois défini comme un combattant qui tue et peut être tué, devient le critère même de *la guerre propre* en se présentant comme celui qui ne doit pas mourir. Un soldat qui ne combat pas est donc aussi incongru qu'un citoyen qui ne répond pas de ses actes ou qu'un démocrate qui ne vote pas. Pour en arriver à une telle extrémité, il faut que le soldat soit revêtu de l'onction d'une étrange idéologie. A dire vrai, *l'idéal militaire* selon la politique américaine n'est rien d'autre que *le soldat idéal*. Or, celui-ci n'est *ni un soldat valeureux ni un soldat mort ni un soldat inconnu*, mais *un soldat disparu*. Il en va du soldat de l'armée américaine comme du salarié dans l'entreprise selon le libéralisme : il est *inutile, coûteux* et donc *encombrant*. La disparition

212. L'Etat providence – *Welfare State* – assure depuis la fin du XIXe siècle des prestations sociales financées soit par des cotisations, soit par l'impôt. Cet Etat ajoute à son côté *paternel et régalien* une dimension *maternelle et régaleuse* qui se développera surtout dans les démocraties occidentales après la Seconde Guerre mondiale.

du salarié[213] et du soldat sont les nouveaux horizons respectifs de l'entreprise et de l'armée. L'armée veut bien combattre, mais sans être *victime de pertes*; l'entreprise veut bien fonctionner, mais sans être *victime du poids des salaires*. Dans les deux cas, ce n'est pas la liberté qui conduit ces deux réalités à évoluer : c'est *la victimité*. L'armée ne veut plus *sacrifier ses soldats*; l'entreprise ne veut plus *sacrifier son capital*. La première les reclasse en techniciens du combat à distance; la seconde les externalise à distance sans combat. *Sanctifions, sanctifions !* Nous en ressortirons avec moins de victimes[214].

Plutôt que d'engager ses soldats sur le terrain, l'Amérique délègue ainsi son combat à l'action des drones. Plutôt la guerre des drones que la guerre des Gaules !

Comme celles de l'Antiquité et du Moyen Age, les guerres du XXe siècle eurent un air de boucherie. Envoyés au combat sur des champs de bataille boueux, les «poilus» de la Première Guerre mondiale se révélèrent de simples roseaux offerts au déluge mortifère des machines. Si cette guerre fit près de 40 millions de victimes[215], les soldats morts

213. Serge Tchuruk, ancien P-DG d'Alcatel-Lucent (1995-2008), considère le salarié comme un intrus par le coût exorbitant qu'il fait subir à l'entreprise. Il prône ainsi l'apparition d'une entreprise sans atelier, *fabless factory*, qui combine délocalisations et nouvelles technologies. Cf. mon ouvrage, *Petite Philosophie de l'entreprise*, François Bourin éditeur, 2012, p. 29.

214. En réalité, *la victoire* de la *fabless factory* se fait sur le dos de *victimes*, à savoir *les salariés* dont l'entreprise n'a plus besoin et qui se retrouvent au chômage.

215. Avec près de 40 millions de *victimes*, la Première Guerre mondiale a fait 19 millions de *morts* (9,7 millions de militaires et 8,8 millions de civils) et 21 millions de *blessés*.

au combat ne furent pourtant pas élevés à cette distinction. *Victimes,* ils le furent au sens de ceux qui ne firent que *subir la force des choses*, non au sens où l'armée de l'époque voulait les *protéger de toute souffrance.* Nous voyons ici comment le terme de *victime* a marqué une inflexion dans sa signification : d'état totalement passif qui caractérise *le fait d'être mort*, en passant par le fait de *subir un dommage dont nous ne sommes pas la cause*, la *victime* finit par désigner de nos jours de manière plus fréquente *celui pouvant souffrir d'une situation dont la société doit le protéger*[216]. Le poilu est *une victime réelle* de la Première Guerre mondiale; le citoyen de nos démocraties est *une victime potentielle* de tous les événements susceptibles d'entraîner sa souffrance physique ou psychique. *Le critère déterminant de la victimité* a donc reculé d'un cran : il glisse de *la mort* à *la souffrance*, de *thanatos* au *pathos*, du *létal au psychosocial.*

Nos démocraties, qui peuvent représenter *des oasis de douceur* au regard d'autres régimes dans le monde ou d'autres périodes de l'histoire européenne, développent en réalité *une idéologie profondément anxiogène.* Le citoyen dresse l'inventaire de ses failles en imaginant sa faillite ou sa défaillance au lieu de colmater les fissures au profit d'un projet d'une plus grande envergure. De toute évidence, une telle

---

216. Bien sûr, le sens de celui qui souffre est ancien, mais il est sans responsabilité sociale : 1625 «Personne qui souffre des agissements d'autrui, ou de choses, d'événements néfastes» (J.-P. Camus, *Palombe ou la femme honorable*, Hachette, 1853, p. 412 : les rendans victimes de la pauvreté). Autrement dit, le fait de se considérer comme ayant à l'extérieur de soi la condition de sa souffrance n'est pas nouveau; ce qui l'est consiste à penser que la société aurait dû empêcher ce fait de se produire et doit par conséquent le panser et le compenser.

société qui remplace *les soldats* par *les drones, la prudence* par *l'assurance, le danger* par *le risque* finit logiquement par substituer *la victime* à *la victoire, l'infantilisation* à *l'enfant, le jeunisme* à *la jeunesse, les maisons de retraite et les hôpitaux* aux *crèches et aux écoles, l'anxieux* au *joyeux*.

Loin du *bouc émissaire* sur le dos duquel se soude encore aujourd'hui une population, nous constatons que nos démocraties se fondent désormais sur l'idée d'un citoyen qu'il faut protéger de toutes les misères du monde. Il s'agit de tisser le lien social, non *en sacrifiant une victime expiatoire* – « malheur à celui par qui le scandale arrive[217] » –, mais *en sanctifiant la victime potentielle* que chaque citoyen est devenu. Certes, René Girard défend l'idée selon laquelle « la compétition victimaire » est le fruit de *la culpabilité* d'avoir désacralisé le monde et de *la crainte* du surgissement d'une nouvelle crise faisant apparaître de nouveaux boucs émissaires à sacrifier : « Tant que la pensée moderne ne comprendra pas le caractère formidablement *opératoire* du bouc émissaire et de tous ses succédanés sacrificiels, les phénomènes les plus essentiels de toute culture humaine continueront à lui échapper[218]. » De son côté, Nietzsche[219] nous expliquerait que le fait de se considérer comme *une victime* exprime *une vitalité déficiente, une volonté de puissance négative* : « S'abstenir mutuellement de s'offenser, de se vio-

217. Evangile selon saint Luc, XVII, 1, *La Bible de Jérusalem*, Editions du Cerf, 2011, p. 1757.

218. René Girard, *La Violence et le Sacré*, Fayard/Pluriel, 2011, p. 412.

219. Qui comprenait, à tort selon nous, *la responsabilité* comme une forme de culpabilité, l'aristocrate antique et le surhomme (encore à venir) vivant, selon lui, par-delà le bien et le mal.

lenter, de s'exploiter, reconnaître à la volonté d'autrui autant de droits qu'à la sienne, voilà des principes qui, en un sens grossier, peuvent engendrer de bonnes mœurs entre les individus [...] Mais si on songeait à étendre ce principe, voire à en faire *le principe fondamental de la société*, celui-ci se révélerait bien vite pour ce qu'il est : la négation de la vie, un principe de dissolution et de déchéance[220].»

Etranges démocraties qui ont insensiblement glissé de la responsabilité à la victimité. *L'enfer c'est les autres* affleure dans cette idéologie de la victimité, non pas parce que le regard d'autrui me fige dans la honte[221], mais parce que le risque viendrait de lui. Ne plus *ré-pondre* de mes actes, mais *ac-cuser* l'empiètement de l'autre dont la liberté est source d'inconnu, de risque, de danger, de menace. Le citoyen des démocraties n'est plus *un actionnaire* comme à Athènes, *un contractuel* comme dans le droit moderne, mais *ce gestionnaire de risques* prévoyant tous les dangers qui le menacent : *accidents, chômage* ou *faillite, maladie, divorce, impôts*, sans parler de l'*injure*. Avant même d'être touché, il se vit comme un grand blessé ou, plus exactement, se v(o)it dans la crainte de l'être. Quoi qu'il en soit de l'origine de cette *idéologie de la victimité, aboutissement de la pratique sacrificielle* (René Girard) ou *manifestation d'une volonté de vivre déficiente* (Nietzsche), elle plonge les racines des relations sociales dans le fantasme d'une menace dont l'individu doit être protégé. De toute évidence, il y a un lien entre ces spectateurs

220. Nietzsche, *Par-delà bien et mal*, *op. cit.*, § 259, p. 212.

221. «Or, la honte [...] est honte de soi, elle est reconnaissance de ce que je suis bien cet objet qu'autrui regarde et juge.» J.-P. Sartre, *L'Etre et le Néant*, Gallimard, coll. «Tel», 1981, p. 307.

qui regardent des crimes tous les jours sur un écran et le fait qu'ils se ruent en France chez l'assureur et en Amérique chez l'armurier[222]. Se penser comme *victime potentielle* revient à poser sur la vie un regard apeuré et, logiquement, à renvoyer la punition à un monde dépassé.

1.3.2. L'ILLISIBILITÉ PÉNALE

> «La frénésie législative multiplie les réformes procédurales, aggrave les peines et le contrôle théorique des personnes susceptibles de récidiver.»
>
> Jean-Paul JEAN[223].

Dans son *Journal d'un lecteur*[224], Alberto Manguel défend l'idée selon laquelle «lire, c'est vivre». Si l'idée est romanesque, elle laisse entendre que ne pas lire, c'est mourir. Le propos peut paraître exagéré. Il vient d'un homme né dans la civilisation du livre et s'adressant à ceux qui y vivent. Tous les peuples évoluant dans des traditions orales ne meurent pas de ne pas lire. Cependant, l'affirmation de Manguel prend sens lorsqu'on sait que les peuples de culture orale ont dû apprendre à lire pour se défendre et survivre : ils se sont mis d'une part à découvrir les lois auxquelles ils se retrouvaient soumis, d'autre part à en faire voter qui leur accordaient des droits. Finalement, ces deux types de peuples se trouvent

---

222. L'un n'excluant pas l'autre outre-Atlantique. Assurance-vie *versus* autodéfense.
223. *Le Système pénal*, Editions de la Découverte, coll. «Repères», 2008, p. 106.
224. Alberto Manguel, *Journal d'un lecteur*, Babel, 2006.

reliés par les livres qui disent le droit. Partout dans le monde, les peuples colonisés par les Européens à partir de la Renaissance, et qui n'ont pas été exterminés, ont manifesté leur résistance moderne par la lecture des codes consignant des droits pouvant leur être reconnus. Or, le problème posé par le droit stocké dans les livres tient désormais à son *illisibilité*. Celle-ci revêt deux aspects, l'un *quantitatif*, l'autre *qualitatif*.

On peut appliquer au droit ce que l'économiste Laffer[225] disait de l'impôt : *trop de droit tue le droit*, ce qui a pour conséquence de rendre la justice *de travers*. Le droit est devenu une réalité surabondante : il désigne un ensemble de textes dont personne ne peut désormais avoir une connaissance absolue. Même ses spécialistes – *juristes, juges, avocats* – agissent dans le brouillard faute de maîtriser la totalité du savoir juridique. Au *Nul n'est censé ignorer la loi*, il conviendrait d'opposer *Nul n'est censé connaître la loi*. Cette formule peut sembler excuser par avance tous les crimes; elle ne se contente toutefois pas de faire pièce à la première : elle exprime le fait que la pléthore de textes juridiques excède le pouvoir de connaître d'une intelligence motivée qui consacrerait même la totalité[226] de sa vie à cette tâche; elle invite à *une refonte du droit*, voire à *une fonte des lois*. La connaissance du droit paraît tellement impossible qu'en faire le

225. Arthur. B. Laffer, né en 1940, est cet économiste de l'offre auquel on a attaché le nom de la courbe éponyme – la fameuse courbe de Laffer – selon laquelle «trop d'impôt tue l'impôt». Le rendement de l'impôt est faible dans deux cas : lorsque le niveau d'imposition est trop faible et lorsqu'il est trop élevé.

226. Attitude théorétique qui l'empêcherait d'appliquer à la vie sociale sa connaissance du droit.

minimum civique de chaque citoyen relève de la gageure.

Pourtant, cet adage aurait un fondement et des partisans se voulant artisans de la démocratie : « Ce célèbre adage ne signifie pas que tout citoyen est censé connaître l'ensemble des textes législatifs et réglementaires (décrets, circulaires...) existant dans l'ordre juridique français. Avec 8000 lois et plus de 110000 décrets en vigueur, le plus studieux des juristes ne relèverait pas un tel défi... Cet adage représente en fait une fiction juridique, c'est-à-dire un principe dont on sait la réalisation impossible, mais qui est nécessaire au fonctionnement de l'ordre juridique. Ici, la fiction est évidente : personne ne peut connaître l'ensemble des lois. Mais, dans le même temps, cette fiction est éminemment nécessaire. En effet, si elle n'existait pas, il suffirait à toute personne poursuivie sur le fondement d'une loi d'invoquer (et même de prouver) son ignorance du texte en cause pour échapper à toute sanction. On comprend que les règles perdraient toute efficacité devant la facilité avec laquelle on pourrait se soustraire à leur application[227]. » L'argument semble recevable : il y aurait une sorte d'*intuition de l'interdiction*, une espèce de *connaissance implicite des normes*. Il va de soi que chaque citoyen sait, sans en connaître les formulations juridiques, que *voler, violer* et *tuer* sont des actes répréhensibles. L'adage aurait donc son fondement dans ce *sensus communis* qui fait de chacun un

227. Texte proposé par *Vie Publique*, le site de la Direction de l'information légale et administrative (DILA) rattaché aux services du Premier ministre et qui a pour mission de rendre publique la norme juridique française : http://www.vie-publique.fr/decouverte-institutions/citoyen/citoyennete/definition/devoirs-definition/que-signifie-nul-n-est-cense-ignorer-loi.html

citoyen respectueux de son prochain. Mais alors : à quoi bon élaborer un code pénal si le contenu de l'interdiction est présent à la conscience de chacun de manière permanente et immédiate ?

L'adage exprime moins un sens inné de la connaissance de l'interdit qu'il ne vient, au fond, justifier une création culturelle. L'idée même que l'adage soit une *fiction pragmatique*, qui nous pousse à respecter *la loi inconnue*, mais *sentie*, est peu crédible. Pour comprendre l'absurdité de cette fiction, comparons-la à une autre. Lorsque Rousseau imagine *l'état de nature* dans lequel vivent les hommes avant l'apparition de la société, il ne présente pas *son hypothèse* comme *une illusion* qui nous permet d'*agir au quotidien*, mais comme *une représentation nous invitant à comprendre* la société dans laquelle vivent ses contemporains : « Il ne faut pas prendre les recherches par lesquelles on peut entrer sur ce sujet pour des vérités historiques, mais seulement pour des raisonnements hypothétiques et conditionnels; plus propres à éclaircir la nature des choses qu'à en montrer la véritable origine, et semblables à ceux que font tous les jours nos physiciens sur la formation du monde[228]. » Que dire aux partisans de cette fiction juridique, sinon que *la fiction de la connaissance de la loi* est *une mesure obscurantiste* quand *l'hypothèse de l'état de nature* est un *acte intellectuel lumineux* ? La fiction de Rousseau est *une hypothèse* qui nous donne à lire une réalité à partir d'un nouveau point de vue – celui de *l'homme naturel* qui n'a pas les tares de *l'homme socialisé*. Or *l'adage* se présente comme *une fiction* valant *injonction* : il

228. Rousseau, *Discours sur l'origine et les fondements de l'inégalité parmi les hommes*, Garnier-Flammarion, 1971, p. 169.

constitue *un impératif catégorique* là où la fiction rousseauiste est *hypothétique.* Si la fiction de l'état de nature nous éclaire en nous fournissant des informations sur l'homme, l'adage ne donne aucune information puisqu'il postule connu ce qui ne l'est pas, à savoir la loi. Encore une fois, le raisonnement qui tente d'asseoir le droit et de l'imposer repose sur un manquement à la logique et un habillage rhétorique. En dehors de ces trois exemples de crimes (voler, violer, tuer) dont le citoyen a un peu plus que l'intuition, il existe de nombreuses lois que le citoyen ignore et qui peuvent le placer en situation d'infraction en raison même de cette ignorance.

Prenons l'exemple du mariage. Qui sait qu'une belle-fille ne peut épouser son beau-père, alors même qu'il n'y a pas de lien de parenté entre eux et que la loi autorise, par ailleurs, le mariage entre nièce et oncle, neveu et tante, et, désormais, entre oncle et neveu ou entre nièce et tante ? Visiblement pas le maire qui a marié Denise et le père de son premier mari ! En tant qu'officier d'état civil le maire aurait dû connaître l'article 161 du code civil[229] et en informer les deux candidats au mariage.

Un autre exemple concerne la mutilation. Les articles 222-9 et 222-10 du code pénal condamnent de dix à quinze ans de réclusion criminelle la personne ayant pratiqué une mutilation commise sur un mineur de quinze ans. Parmi les personnes qui tombent sous le coup de cette loi, on trouve les parents ayant pratiqué ou fait pratiquer l'excision

---

229. « En ligne directe, le mariage est prohibé entre tous les ascendants et descendants et les alliés dans la même ligne. » La belle-fille est donc considérée au même rang que la fille ; les relations sexuelles avec son beau-père sont donc interprétées comme « incestueuses ». Le mariage ne peut donc qu'être prohibé.

sur leur(s) fille(s). Le premier cas puni par la justice concerne une petite fille de trois mois, Bobo Traoré, morte en 1982 des suites d'une excision. Au-delà de la mort de l'enfant, c'est une pratique traditionnelle et religieuse qui est condamnée par un Etat démocratique. Nous nous trouvons là sur une ligne de fracture qui se situe non seulement entre l'ignorance et la connaissance de la loi, mais également entre la religion et la République autant qu'entre la foi et la science[230]. Il va de soi que ce qui est *interdit* pour ces personnes pratiquantes, c'est d'abord le fait de ne pas réaliser l'excision. Cette *clitoridectomie*, qui passe dans notre démocratie pour *une mutilation,* est en revanche considérée par les peuples qui la pratiquent comme *un honneur* fait à la jeune fille libérée de cette partie d'elle-même ressemblant au sexe de l'homme. Il ne s'agit pas de discuter ici de la pertinence[231] de cette coutume, mais de montrer que la connaissance de la loi suppose *une information*, non *une fiction.*

---

230. L'avocate Linda Weil-Curiel a pris une part active au procès des parents de la petite fille : «Les experts parlent d'une clitoridectomie élargie et de la disparition d'une zone érogène pouvant affecter [...] la vie sexuelle future de la femme, mais à aucun moment n'indiquent qu'il s'agit d'une "mutilation". Ainsi, on en reste dans le domaine délictuel et donc de la chambre correctionnelle. Mon intention était de soulever l'incompétence du tribunal correctionnel et de dire : "S'il y a une mutilation, cela devient un crime et relève de la cour d'assises".» *La France est un des seuls pays à faire des procès pour excision,* par Sylvie Briet et Sandrine Cabut, Bladi.net, *Libération* du 5 février 2005 et http ://www.bladi.net/forum/threads/france-seuls-pays-proces-excision.33145/

231. L'idée de mutilation est en grande partie culturelle et nous voyons désormais émerger en Occident, sur fond d'idéologie de la victimité, la dénonciation d'une mutilation pratiquée non plus sur les jeunes filles, mais sur les jeunes garçons soumis à *la circoncision.*

La loi n'étant souvent que la fixation des mœurs sur un parchemin, on comprend qu'elle exprime la manière de vivre des citoyens. Toutefois, la mondialisation brassant les mœurs de différents peuples, il devient difficile et naïf de penser que la loi pénale d'un pays, fût-il démocratique, puisse être une norme universelle. Il est en outre étonnant que cet adage, inspiré d'une formule d'Aristote, ait été tronqué, comme si l'inflation du droit devenait si peu justifiable qu'il lui fallait une fiction pour continuer dans cette voie Aristote écrit *en réalité que nul n'est censé ignorer la loi, surtout quand il est facile de la connaître*[232] Or, dans un océan de textes, cette facilité n'est plus de mise. L'ignorance de la loi ne permet pas d'éviter de se voir imputer une faute. Notons l'étrange lien établi par la république entre la loi et le savoir. Ignorer la loi en acceptant de feindre de la connaître paraît une attitude contraire à l'idée que la démocratie se fait par ailleurs de la connaissance et de la vérité. Pour une fois, ce n'est pas la raison qui établit la république, mais *la foi en la loi*. Dans la réalité, l'ignorance juridique du citoyen l'oblige à avoir accès à la loi par la médiation d'un avocat[233]. Son accès au droit dépend alors des moyens qu'il peut y consacrer. Au nul n'est *censé* ignorer la loi, il faut opposer *la dimension censi-*

232. «De plus, on punit aussi ceux qui ignorent quelques dispositions de la loi, que nul n'est censé ignorer, surtout quand c'est facile.» *Ethique de Nicomaque*, Garnier-Flammarion, 1965, Livre III, Chapitre V, 8, p. 75.

233. Les pays soumis à la *common law*, où le droit est essentiellement une accumulation de jurisprudences, se passent de cette fiction juridique. Le droit est affaire de spécialistes, et le citoyen sait qu'il ne connaît pas la loi et doit s'en remettre aux hommes de loi.

taire de cette justice et la *censure discrète* mais efficace que caractérise l'absence d'argent pour la majorité des citoyens.

La seconde raison de l'illisibilité des lois est *qualitative*. Nous avons vu précédemment que le juge *créait la faute* en même temps qu'il *fixait la punition*. Or, la punition n'est le monopole ni du droit pénal, ni du juge. Il existe des peines infligées par l'Administration au citoyen sans que celui-ci soit jugé et puisse donc se défendre par le biais d'un avocat. Comme le montrent Mireille Delmas-Marty et Catherine Teitgen-Colly[234] dans leur ouvrage *Punir sans juger*, le pouvoir administratif de punir sans juge s'illustre clairement dans trois domaines[235]. Dans le *domaine fiscal*, par exemple, l'Administration peut punir sur la base de «sanctions d'assiettes[236]», de «sanctions de recouvrement» et de «sanctions diverses» (notamment l'obstruction aux contrôles de l'Administration) prévues par le *code général des impôts* (CGI). Cette punition «n'est exclusive ni de sanctions civiles (par exemple, en cas de mutations irrégulières), ni surtout de sanctions pénales [...] qui répriment notamment les infractions les plus graves comme le délit de fraude fiscale (art. 1741 CGI) [...][237]».

Le problème posé par ce type de *punition administrative* n'est pas tant qu'il transgresse le prin-

---

234. *Punir sans juger. De la répression administrative au droit administratif pénal*, Economica, 1992.

235. *Fiscal; sanitaire et environnemental; lié à la circulation routière.*

236. La punition porte sur le défaut ou le retard de production de documents nécessaires à l'établissement de l'impôt, mais aussi les insuffisances, les inexactitudes, les omissions ou les dissimulations de déclaration.

237. *Punir sans juger. De la répression administrative au droit administratif pénal*, *op. cit*, p. 19.

cipe de la séparation des pouvoirs ou qu'il révèle un «maquis juridique inextricable[238]», mais il consiste *à dégager la punition du pouvoir de juger* et *du principe même d'une autorité arbitrale.* Ces *punitions administratives* introduisent dès lors *une discontinuité dans le concept même de la punition.* Elles indiquent que *punir* consiste à *réprimer une désobéissance à la loi* sans passer par l'examen de l'acte qui pourrait se révéler conforme à la loi et, par conséquent, non fautif. La punition administrative est donc le fruit d'un raccourci : faisant l'économie du *procès* et du *jugement*, elle gagne du temps et s'épargne des dépenses, tout en instaurant une automaticité qui fait fi de l'individualité *du cas.* Dire d'une telle punition qu'elle s'éloigne de ce qu'on attend de la justice en démocratie n'est alors pas exagéré.

La punition ne ressort pas éclairée par cette montée en puissance d'*un droit administratif pénal* qui s'exerce sans jugement et qui doit être distingué du *droit pénal administratif* relevant d'un juge. Son sens, qui n'était déjà pas limpide, se brouille lorsque l'Administration prend le pas sur le juge. C'est ainsi que la Douane préfère mener des *transactions* avec les fautifs, afin de faire rentrer de l'argent dans les caisses de l'Etat, plutôt que de voir ceux-ci punis : «Loin d'être une procédure marginale, le règlement gracieux est d'un usage fréquent, surtout en matière douanière. Ainsi en 1985, sur 103 000 infractions de douanes et de changes constatées par le service de douanes, 101 092, soit 97,9 % d'entre elles ont été réglées par transaction, et seulement 2 % ont été portées en justice, dont certaines ont fait l'objet de transac-

238. *Ibid.*

tion en cours d'instance[239].» *L'infr-action* est réglée par *une trans-action*, non par *une décision de justice*. L'Administration court-circuite *la justice pénale* pour *des raisons vénales*. L'arrangement prévaut sur le jugement. *Business is business.* L'argent prime sur la punition. Le régalien préfère se régaler plutôt que de faire respecter le contenu d'une norme. La cupidité n'est pas le propre de l'infracteur : elle est aussi le moteur de certaines administrations. D'une certaine manière, ce «règlement gracieux» des infractions s'apparente au pouvoir discrétionnaire du roi sous l'Ancien Régime. *Le pouvoir de gracier* prime donc pour certaines administrations *le pouvoir de punir*, ce qui en dit long sur ce qu'un Etat attend de la punition. Bien entendu, le montant imposé de la transaction peut s'apparenter à *une amende* et être, par conséquent, considéré comme *le contenu d'une punition*. Mais quel est le sens d'une punition issue d'*un arrangement* et non d'*un jugement*? N'y a-t-il pas, de la part de celui qui est condamné à payer par l'Administration, l'idée que le crime, s'il ne paye pas, peut être annulé ou diminué par l'argent? Alors que la punition est implicitement envisagée comme *une diminution de l'agent fautif*, l'arrangement permet à cet agent de *diminuer la punition par l'argent*! Qu'est-ce alors qu'une *justice sans jugement* par laquelle la punition se dissout dans l'argent?

A la différence de *la procédure inquisitoriale*[240] dans laquelle le juge surplombe les parties et jouit du pouvoir de mener l'enquête à charge et à décharge pour établir la vérité délictueuse ou cri-

239. *Ibid.*, p. 25.

240. Caractéristique du système pénal français, européen en général et américano-latin.

minelle, le système pénal aux Etats-Unis repose sur *une procédure accusatoire*[241] qui fait du juge un pur arbitre entre deux parties, l'une qui accuse, l'autre qui défend. Dans le système américain, si le prévenu plaide non coupable, il revient à la partie accusatrice d'établir la preuve de la culpabilité. Devant le coût de l'établissement d'une telle preuve, 95 % des dossiers donnent lieu à un arrangement « au civil ». Au pays du *business*, non seulement la distinction du civil et du pénal est ténue, mais le droit lui-même est second puisque la faute s'avère soluble dans l'argent. L'affaire DSK[242] a ainsi d'abord été traitée au pénal, puis au civil. Elle s'est vraisemblablement conclue par une transaction financière. Que dire de cette justice accusatoire, sinon qu'elle participe, elle aussi, de ce vaste mouvement d'évitement de la punition qui fonde des pratiques sociales inégalitaires où l'argent est roi et la personne punie trop souvent démunie.

Quoi qu'il en soit de la procédure punitive, qu'elle soit *administrative* ou *pénale*, *inquisitoriale* ou *accusatoire* – pour ne prendre que ces exemples –, elle indique que la punition est *une réalité confuse* découlant tantôt d'une décision administrative sans jugement ou avec arrangement, tantôt d'un

241. Caractéristique du système pénal des pays anglo-saxons.

242. Dominique Strauss-Kahn, directeur français du FMI, est mis en détention provisoire suite aux accusations faites par Nafissatou Diallo, la femme de chambre de l'hôtel Sofitel de New York, le 14 mai 2011, pour agression sexuelle, viol et tentative de séquestration. Il plaide non coupable et les charges retenues contre lui sont abandonnées en raison de la mise en doute de la crédibilité de la plaignante. La clôture du volet pénal de l'affaire est suivie de l'ouverture d'une procédure civile dans laquelle chacune des parties dépose plainte contre l'autre.

procès se concluant par un jugement ou un arrangement. L'inflation des textes juridiques, les multiples modalités déterminant la punition plongent celle-ci dans la confusion. Si nul n'est censé ignoré la loi, il semble que nul ne puisse dire, en observant ce magma juridique, ce que signifie punir.

En résumé, nous avons montré que la loi fait moins la punition que celle-ci ne *justifie la loi*; qu'elle a largement été *confisquée par le système judiciaire*, qu'elle a *disparu de la famille*, qu'elle s'est *effacée de l'école*, qu'elle est *ambiguë dans le sport* et qu'elle *resurgit dans les relations internationales*; qu'entre *son repli sur le terrain judiciaire* et *sa résurgence sur «le théâtre des opérations»*, nous constatons plus fondamentalement que *l'acte de punir n'est pas pensé. La victimité* comme nouveau critère de la citoyenneté, articulée à *l'impossibilité de voir clair* dans la masse juridique et la polymorphie des procédures, empêche la conceptualisation de la punition.

2

ÉLOGE DE LA PUNITION DÉMOCRATIQUE

Monopolisé par le droit, *rongé* par l'argent et *rogné* par les arrangements, le sens de la punition pose problème : *son effacement* dans la majeure partie des sphères de sociabilité, *son inefficience* pénale et *son effritement* dans la représentation occidentale contribuent à déstabiliser l'idée d'une justice démocratique. Pourtant, si la démocratie s'impose au long cours comme modèle politique, ce ne sera ni par son dynamisme économique dépassé par des régimes peu épris de liberté, ni par son Etat providence qu'elle a de moins en moins les moyens de financer. Il faudra peut-être alors compter sur une pratique de la justice qui, n'étant ni laxiste ni arbitraire, inspirera confiance et sortira la société de cette mise en scène permanente du crime et de la police. Un tel changement suppose que, après avoir parcouru le chemin conduisant de la justice à la punition, nous tracions celui qui nous mène de la punition à la justice.

2.1

Herméneutique de la punition. Pourquoi punir ?

> « Démontez-moi cette vieille échelle boiteuse des crimes et des peines, et refaites-la. Refaites votre pénalité, refaites vos codes, refaites vos prisons, refaites vos juges. »
>
> Victor HUGO[243].

Qu'est-ce que punir ? Avant d'être un ensemble de mesures pratiquées par des institutions multiples et variées, punir doit désigner *un acte précis*, qu'il soit pratiqué dans la famille, à l'école, dans le sport ou selon le droit. Une telle exigence d'unité suppose qu'il n'y ait pas une punition *par-ci* et une autre *par-là* entre lesquelles le lien demeurerait obscur. Punir ici et là doit toujours signifier la même chose. Avant de se poser la question de savoir « qui a le droit de punir ? », il convient plutôt de déterminer ce que signifie punir. Le fait de poser la question du *droit de punir* sous-entend que la punition constitue fondamentalement *un acte suspect*, pour ne pas dire *nocif*, qu'on réalise à contrecœur ! Une telle question

243. *Claude Gueux* (précédé de *Le Dernier Jour d'un condamné*), Petits Classiques Larousse, 2002, p. 260.

a pour seul but de placer la punition sous la tutelle d'une autorité maintenue au-dessus de tout soupçon, comme si celle-ci venait blanchir de son aura un acte fondamentalement noir. Une interrogation s'apparente ainsi à l'acte chirurgical pratiqué sur une personne incurable : à défaut de pouvoir la guérir, le médecin lui montre qu'il ne l'abandonne pas. Or, le fait qu'une autorité soit reconnue *légitime* et donc investie du *droit de punir* ne nous dit rien sur le sens de la punition ! Définir *l'être de la punition* prime donc sur la question de l'autorité punitive et du droit de punir.

2.1.1. LE SENS EN QUESTION DE LA PUNITION

> «A la question "Pourquoi punit-on ?", il paraît aisé de répondre : "Parce qu'on a commis une infraction".»
>
> André LAINGU[244].

La définition des dictionnaires est peu éclairante. Selon le Larousse, *punir* signifie «faire subir à quelqu'un la peine d'un crime, d'une faute[245]». Guère plus inspiré, ce dictionnaire définit ensuite *la punition* comme l'«action de punir». CQFD ! Utiliser un synonyme («peine») pour définir un terme («punir») ne constitue pas à proprement parler une définition. Que le substantif renvoie au verbe et celui-ci au nom montre la pauvreté de l'art lexical ! Dans ce cas précis, la définition de *la puni-*

244. *Histoire du droit pénal*, PUF, coll. «Que sais-je ?», 1985, p. 3.

245. *Petit Larousse en couleurs*, juin 1973, édition 1974. La définition du Littré est identique.

tion est purement tautologique. Non seulement elle n'apporte au lecteur aucune lumière, mais elle le maintient dans l'obscurité. Imaginons qu'un dictionnaire définisse *le marin* comme un homme qui est sur la mer ou *le boulanger* comme celui qui est dans une boulangerie : le Martien soucieux de s'instruire n'en ressortirait-il pas perplexe? Ce n'est évidemment pas le cas : le boulanger est défini comme «une personne qui fait et vend du pain[246]» et le marin comme «un homme employé au service des navires[247]». Comment expliquer alors que la punition tourne en rond alors que le boulanger et le marin prennent sens par la présence d'un autre terme, le pain ou le navire? Concernant la punition, les dictionnaires sont peu loquaces[248], mais au diapason du code pénal : *le cercle vicieux* tient lieu de fondement à leur définition. La dimension vicieuse de la punition trouve ainsi moins son origine dans l'infinie variété des instruments de torture que dans la constante stérilité théorique. Pourtant, l'étymologie semble porteuse d'une promesse de signification qui s'expose en trois actes.

Retraçons brièvement et à rebours l'histoire du mot «punition». Poena désigne en latin la peine légale, soit *le châtiment, la compensation ou l'amende*. Le latin place ainsi d'emblée la punition dans son cadre juridique, ce qui explique en partie que nous ayons du mal à penser celle-là en dehors de celui-ci. Ce terme *latin* dérive du grec *poiné* (ποινή) qui signifie *la compensation, la réparation,*

246. *Ibid.*
247. *Ibid.*
248. Le *Lexique de termes juridiques* (Dalloz, 9e édition, 1993) ne fait aucune place à *la punition*, lui préférant les *peines* définies comme «Sanctions infligées aux délinquants en rétribution des infractions qu'ils commettent».

le paiement en retour, soit la rançon destinée à racheter un meurtre. Il y a là l'idée selon laquelle la faute n'est pas *un simple fait*, mais *un méfait* qui a *défait* quelque chose devant être *refait.* Le terme grec entretient un lien probablement morphologique avec le mot sanskrit *punar* qui est *un adverbe* voulant dire *de nouveau, en retour, en réponse, en revanche*, auquel s'ajoute une conjonction signifiant *pourtant, mais, néanmoins.* Le substantif *punya* désigne en sanskrit *la chance* tout autant que *les actes méritoires qui l'attirent.*

Au commencement, il n'y a donc rien de négatif dans l'idée de punition. La double idée de *retour* et de *chance* en sanskrit évoque plutôt une réalité positive. Le glissement de *la chance* au *châtiment* est difficile à expliquer. De toute évidence, le fautif n'est pas *chanceux*; il le devient par la punition! Le terme *punya* entretient une *proximité sémantique* avec *la sanction* (qui peut venir couronner positivement un acte), mais il a plus d'*affinité morphologique*[249] avec *la punition.* Ne retrouvons-nous pas l'idée selon laquelle la punition est *une chance* dans le proverbe affirmant : «Qui aime bien châtie bien»? Il y a de *la chance* à être puni et donc de *la malchance* à ne pas l'être.

De l'adverbe sanskrit signifiant *retour* et *répétition*, nous induisons que la faute suppose qu'on s'y arrête, qu'on ne la laisse pas passer, qu'on y «fasse retour». Nos juges, habités par le souci de vérité et l'esprit scientifique de l'époque, font désormais des «reconstitutions» sur la scène du crime comme les chercheurs «reconstituent» un phénomène naturel en laboratoire. Le fait de «rejouer» la scène du

249. *Punya* ressemble plus au mot *punition* qu'au mot *sanction.*

crime ne constitue pas la punition, mais la condition d'en fixer une. La punition se présente ainsi comme *un retour* sur ce qui a eu lieu. *Poinè* signifie bien en grec ancien le *retour*, mais sous forme de *compensation. La justice* pointe donc son nez avant *le droit*. Il s'agit de rétablir un équilibre qui a été troublé. La punition offre par conséquent *une seconde chance* : celle permettant d'annuler *la malchance*. Par ce mouvement de retour compensatoire, la punition (*poinè*) n'abolit certes pas l'acte qui a eu lieu et qui a pu provoquer un phénomène irréversible (mutilation, viol, meurtre), mais elle cherche à le *contrebalancer*. La justice n'est-elle pas souvent représentée par une balance constituée d'un fléau et d'un couteau central supportant deux plateaux? Or, ce qui rétablit l'équilibre des plateaux, c'est *un poids* chez le commerçant qui pèse ses produits et *une punition* fixée par le juge qui compense la faute. Tels sont les trois visages de la punition : *punya*, elle constitue *une chance*; *poinè*, elle apporte *une com-pensation*; *poena*, elle fixe *une réparation légale. La chance, la compensation, la réparation légale* : voilà les trois moments historiques par lesquels a cheminé le sens de la punition, de l'Inde à Rome *via* Athènes.

Bien entendu, le sens de la punition s'est ensuite déterminé en fonction de chaque époque et de chaque ère civilisationnelle. Nous pourrions dire aujourd'hui que nous punissons en démocratie pour cinq motifs souvent invoqués : empêcher de nouvelles fautes de se produire; dissuader le fautif de récidiver; le corriger; endiguer la contagion délictuelle et criminelle; réparer les dommages provoqués par la faute. Reprenant certains de ces motifs d'une manière plus systématique, Bergson recense, dans son cours de philosophie[250], quatre formes de justification que la punition a prises en Occident : *le contrat*, *la défense sociale*, *l'amendement* et *l'expiation*. La première thèse soutient que le fautif a accepté par avance sa peine. La société étant le fruit d'*un contrat* que chaque citoyen a passé avec tous les autres, nous subissons donc la loi que nous avons faite. La punition est acceptable puisque prévue par le contrat social. La deuxième thèse affirme que «toute violation de la loi est une attaque contre la société[251]». Il s'agit donc de punir le fautif pour *défendre la société* en l'empêchant de profiter de son crime, en l'intimidant et en dissuadant ceux qui seraient tentés d'emprunter sa voie. *La troisième justification de la punition* revêt une dimension pédagogique et médicale : elle vise à *corriger le fautif*. Pour ce faire, elle privilégie la compréhension à la répression afin que la punition permette à l'individu de s'amender pour réintégrer, guéri, la vie sociale. *La quatrième justification* recherche l'expiation : il s'agit de *purifier moralement* le fautif qui doit expulser le mal qui l'habite. Dans l'expiation, la réparation repose sur l'acceptation de la punition par le fautif.

De ces quatre conceptions philosophiques de la punition, aucune ne s'applique spécifiquement à une société, chacune s'ingéniant à concocter un système pénal les mêlant selon des dosages variés. Représentatif de la tradition romano-germanique du droit, le code pénal français s'inspire ainsi de la théorie du *contrat social* sans négliger *la défense de la société* ni la perspective *correctrice* de la puni-

250. Bergson, *Cours II, leçons d'esthétique, leçons de morale, psychologie et métaphysique*, PUF, coll. «Epiméthée», 1992.
251. *Ibid.*, p. 189.

tion. D'abord, le fait que le fautif accepte la punition en général, même s'il conteste celle qui lui est imposée en particulier, témoigne de la prégnance de *la fiction contractualiste*[252]. Ensuite, la fonction du *procureur général* dans un procès consiste précisément à incarner, en tant que représentant de l'Etat, *la défense de la société.* Enfin, l'effort minime consistant à offrir au détenu une formation scolaire, universitaire ou professionnelle vise à compléter sa formation, non seulement pour éviter qu'il récidive, mais aussi pour apporter une *correction* à une trajectoire sociale souvent peu rectiligne.

Outre-Atlantique, le droit pénal fondé sur la *common law*[253] intègre deux sens de la punition. *La tolérance zéro*, mesure réduisant le temps de réaction de la justice entre *le délit* et *la peine,* constitue par exemple un message que le système pénal envoie aux Américains pour leur dire que la société est défendue. Inaugurée à New York et illustrée par l'exemple de la vitre brisée[254], cette tolérance

252. Personne n'ayant, à proprement parler, passé un réel contrat avec les autres citoyens, cette fiction fonde toutefois la philosophie politique moderne. Pour *Hobbes*, les hommes ont passé ce contrat pour échapper à la peur issue du pouvoir que chacun a, dans l'état de nature, de tuer son prochain, thèse connue par la formule «*homo hominis lupus est*». Pour *Rousseau*, chaque homme abandonne sa liberté particulière dans un contrat qui lui permet de faire naître une *volonté générale* fondant l'Etat; cela procure au citoyen *une liberté* garantie par le droit et l'Etat qui se révèle supérieure au *libre-arbitre* dont il jouissait comme sauvage.

253. Droit anglo-normand (*commune ley*) reposant sur un texte qui est issu de *la jurisprudence*, non d'*un code.* Il est caractéristique d'une partie des pays (Etats-Unis, Australie, Nigéria, etc.) colonisés par le Royaume-Uni.

254. Si une vitre brisée dans un immeuble n'est pas remplacée sur-le-champ, des personnes peuvent penser que l'appartement est abandonné et en profiter pour le cambrioler ou le squatter. Si l'on transpose *l'immeuble* à *la société,* les

valide l'idée selon laquelle la meilleure défense (de l'ordre social), c'est l'attaque ! La dimension *corrective* de cette tolérance zéro s'illustre par deux arguments : l'immédiateté de la réaction est censée freiner la tendance des criminels à récidiver tandis que la sévérité de chaque punition doit les empêcher de glisser progressivement d'une faute délictueuse vers une faute criminelle.

Peu importe que le système pénal français intègre trois des quatre sens de la punition recensés par Bergson tandis que l'américain, dans sa modalité new-yorkaise de la fin du XXe siècle, en compte seulement deux. Quel que soit le système qui l'inflige, la punition demeure *une concaténation de significations* qui sont rarement hiérarchisées, toujours entrelacées, jamais clarifiées. Quel juge français peut dire, en fixant une punition, qu'il le fait premièrement *pour restaurer le contrat social*, deuxièmement *pour assurer l'ordre social*, troisièmement *pour corriger le fautif* ? Et si la correction du fautif se révélait efficace en remettant celui-ci dans le droit chemin, ne constituerait-elle pas également une défense de l'ordre social ? Nous constatons alors que, le sens de la punition n'étant pas fixé, son caractère implicite et variable constitue une limite à la cohérence et à l'efficacité du système pénal. Quels que soient la société et le système pénal dans lesquels on l'observe, la punition n'est jamais une réalité univoque. Ne faut-il pas alors, pour *trouver* un sens univoque à la punition, se placer en amont de celle-ci en *cherchant* à comprendre la nature de la faute ? Comment punir de manière claire et dis-

---

promoteurs de *la tolérance zéro* croient qu'un Etat qui réagirait rapidement à chaque faute empêcherait la société d'être agressée et de se déliter.

tincte quand l'acte pénal s'adresse à une myriade de fautes dont toutes sont discutables et beaucoup révocables par la voix d'un avocat ?

Dans *Les Deux Sources de la morale et de la religion*, Bergson, établissant un lien entre *l'habitude* et *l'obligation*, montre comment cette dernière forme le ciment de toute société. La faute provoque par conséquent une fissure dans le lien social, mais elle constitue surtout *une ex-pression* individuelle. « Que n'eût pas été notre enfance si l'on nous avait laissé faire ! Nous aurions volé de plaisirs en plaisirs. Mais voici qu'un obstacle surgissait, ni visible ni tangible : une interdiction. Pourquoi obéissions-nous ? La question ne se posait guère, nous avions pris l'habitude d'écouter nos parents, parce qu'ils étaient nos maîtres. Donc à nos yeux, leur autorité leur venait moins d'eux-mêmes que de leur situation par rapport à nous. Ils occupaient une certaine place : c'est de là que partait avec une certaine force de pénétration qu'il n'aurait pas eue s'il n'avait été lancé d'ailleurs, le commandement. En d'autres termes, parents et maîtres semblaient agir par délégation. Nous ne nous en rendions pas nettement compte, mais derrière nos parents et maîtres nous devinions quelque chose d'énorme ou plutôt d'indéfini, qui pesait sur nous de toute sa masse par leur intermédiaire. Nous dirions plus tard que c'est la société. Philosophant alors sur elle, nous la comparerions à un organisme dont les cellules, unies par d'invisibles liens, se subordonnent les unes aux autres dans une hiérarchie savante et se plient naturellement, pour le plus grand bien de tous, à une discipline qui pourra exiger le sacrifice de la partie[255]. »

---

255. Bergson, *Les Deux Sources de la morale et de la religion*, in *Œuvres*, PUF, 1984, p. 981.

Se manifestant par *la désobéissance*, la faute d'une personne réside donc d'abord dans le refus qu'elle a de se soumettre à une obligation. Le fautif refuse *la pression* de la société et tente, par sa désobéissance, de s'y soustraire. Il préfère respirer plutôt que s'asphyxier. La chose semble d'autant plus naturelle lorsque *la pression sociale* se révèle excessive. Cependant, en dehors d'une dictature, le fait d'obéir ne constitue pas *une violence* pour la personne, mais *une habitude*[256], c'est-à-dire une action régulière et répétitive. Avant de devenir une habitude, l'obéissance aux règles n'est ni spontanée ni aisée. Comme de nombreux gestes, elle constitue une difficulté initiale, pour devenir par la suite une facilité. C'est souvent la nouveauté qui rend une action difficile ; l'habitude, par la répétition qu'elle exige et les mécanismes qu'elle met en place, constitue un effet de levier dans la réalisation d'un geste ou l'accomplissement d'une action.

Pour l'apprenti, il est difficile la première fois de fabriquer une poterie ou un meuble ; cependant, la pratique régulière des gestes nécessaires à l'accomplissement de cette tâche rendra de plus en plus facile la réalisation de son objet. L'enfant qui apprend à lire ânonne car il bute sur chaque lettre, chaque syllabe, chaque mot. Plus tard, il se rendra compte que la lecture s'apparente à un exercice de divination : « La vérité est que vous ne percevez du mot, et même de la phrase, que quelques lettres ou quelques traits caractéristiques, juste ce qu'il faut pour deviner le reste : tout le reste, vous vous figu-

256. Si Bergson distingue deux habitudes, l'une de commander, l'autre d'obéir, il montre aussi que celui qui commande ne le fait pas en son nom propre, mais au nom de la société à laquelle il obéit en commandant aux autres.

rez le voir, vous vous en donnez en réalité l'hallucination[257].» L'habitude est passée par là.

Il en va de même dans la vie sociale. Les obligations, qui brident notre spontanéité, nous permettent, une fois devenues des habitudes, de nous comporter en êtres sociables. Nous en faisons l'expérience, par exemple, à travers la pratique de la politesse, du respect des règles du code de la route ainsi que de celles, connues, du code pénal. La personne qui refuse de vous saluer au travail ou de ralentir en voiture à un carrefour, voire qui vous vole votre portefeuille ou votre véhicule, engendre un blocage. Ces refus de se conformer à de telles règles entraînent une rigidité de la victime : *étonnement* face à l'impolitesse, *colère* face à une violation des règles de la circulation routière, *tristesse* concernant le vol.

Notre liberté se présente donc de manière paradoxale : lorsque notre activité nous permet de nous soumettre facilement aux interdictions et aux obligations nécessaires à la vie sociale, nous sommes *libérés* de la pression qui s'exerce sur nous sans que nous la sentions. L'habitude *dépressurise* la personne. Il faut donc admettre que le fautif n'a pas réussi à «monter» en lui le mécanisme de l'obéissance et que sa transgression représente autant la marque d'*une souffrance* que d'*une absence de liberté*. En définitive, *la désobéissance* ne s'accompagne chez le fautif ni d'une grande *respiration* ni d'une *liberté nouvelle* garante de son épanouissement. Le fautif se comporte soit comme une personne peu *éduquée* qui vit *la pression* de la société comme *une op-pression*, soit comme celui

257. Bergson, *L'Energie spirituelle*, in *Œuvres*, *op. cit.*, p. 888.

qui *sup-prime les habitudes fluidifiant* ses relations sociales pour se retrouver plongé dans un milieu *plus épais* et *plus compact*[258].

Ce rôle fondamental de l'obligation dans la sociabilité et la socialisation des hommes éclaire la nature de la faute : celle-ci provoque *une dé-pression du corps social*, soit un échappement de la pression qui s'exerçait sur l'ensemble des citoyens. Cette *dé-pression* entraîne *une ré-pression* du fautif par la société afin que celui-ci mette fin à *l'ex-pression* de son individualité. La boucle est alors bouclée et la pression retrouve sa force de socialisation. La punition tire donc moins son origine *d'une autorité définie* (les parents, les enseignants, les juges, etc.) que du *principe de toute autorité*, à savoir de cette réalité organique que constitue la société. Les autorités, nous dit Bergson, «semblaient agir par délégation», ce qui signifie qu'elles ne constituent pas *le fondement de la punition*, celui-ci n'étant autre que *la société elle-même*.

Si *fauter* n'est rien d'autre que *dés-obéir* dans le but d'échapper à *cette pression sociale*, *fond de toute obligation*, nous comprenons alors que *le fondement de la faute* se trouve dans cette *expression de l'individu* qui le marginalise. Bien sûr, nous pouvons penser que la faute familiale est désobéissance aux parents, la faute scolaire transgression au règlement intérieur de l'institution, la faute sportive infraction à la règle du jeu. Mais il serait plus juste de considérer ces communautés comme des émanations de la société qui forme, selon

258. Le milieu restreint et peu fiable des délinquants et criminels rendu d'autant plus *op-pressant* qu'il est connu de la police et donc surveillé, en attendant que ses membres soient arrêtés et punis.

Bergson, «le tout de l'obligation». Lorsqu'il écrit, à propos du respect infantile de l'autorité, que «nous ne nous en rendions pas nettement compte, mais derrière nos parents et maîtres nous devinions quelque chose d'énorme ou plutôt d'indéfini, qui pesait sur nous de toute sa masse par leur intermédiaire», le philosophe nous invite à comprendre *chaque autorité* comme émanation d'un tout qui la dépasse et qu'elle représente «par délégation».

A l'opposé du *regard divisionniste* qui donne de *la faute* presque autant de définitions qu'il y a de transgressions des normes et de communautés les édictant, Bergson porte sur celle-ci *un regard unifié* qui la voit comme la désobéissance d'un individu à la société. Dans la faute se joue toujours le refus d'une habitude porteuse de sociabilité. Par-delà tout conformisme social, la punition peut donc être *une ré-pression* exercée sur le fautif afin de restaurer *sur lui la pression de la société*, mais aussi et surtout *en lui une nouvelle im-pression valant liberté.*

2.1.2. LE CŒUR DE LA FAUTE RELÈVE DE LA MORALE

> «Toutes les fautes, et les crimes peut-être, ont pour principe un mauvais raisonnement ou quelque excès d'égoïsme[259].»
>
> Honoré de BALZAC.

La punition excède le système pénal puisque la faute déborde de la simple transgression de la loi.

259. *La Femme de trente ans*, Gallimard, coll. «Folio Classique», 1977.

La nécessité de punir ne découle donc nullement d'une loi votée et promulguée, mais du *fondement social* de la vie humaine. Lorsque Aristote définit l'homme comme un «animal sociable» – *zoon politikon* –, il ne considère pas seulement son aptitude à obéir à des lois, mais il envisage la réalisation de son humanité dans toutes les sphères de la sociabilité[260]. L'affirmation selon laquelle il n'y a de punition que s'il existe une loi pour interdire un certain nombre d'actes – «Nul crime nulle punition sans une loi qui les prévoit» – est à la fois *paralogique* et responsable *du repli de la punition* sur le domaine juridique ainsi que *de la perte de sa signification fondamentale.* Il nous faut cependant aller plus loin dans la mise en évidence du fondement de la faute : elle ne se contente pas seulement d'attenter à *la société*; elle porte aussi atteinte à *l'humanité.*

Le sens commun a tendance à penser que le fautif commet un acte qui porte préjudice à autrui, ce qui paraît difficilement réfutable. De ce point de vue, nous pourrions déjà dire qu'il ne nuit pas seulement à autrui comme *citoyen* protégé par des lois, mais également à autrui comme *personne* animée par une conscience. Toute la différence entre la punition infligée par la justice d'un Etat et la punition morale repose d'ailleurs sur cette distinction. L'ensemble des *fautes morales* est plus vaste que celui des *fautes pénales*, ce qui signifie que la justice n'a pas compétence à punir toutes les fautes commises par l'homme et s'en tient à celles qui désobéissent à la loi.

Par exemple, le fait de dire à quelqu'un qu'il est *laid, qu'il est sot ou indigne d'être aimé* n'est pas

260. En l'occurrence, dans la famille et le village.

considéré en démocratie comme *une infraction à la loi* ; il constitue cependant *une atteinte à la personnalité d'autrui* qui peut donner lieu à *une punition morale* comme, par exemple, *la réprobation* de la personne concernée ou de ses proches. Si *la moquerie* – très en vogue dans notre société qui a délaissé *la punition* autant que *l'honneur* – passe pour *une faute morale* à l'égard d'autrui, elle en est également une à l'égard du fautif lui-même. Il serait encore plus exact de dire que le fautif animé par l'intention de blesser l'autre moralement *se porte tort,* en réalité, d'abord à lui-même, bien qu'il ait l'impression de *porter un toast* à son intelligence ! Souvent, le fautif en morale se croit hors d'atteinte parce que la loi lui permet de laisser libre cours à ses pulsions moqueuses alors qu'il commet, dans l'ignorance de soi la plus notoire, un attentat contre sa propre personne.

Il convient alors d'indiquer que ce qui vaut dans le domaine moral s'applique aussi dans le domaine judiciaire. Qui peut le plus peut le moins. *Le criminel* attente donc davantage *à sa propre humanité* que *le délinquant*, lui-même malmenant la sienne davantage encore que *le moqueur* dénigrant l'aspect physique ou le niveau intellectuel d'une personne. Le fait de tuer un homme constitue ainsi l'une des pires fautes qu'un homme commet vis-à-vis de... lui-même. Platon avait déjà mis en évidence cette *autonuisance* de la faute morale sans que l'humanité en ait tiré jusqu'à présent un principe fécond. Dans le *Gorgias*, ce dialogue où il critique l'art mensonger des orateurs, Platon affirme qu'il vaut mieux *subir l'injustice* que la commettre. A Calliclès qui fait l'éloge du désir comme critère d'évaluation de tout acte, Socrate oppose sa condamnation du criminel et son apologie de la victime :

«Tu soutenais, toi, qu'Archélaos est heureux parce que, commettant les plus grands crimes, il échappe à toute punition; moi, au contraire, je pensais qu'Archélaos ou tout autre qui ne paye point ses crimes est naturellement le plus malheureux de tous les hommes, que celui qui commet une injustice est toujours plus malheureux que celui qui la subit et celui qui ne paye pas sa faute plus que celui qui l'expie[261].»

La victime de Platon n'a bien sûr rien à voir avec celle qui afflue de nos jours dans les tribunaux mue par l'idéologie de la victimité. Celui qui subit l'injustice se félicite de ne pas l'avoir commise, soit le contraire de ce que pense la victime du XXIe siècle se plaignant d'avoir été insultée, blessée ou spoliée. Certes, les deux victimes subissent un préjudice (*pretium doloris*), mais l'une en tire *une conscience de la valeur des actes*, l'autre en fait *le moyen d'obtenir un dédommagement*. Pour Platon, la victime n'est pas une personne *passive*, mais éminemment *active*, non parce qu'elle réagit à la faute pour se venger, mais parce qu'elle accepte d'incarner la vertu face au vice. Le fautif ne commet sa faute que par *indigence psychique et intellectuelle*. A l'inverse de la thèse socratique, Calliclès pense au contraire que le fautif incarne la force de la nature dans la perspective d'une lutte des individus pour la survie. Il justifie ainsi toutes les fautes commises par le tyran en affirmant qu'il assure sa domination sur les hommes pour prouver sa vitalité : «Ce n'est même pas le fait d'un homme, de subir l'injustice, c'est le fait d'un esclave, pour qui la mort est plus avantageuse que la vie, et qui, lésé

261. Platon, *Gorgias*, Garnier-Flammarion, 1988, XXXV, 479d, p. 221.

et bafoué, n'est pas en état de se défendre, ni de défendre ceux auxquels il s'intéresse. Mais, selon moi, les lois sont faites pour les faibles et par le grand nombre. C'est pour eux et dans leur intérêt qu'ils les font et qu'ils distribuent les éloges et les blâmes[262].» *La nature* contre *la loi, l'individu* contre *le collectif, la vie* contre *la mort, le maître* contre *l'esclave* : Calliclès milite pour le premier terme de chacun de ces couples afin de justifier l'innocence du criminel. Selon lui, la culpabilité n'est pas un fait, mais l'interprétation d'une situation que les faibles retournent à leur avantage. Nietzsche retrouvera cette veine plus sophistique que sophistiquée pour construire son concept de *surhomme* et sa théorie de *la volonté de puissance*. Le libéralisme économique défend aussi l'idée selon laquelle celui qui écrase les autres en les exploitant et en les humiliant ne fait qu'exprimer socialement une loi de la nature.

Calliclès ne voit pas que, à vouloir dominer les autres, le tyran en oublie de se dominer lui-même et finit comme Denys de Syracuse, Hitler ou Kadhafi ! Par définition, la faute est un fruit de la passion. Le voleur ne domine pas sa frustration de ne pas posséder tel objet ou tel niveau de vie ; le violeur ne maîtrise pas ses pulsions sexuelles ; le criminel ne contrôle ni sa colère ni sa jalousie ni sa croyance selon laquelle tuer peut faire avancer son existence. Ces trois fautifs sont *passifs* en raison même de leur passion, et ces pathologies, qui se donnent des airs de grande santé, se concentrent dans la figure du tyran.

262. Platon, *Gorgias*, *op. cit.*, discours de Calliclès, XXXVIII, 483a, p. 225.

Le fautif n'est donc pas seulement celui qui désobéit à la loi ; il est celui qui *se manque à lui-même* et qui *nie l'humanité en lui*. Le *substratum* de la faute repose sur cette passivité qui se fait passer pour de l'activité. La violence, malgré les effets qu'elle produit, est elle-même l'effet d'une profonde passivité. Par sa faute, le fautif ouvre une faille en lui-même. Par cet échappement de lui-même, il nie sa liberté. Socrate, qui fut condamné à mort et exécuté par la justice athénienne, explique ainsi à ses amis qu'il vaut mieux être *victime d'une erreur judiciaire* que d'en être *l'auteur* : « Soyez persuadés que, si vous me faites mourir, sans égard à l'homme que je prétends être, ce n'est pas à moi que vous ferez le plus de mal, c'est à vous-mêmes. [...] Aussi Athéniens, ce n'est pas, comme on pourrait le croire, pour l'amour de moi que je me défends à présent, il s'en faut de beaucoup ; c'est pour l'amour de vous[263]. » Socrate ne cherche donc ni à se soustraire à la condamnation à mort qui l'attend, ni à réprimander un criminel, fût-ce Athènes, à travers ses jurés : il s'attaque au centre du dispositif pénal qui ignore le fondement de toute faute constituant un attentat contre la dignité humaine.

Le cœur de la faute relève ainsi de la morale dans la mesure où le fautif commet un acte qui atteint toujours l'humanité, la sienne comme celle de la victime. Que le droit n'en reste pas au seul *acte criminel*, mais *à l'intention* l'ayant motivé, témoigne d'une prise en compte implicite du fondement moral de la faute. En essayant de déterminer si la mort a été donnée intentionnellement ou non, le juge ne se contente pas d'établir que le fautif a

263. Platon, *Apologie de Socrate*, Garnier-Flammarion, 1980, XVIII, 30d, p. 42 et 43.

contrevenu une loi ; il s'efforce de prouver qu'il s'est coupé de lui-même, c'est-à-dire de son humanité. Le criminel essaiera de dissimuler le plus longtemps possible cette intention de tuer sachant que le juge ou le jury cherche à s'appuyer sur elle, pour asseoir la condamnation judiciaire sur un fondement moral. *Le coupable* est *le coupé*, un humain en morceaux, non un simple «déclaré coupable» par un tribunal. Sa *transgression de la loi* n'est que le symptôme d'une *régression morale* plus radicale le conduisant à délaisser son humanité. Sur cette pente, le criminel peut descendre jusqu'à l'animalité, voire à la bestialité[264].

«Si on fait abstraction un seul instant de la liaison morale qui doit exister entre le fait punissable et le fait de la peine, le droit de punir disparaît[265]» : cette affirmation de Pellegrino Rossi au milieu du XIXe siècle rappelle le fondement moral du droit de punir. A l'opposé du *formalisme juridique* qui se contente d'une désobéissance à la loi pour circonscrire la faute punissable, *le substantialisme moral* reconnaît dans la faute une désobéissance plus profonde. Si l'humanité est *sociable*, il faut aussi admettre qu'elle est *friable*. Toute désobéissance à la loi introduit certes une faille *dans le ciment social*, mais plus foncièrement *au cœur de l'humanité*. La faute *la plus anodine* constitue *une action in-digne*. Elle est de ce fait *immorale* avant d'être contraire à la loi. La punition apparaît dès lors dans son univocité : elle cherche à *recoller* ce

264. Ce comportement infra-animal qu'Aristote illustre par l'exemple du cannibalisme : «Témoin cet homme qui offrit sa mère en sacrifice et la dévora ensuite.» *Ethique de Nicomaque*, VII, 5, *op. cit.*, p. 185.

265. Pellegrino Rossi, *Traité du droit pénal*, Paris, Librairie Guillaumin et Cie, 1863, t.1, p. 107.

qui a été disjoint, c'est-à-dire à *réconcilier l'humanité avec elle-même.*

2.1.3. LA PUNITION UNIVOQUE : ENTRE VENGEANCE ET PARDON

> « S'abstenir de punir n'est pardon que quand il existe le pouvoir de punir. »
>
> Mahatma GANDHI.

La punition occupe donc *une fonction centrale* dans la vie de l'humanité, de la société et de la personne : elle *rassemble* ce qui s'éparpille. Cette fonction ne jouit pourtant d'aucune évidence; elle semble même paradoxale tant l'*idéologie de l'individu et celle de la victimité* voient dans la punition d'abord, et surtout, une forme de violence. L'individu est tellement sacralisé que la faute commise ne semble pas le dégager d'une impunité primordiale et *de principe* inscrite dans le droit. Le fautif n'est reconnu comme tel qu'après avoir été jugé. Son interpellation et son arrestation se font donc au nom d'une « présomption d'innocence[266] ». Même si la formule est, dans la plupart des cas, rhétorique, elle confirme le primat de l'individu sur la société. Ce rôle fondamental de la punition est donc masqué par cette conception de l'individu comme victime.

266. L'article 11 de la *Déclaration universelle des droits de l'homme* de 1948 déclare que « Toute personne accusée d'un acte délictueux est présumée innocente jusqu'à ce que sa culpabilité ait été légalement établie au cours d'un procès public où toutes les garanties nécessaires à sa défense lui auront été assurées ».

Une fois cette idéologie mise entre parenthèses, l'importance de *la fonction punitive* se dégage plus aisément. Nous constatons alors que les forces centrifuges qui animent la personne nuisent à la fois à son harmonie intérieure et à son intégration sociale. Dès lors, quoi qu'il en soit de cette *origine centrifuge* par laquelle la personne rompt l'harmonie intérieure ou extérieure, psychique ou sociale, la solution reste la même : *se connaître.*

La punition s'inscrit dans cette perspective : elle doit apporter une solution à l'éparpillement de l'individu et à la fragilisation du ciment social. Punir pour punir n'a pas de sens ; punir pour rétablir l'ordre social ne suffit pas ; punir pour libérer le fautif de ses passions ou de ses pulsions est une illusion. En revanche, punir pour que le fautif fasse *l'apprentissage de lui-même* et en tire profit non seulement pour accepter, mais également pour vouloir une vie sociale harmonieuse constitue *le sens de la répression.* La punition ne doit donc être ni *un arrêt sur image*, ni *l'arrêt d'un corps*, ni *l'arrestation d'une personne* : elle doit dépasser cette *statique* et chercher une *dynamique* visant à remettre le fautif en mouvement vers lui-même en même temps que vers la société.

Or, il semble que ce qui *unifie* toutes les formes de punition en démocratie repose sur *l'arrêt de la vengeance.* En se substituant à la victime pour rendre justice[267], la punition mise en œuvre par une autorité (parentale, scolaire, sportive et, évidemment,

---

267. Il y a une affinité en latin entre *vengeance* et *justice.* La première vient de *vin-dicare*, «réclamer justice», la seconde de *ju-dicare*, «dire le droit». *Vindicta* désigne la baguette par laquelle on touchait l'esclave qu'on voulait affranchir. En latin, la *vindicta* semble moins étrangère au droit que la *vengeance* en français.

judiciaire) *désamorce* la vengeance. Le parent arbitre le conflit entre deux enfants, l'enseignant ou le personnel scolaire entre deux élèves ; l'arbitre résout le conflit entre deux sportifs, le juge entre deux citoyens. Chaque victime sait que la justice ne passe plus par elle, mais finit par être rendue. Ainsi, même si la punition se justifie par la défense de la société ou de la victime, par la correction ou l'expiation du fautif, *la neutralisation de la vengeance* réunit ces motifs. Le fait même que l'Etat s'attribue l'essentiel de la punition et s'octroie le *monopole de la violence physique légitime* témoigne de ce principe : *être juste* revient d'abord à *neutraliser la vengeance.* La société ne parvient certes pas à *empêcher la faute*, mais elle réussit toutefois à *éviter son extension.*

Si la démocratie n'a pas le monopole de *cette pratique de la justice* qui remonte à l'Antiquité, nous pouvons dire qu'elle est le régime politique qui lui a donné *une place centrale.* Que le jugement rendu soit *trop sévère* ou *trop laxiste*, sa *fonction voilée* mais *réelle* tient au fait qu'*il dépossède la victime de sa volonté de se venger.* Bien plus qu'une *compensation parfaite du préjudice subi*, ce qui importe en démocratie est *d'enrayer la contagion.* Eteindre le feu des passions : tel est le principe réel de la punition qui est rarement mis en avant par l'Etat comme par les justiciables parce qu'il a été intégré par l'immense majorité des citoyens, victimes et fautifs, avocats et juges. Alors que des sociétés ont été gangrenées par des cycles de vengeance tout au long de leur histoire[268], *le principe de la punition*

268. Encore aujourd'hui, il existe des pays ou des zones de conflits où les victimes ne sont pas blessées ou tuées à titre anonyme pour des *raisons politiques*, mais pour des *motifs*

par un tiers – l'Etat – a tout simplement mis fin à cette force obscure – la *vendetta*[269] – qui abîmait sociétés, familles et personnes.

La plus célèbre pièce de Shakespeare, *Roméo et Juliette*, est connue pour son histoire d'amour dont l'arrière-plan vengeur des deux familles confère la dimension tragique. La justice, que se rendent ces deux familles véronaises – les *Montaigu* et les *Capulet* –, correspond encore à ce vieux principe de l'Antiquité, *la némésis ou la tisis*[270] («vengeance»), que l'Etat athénien remplace par *la loi*, comme l'explique Jean-Pierre Vernant : «La législation sur l'homicide marque le moment où le meurtre cesse d'être une affaire privée, un règlement de comptes entre *genê* [les clans] ; à la vengeance du sang, limitée à un cercle étroit, mais obligatoire pour les parents du mort et qui peut engendrer un cycle fatal de meurtres et de contre-meurtres, se substitue une répression organisée dans le cadre de la cité, contrôlée par le groupe et où la collectivité se trouve engagée en tant que telle[271].»

Entre les deux familles véronèses, la haine ancestrale nourrit *anathèmes, querelles* et *meurtres*, aussi *la passion* écrase-t-elle la raison et *l'ignorance* la connaissance. Découvrant que son amour la porte vers le fils de la famille rivale, Juliette formule ainsi sa surprise : «Mon unique amour émane de

---

personnels, dans la mesure où elles sont prises dans des *vendettas* familiales, claniques ou ethniques, comme ce fut le cas au Rwanda et en Bosnie.

269. Substantif italien que nous traduisons par *vengeance*.

270. La première, déesse de la vengeance, sanctionne l'orgueil des hommes qui agissent selon *l'hybris*, la démesure. Elle rétablit l'équilibre de l'univers en punissant les hommes. Chez Hérodote, la *tisis* désigne la vengeance comme punition.

271. J.-P. Vernant, *L'Origine de la pensée grecque*, *op. cit.*, p. 71-72.

mon unique haine[272] !» Lorsque la mère de Juliette apprend que Roméo a tué son neveu, elle implore que justice soit rendue auprès du Prince de Vérone : «C'est le sang de notre cher parent qui a coulé ! Prince, si tu es juste, verse le sang des Montaigu pour venger notre sang... [...]

«LE PRINCE : Roméo a tué Tybalt, mais Tybalt a tué Mercutio : qui me paiera le prix d'un sang si cher?

«MONTAIGU [le père de Roméo] : Ce ne doit pas être Roméo, Prince, il était l'ami de Mercutio. Sa faute n'a fait que terminer ce que la loi eût tranché, la vie de Tybalt.

«LE PRINCE : Et pour cette offense, nous l'exilons sur-le-champ. Je suis moi-même victime de vos haines; mon sang coule pour vos brutales disputes, mais je vous imposerai une si rude amende que vous vous repentirez tous du malheur dont je souffre[273].»

Le Prince incarne *la modernité pénale* face à *la vendetta des familles* qui place *la vengeance* au fondement d'une *justice primaire*. Si le monde médiéval laisse encore cette *justice primaire* s'exercer, la modernité pointe l'exigence de la supprimer. *En bannissant Roméo* et *en infligeant une amende aux deux familles*, le Prince ne cherche pas seulement à rappeler sa souveraineté; il veut imposer sa fonction d'arbitre exerçant la justice au nom de la loi et de l'Etat. En Occident, l'attitude du Prince l'a emporté sur les vindictes familiales et fait de *la punition judiciaire* le principal moyen d'endiguer la vengeance réduite à son expression marginale, notamment aux règlements de comptes entre

---

272. William Shakespeare, *Roméo et Juliette*, acte I, scène V, Livre de Poche, 1987, p. 33.

273. *Ibid.*, acte III, scène I, p. 70.

truands[274]. Une telle punition consacre un évident progrès des mœurs et de l'esprit. Il serait toutefois décevant de considérer ce progrès comme *le stade ultime de l'évolution de la justice*, de la société et, par conséquent, de *la punition*.

Désamorcer la vengeance : tel est le fondement actuel de la punition en démocratie qui fait l'objet d'un consensus, y compris de la part de la majorité des victimes renonçant à se faire justice elles-mêmes et attendant de l'appareil judiciaire une réponse à la violence qu'elles ont subie. Nous pourrions en rester là, améliorer l'ordinaire, insister sur la prévention pour diminuer la répression, ce qui a été le discours alimentant des projets de réforme dans les années 1970. Mais même ainsi considérée, *la force réformatrice de la punition* serait très limitée. Il va de soi que le développement d'une éducation visant chez l'enfant *la sagesse* plutôt que *la consommation*, *le goût des autres* plutôt que *le tout-à-l'ego* freinerait considérablement *l'essor de la violence* sous toutes ses formes en démocratie. Mais faute d'une telle ambition morale étouffée par le sens de la compétition et les inégalités sociales, la démocratie peut trouver dans la punition un chemin nouveau et paradoxal vers une société plus juste.

Monopole de l'Etat, *la punition* réussit *sa fonction discrète visant à désamorcer la vengeance*,

274. Notons que si *Roméo et Juliette* s'inspire des *Métamorphoses* d'Ovide (l'amour impossible de Pyrame et Thisbé au *Livre IV*, et celui de Héro et Léandre au *Livre V*) et de *Tristan et Yseut*, elle inspire à son tour d'autres œuvres, notamment la pièce *West Side Story* (1961) dont les deux tourtereaux, Tony et Maria, ne peuvent s'aimer tranquillement en raison de leur appartenance à deux gangs rivaux.

mais échoue à établir *une justice efficace*, et s'accommode d'*un réel désordre judiciaire* et d'*un authentique déséquilibre socio-politique*. La prison enferme indifféremment le citoyen non solvable et n'ayant pu acquitter impôts et factures, le voleur, le violeur, le tueur à gages ou le psychopathe. Elle contribue au développement du crime et de la délinquance en relâchant des détenus qui ont été coupés de la société et qui ont noué en prison les fils tramant une récidive. Elle reçoit à peu près toujours *les mêmes profils*, à savoir les démunis et les moins cultivés. Cet état de fait est connu et donne lieu à des décisions sommaires en matière pénale. Du dernier tiers du XXe siècle jusqu'au début du XXIe, les premières décisions ont prôné l'augmentation du nombre de prisons afin de pouvoir accueillir davantage de délinquants et de criminels que ce système fabrique ! Les secondes décisions prenant conscience de cette impasse, cherchent désormais à réduire le nombre de personnes incarcérées sans pour autant repenser la punition. Systole, diastole : la punition se fonde sur la gestion de flux, non sur la digestion d'un contenu.

Le sens de la punition mérite pourtant d'être digéré. En ôtant aux particuliers le soin de *se faire justice*, *la punition* est devenue *un moyen de sortir de la violence privée* pour y apporter une réponse publique. Peut-on aller plus loin dans la conception de la punition pour enraciner davantage la démocratie dans la justice ?

En différenciant *société close* et *société ouverte*, Bergson distingue radicalement deux sociétés qui « ne sont pas de même essence[275] ». *La société close*

275. Bergson, *Les Deux Sources de la morale et de la religion*, *op. cit.*, p. 1202.

repose sur *l'obligation* d'une manière aussi naturelle que la ruche sur *l'instinct* des abeilles. Même si l'obligation suppose la liberté et donc le pouvoir de ne pas s'y soumettre, elle revêt un caractère naturel par sa contribution à une *organisation* au même titre que l'instinct participe à la survie de *l'organisme.* «De ce point de vue, l'obligation perd son caractère spécifique. Elle se rattache aux phénomènes les plus généraux de la vie[276]», dit Bergson. Par cette obligation, la société exerce ainsi *une pression* sur les individus afin de maintenir entre eux une cohésion. La punition n'est que *la répression* de la société sur un individu qui a tenté de se soustraire à *cette pression.* Cependant, la société ouverte paraît faire l'économie de cette pression. Elle ne rassemble plus des citoyens, mais «l'humanité entière[277]». Comment pouvons-nous alors passer d'une société à l'autre, surtout si la deuxième est utopique? La réponse de Bergson est sans ambiguïté et nous invite à considérer chaque réforme de la société close qui va dans le sens de l'humanité comme une émanation de la société ouverte : «Rêvée, de loin en loin, par des âmes d'élite, elle réalise chaque fois quelque chose d'elle-même dans des créations dont chacune, par une transformation plus ou moins profonde de l'homme, permet de surmonter des difficultés jusque-là insurmontables. Mais après chacune aussi se referme le cercle momentanément ouvert[278].» Il est dès lors pertinent et urgent de penser la punition comme devant contribuer à la société ouverte en

276. *Ibid.*, p. 998.
277. *Ibid.*, p. 1202.
278. *Ibid.*

écrivant le troisième acte de la justice définissant le nouveau cercle de la société close.

Bergson résume l'histoire de la punition en deux périodes : celle des sociétés primitives pratiquant *la vengeance* et celle des sociétés modernes fondées sur *une justice*. Si la première est strictement privée et ne respecte aucune règle, sauf quand la faute peut attirer la colère des dieux, la seconde est essentiellement publique et suppose règle et calcul. « Elle mesurera d'ailleurs la peine à la gravité de l'offense [...] Œil pour œil, dent pour dent [...] Mais un œil vaut-il toujours un œil, une dent toujours une dent ? Il faut tenir compte de la qualité comme de la quantité : la loi du talion ne s'appliquera qu'à l'intérieur d'une classe ; le même dommage subi, la même offense reçue, appellera une compensation plus forte ou réclamera une peine plus grave si la victime appartenait à une classe plus haute. Bref, l'égalité peut porter sur un rapport et devenir une proportion. [...] La justice conserve sa balance ; elle mesure et proportionne. – De cette justice qui peut ne pas s'exprimer en termes utilitaires, mais qui n'en reste pas moins fidèle à ses origines mercantiles, comment passer à celle qui n'implique ni échanges ni services, étant l'affirmation pure et simple du droit inviolable, et de l'incommensurabilité de la personne avec toutes les valeurs[279] ? »

Nous comprenons que la justice a évolué, mais qu'elle demeure bloquée par une conception *mercantilo-mathématique*[280] réduisant la punition à *une répression chiffrée*. Or, non seulement la justice peut encore évoluer, mais son évolution doit

---

279. *Ibid.*, p. 1034-1035.

280. Qui installe un marchandage entre le juge et l'avocat dont découle le calcul de la durée de détention.

partir d'*un nouveau principe.* Comme toute création, n'est-ce pas d'un changement de cap que cette réforme de la justice apportera un changement en profondeur à l'humanité? Pour ce faire, il faut peut-être que la justice se libère d'*une punition quantitativement déterminée* afin de prendre en compte *une punition qualitative.* Seule *l'affirmation d'un nouveau principe pénal* peut conduire *la démocratie postmoderne* vers une justice plus efficace et plus conforme aux aspirations de l'humanité à pacifier le monde.

Le dernier acte de la punition ne doit donc plus *s'écrire* sur fond de *vengeance* (premier acte) ou *de marchandage mathématisé* (deuxième acte). Il doit *s'inscrire* sur le chemin qui fait, une fois de plus, marcher l'homme de *la société close* vers *la société ouverte*, c'est-à-dire de *la pression* vers *l'aspiration* (troisième acte). En rappelant « l'incommensurabilité de la personne avec toutes les valeurs », Bergson ouvre un nouveau chemin pour la justice : il ne s'agit plus de *compter la peine*, mais d'*escompter la réconciliation.* Pour autant, cette nouvelle justice ne doit pas passer de *la répression* à *sa suppression.* Elle ne renoncera nullement à punir mais elle s'y attachera dans le cadre d'une société ouverte à l'humanité sur un principe qualitatif.

Si la punition actuelle se contente de *contenir la vengeance*, la punition à venir aura pour but de *développer le pardon.* Une telle conception apparaîtra *idéaliste* ou *utopiste* à tous ceux qui croient que les fautifs sont des individus nuisibles devant être tenus à l'écart de la société. Disons d'abord à ces *conservateurs* qu'il y a encore plus conservateurs qu'eux : il est en effet encore possible de trouver des *apologistes de la vengeance* qui considèrent que la justice est un leurre ne donnant jamais satisfaction aux victimes. Le même constat peut se faire à propos de l'abolition de la peine de mort : même si, dans les démocraties, l'élimination physique des criminels réunit encore des partisans (et des pratiques), le curseur de l'opinion publique s'est néanmoins déplacé du côté des *abolitionnistes*. Il ne faut donc pas lire l'avenir à l'aune des opinions présentes. Le temps fera son œuvre. Affirmer que la punition est *le chemin du pardon* ne remportera sûrement pas les suffrages dans les années qui viennent; il convient seulement de rappeler que ces suffrages s'expriment au sein d'une société close qu'il faut ouvrir pour que l'humanité prenne une nouvelle respiration.

Le pardon n'est ni *faiblesse* ni *aban-don* : il est conquête de sa propre humanité pour celui qui l'accorde au fautif. *Pardonner* constitue certainement *le plus gros effort* demandé ou volontairement choisi par une personne. Cet effort est d'autant plus difficile à mettre en œuvre que la personne a été éduquée dans le culte du moi et de la victimité. Il n'y a pourtant *aucune faiblesse à pardonner*; il s'agit au contraire d'une force ennoblissante par laquelle la victime se sent capable de ne pas charger le fautif déjà lesté de la faute commise, que celui-ci en ait une conscience approfondie ou pas. Celui qui pardonne a compris qu'il sort de la voie de la méchanceté – qui est aussi celle de la faiblesse – et qu'il n'y aucun sens à vouloir du mal à celui qui a commis le mal. Ce n'est pas parce que l'Etat assure la médiation entre la victime et le fautif qu'il faut charger les épaules de ce dernier et devenir, par délégation, *l'auteur d'un mal*. Nous comprenons ainsi que la justice rendue, sous couvert d'éteindre la vengeance, la réalise en fait par la médiation de l'Etat. Le progrès est réel *dans les faits*, mais peu considérable *dans les consciences*. Le nouvel enjeu est donc de taille : il s'agit de ne pas se laisser *entraîner*, voire *enterrer*, sur le terrain de la faute qui est celui du renoncement à la liberté et à la dignité. Le fait d'être victime par ricochet d'un crime (par exemple l'assassinat d'un parent) peut nous dégoûter provisoirement de l'humanité. Mais lorsqu'on sait que cette humanité a déjà été effacée par le criminel *en lui-même* autant que *dans la personne de la victime*, il devient plus fécond de *ne pas abandonner la sienne* et, à l'inverse, de participer à la reconstitution de celle du criminel.

Emmanuel Levinas fonde *le renoncement de la vengeance* sur *l'exclusion de la réciprocité dans les relations humaines*. Pardonner ne consiste ni à parler d'une position de surplomb ni à renoncer au pouvoir de réclamer à autrui le paiement de sa dette tout en disposant de ce pouvoir. C'est parce que ma relation à autrui est *asymétrique* que je peux lui pardonner. Je suis *en contrebas d'autrui*, non parce qu'il m'a jeté à terre par son méfait, mais parce que je m'élève à la subjectivité en m'adressant à lui. Dans le pardon, *je n'efface pas une ardoise* ; *j'inscris par lui l'infinité de l'humanité en moi, en autrui et surtout dans la relation humaine*.

Déplaçant l'enjeu de la responsabilité, Levinas donne alors au pardon tout son sens, toute sa force et toute sa valeur : « D'habitude, on est responsable de ce qu'on fait soi-même. Je dis, dans *Autrement qu'être*, que la responsabilité est initialement un *pour autrui*. Ce qui veut dire que je suis responsable de sa responsabilité même[281]. » Voilà en quoi

281. Emmanuel Levinas, *Ethique et infini*. Dialogues avec Philippe Nemo, Livre de Poche, coll. « Biblio/Essais », 1984, p. 92.

consiste pardonner : non oublier, mais devenir responsable de la responsabilité d'autrui et, par ricochet, de sa faute. La chose n'est pas facile. Elle suppose, à tout le moins, une éducation qui consiste à enseigner que le *par-don* n'est pas *aban-don* de soi, mais bien découverte, conquête et construction de soi. Je pardonne car je découvre dans ce geste l'essence de ma responsabilité. Bien sûr, tous les grands prophètes ont ouvert cette voie du pardon, voire certains hommes politiques[282]. Que le citoyen soit invité par *une nouvelle politique pénale* à franchir *une nouvelle étape des relations humaines* doit conduire la société à se tourner vers d'autres horizons. Le pardon n'est pas la démarche d'une humanité infirme, mais une trouée de lumière qui doit faire de *la réconciliation* autre chose qu'un *marchandage* fondé sur une *relation symétrique* entre deux personnes.

Bien entendu, la punition n'est pas pardon, mais elle doit y acheminer la victime. La chose est plus difficile que *la vengeance* et plus difficile encore que *la contention de celle-ci*. Se venger par l'intermédiaire de l'Etat constituait un progrès moral qui supposait un effort. Punir en sortant le fautif de sa responsabilité et en prenant *ma part* de *sa faute* appelle donc un nouvel effort. Pourtant, la solution aux plus grandes douleurs consiste à les surmonter, non à les nier. Le médecin Bernie Siegel rapporte ce témoignage incroyable pendant la Seconde Guerre mondiale, conté par un de ses patients et qui pourrait n'être qu'une anecdote si le lecteur n'y reconnaissait une force hors du commun : «Nous

282. Gandhi vis-à-vis de la puissance coloniale, de Gaulle vis-à-vis de l'Allemagne, Nelson Mandela vis-à-vis des Afrikaners.

habitions le quartier juif de Varsovie [...] avec ma femme, nos deux filles et nos trois petits garçons. Quand les Allemands sont arrivés dans notre rue, ils ont fait aligner tout le monde contre le mur et ont ouvert le feu à la mitrailleuse. J'ai supplié qu'il me soit permis de mourir avec ma famille, mais comme je parlais allemand, je fus affecté à un groupe de travail.[...] Il fallait que je me décide tout de suite, reprit-il, devais-je haïr les Allemands qui avaient fait cela ? C'était une solution facile. J'étais avocat et j'avais souvent vu dans mon métier ce que la haine pouvait produire dans l'esprit et le cœur des hommes. La haine venait juste à l'instant de tuer les six personnes qui comptaient le plus pour moi. J'ai alors décidé pour le restant de ma vie – qu'elle dure des jours ou des années – d'aimer toute personne que je viendrais à rencontrer[283]. »

Fonder une nouvelle justice sur une telle *résilience* est hors de propos. Mais le propos n'est justement pas celui-ci. Cet homme qui fait le choix de vivre *dans l'amour*, alors que les circonstances appelleraient immédiatement en chaque homme *la haine, la colère et le désespoir*, témoigne d'une attitude exceptionnelle, inexplicable et inaccessible à la majorité des hommes. Cet exemple a pour seul sens d'indiquer qu'il y a en l'homme une force et une ressource qui sont, la plupart du temps, aussi peu exploitables que le pétrole enfoui dans les entrailles de la terre. Il ne s'agit donc pas de faire de la justice *un lieu de culte* où s'opéreraient des catharsis et des conversions à la chaîne en faveur de l'amour de l'humanité ! La justice doit rester *un moyen de résolution des conflits* et *une institution*

283. Bernie Siegel, *L'Amour, la Médecine et les Miracles*, J'ai lu, 2001, p. 256-257.

pénale, non une institution du pardon. Il serait d'ailleurs absurde qu'après avoir puni elle devienne *l'administration du pardon*. On ne pardonne pas par délégation ! Le pardon est une affaire intime que la personne mène en son âme et conscience avec force d'intelligence. Alors, quel rôle la punition peut-elle jouer dans cette nouvelle prise en compte du pardon ? Un rôle simple : celui de ne plus mettre en présence le fautif et la victime sur la base de règles devant conduire à une simple évaluation chiffrée de la peine.

Dès lors, la justice est supposée mettre en œuvre une punition capable de faire avancer le fautif dans la compréhension qu'il a de son acte et la victime dans la conscience de son rôle constructif. La nouvelle relation que doit « arbitrer » la justice ne place plus les parties *sur le seuil de la séparation*, mais *sur celui de la réconciliation*. Dans *Les Misérables*, Victor Hugo met en scène un abbé qui vole au secours... du voleur Jean Valjean pour le sauver de la gendarmerie :

« Ah ! vous voilà ! s'écria-t-il en regardant Jean Valjean. Je suis aise de vous voir. Eh bien, mais je vous avais donné les chandeliers aussi, qui sont en argent comme le reste et dont vous pourrez bien avoir deux cents francs. Pourquoi ne les avez-vous pas emportés avec vos couverts ?

Jean Valjean ouvrit les yeux et regarda le vénérable évêque avec une expression qu'aucune langue humaine ne pourrait rendre.

— Monseigneur, dit le brigadier de gendarmerie, ce que cet homme disait était donc vrai ? Nous l'avons rencontré. Il allait comme quelqu'un qui s'en va. Nous l'avons arrêté pour voir. Il avait cette argenterie.

— Et il vous a dit, interrompit l'évêque en souriant, qu'elle lui avait été donnée par un vieux bonhomme de prêtre chez lequel il avait passé la nuit ? Je vois la chose. Et vous l'avez ramené ici ? C'est une méprise[284]. »

La langue de la justice est encore humaine, trop humaine. Elle ne parvient pas à se détacher de l'exigence de vengeance par laquelle on entend encore trop souvent le fait de « rendre justice ». Dans ce chapitre, le gendarme est *l'homme des choses*, l'homme d'Eglise *celui de l'esprit*. Si la ruse et le mensonge[285] de cet évêque relèvent d'*une dialectique* peu pratiquée dans les tribunaux qui lui préfèrent *la rhétorique*, c'est parce que l'homme ne peut remporter une victoire sur l'homme qu'en *l'élevant*, non en le *rabaissant*. Dans le cas du vol de l'argenterie, c'est pour lui éviter la punition que l'abbé vole au secours de Jean Valjean. Une justice qui punit le fautif tout en le relevant vers son humanité n'aurait peut-être pas provoqué de la part de cet abbé une telle mise en scène. Rendre la justice suppose alors que le jugement soit désormais capable d'instruire et d'édifier afin de placer fautifs et victimes *sur le chemin du pardon*. Le nouveau sens de la punition, dans le cadre de la justice ou en dehors, peut s'articuler autour de *l'idée de la réconciliation*. Une telle punition n'est plus alors une alternative au pardon : elle en devient *l'alliée*, *la condition* et *la propédeutique*. Une fois admis ce nouveau sens de la punition, la

284. Victor Hugo, *Les Misérables*, I, II, chap. 12, Gallimard, coll. « Bibliothèque de la Pléiade », 1986, p. 112.

285. L'évêque ne vient pas réclamer les couverts en argent volés par Jean Valjean. Il ne vient pas comme victime. Il apporte les chandeliers dont il fait don à Jean Valjean pour masquer son délit et lui offrir le pardon. Une logique d'honneur à rebours de la mentalité de propriétaire de l'époque.

justice peut envisager de glisser d'une conception *répressive* à une conception *rémissive* de la punition. Punir ne consisterait donc plus à *réprimer*, mais à remettre l'humanité blessée sur le chemin de la rémission.

2.2

Méthodologie de la punition : comment punir ?

> «Voici très succinctement notre vie, notre mise à mort blanche. Des frustrations s'accrochent à nous. Qu'est-ce qu'une fleur, un rayon de soleil, un sourire, une odeur de femme ? C'est l'acheminement vers l'état de zombie ou sanguinaire. Etre carpette ou égorgeur, voilà notre avenir.»
>
> Taleb HADJADJ, mars 1977[286].

Une fois le sens de la punition déterminé, il convient de réfléchir à sa mise en œuvre. Si punir consiste à mettre le fautif sur le chemin du pardon, comment y parvenir ? La première idée qui vient à l'esprit consisterait justement à renoncer à toute violence, tant le pardon se situe précisément aux antipodes de celle-ci. Mais comment punir si la réaction à la violence du fautif se fait dans la douceur ? En réalité, nous avons compris qu'il ne s'agit pas de pardonner et d'ainsi substituer le pardon à

286. Préface de *Pour en finir avec toutes les prisons. Peines éliminatrices et isolement carcéral (lettres, textes, entretiens, 2001-2009)*, *L'Envolée*, octobre 2009.

la punition; il convient au contraire de faire de la punition un moyen de développer *la culture du pardon*. Une fois compris ce rôle de la punition, nous admettons plus facilement qu'elle implique une part indissoluble de violence. Certes, dans une civilisation du pardon, la violence punitive n'aura plus le visage de la mort, de la torture, et le moins possible de la détention, mais il faudra bien qu'elle exerce sa force et témoigne d'une autorité. La méthode punitive devra donc tenir les deux aspects du but qui lui sont assignés : punir pour *relever le fautif* et *obtenir le pardon de la victime*. Une fois ce but rappelé, la punition n'apparaît pas comme un édulcorant ou un ersatz. Il importe de *bien punir*, non de *punir plus mollement* ou *doucereusement*. Il s'agit de punir non pas *en fonction du bien*[287], toujours difficile à définir, mais *dans la perspective du pardon* qu'il est possible d'obtenir.

2.2.1. L'ART D'ACCOUCHER DE LA RESPONSABILITÉ ET DE PRÉPARER LA SOCIÉTÉ AU PARDON

> «Qui punit bien, a bien moins à punir[288].»
>
> Antoine Houdar de La Motte.

Nous avons montré non seulement que la punition en Occident avait évolué et fait évoluer les esprits et

287. Principe de toutes choses selon Platon, le Bien (Questionnement d'Agathon dans *Le Banquet*) fait moins l'objet de *définitions* que d'une *contemplation* (*theoria*) de la part du philosophe. Le voici plus *théorétique* que théorique. Il n'empêche que *le pardon* est plus accessible aux citoyens de la démocratie que *le Bien* à ceux de la monarchie du philosophe-roi.

288. Antoine Houdar de La Motte, *Les Abeilles*, 1719.

les mœurs en endiguant la vengeance, mais qu'elle restait aussi fortement déterminée par celle-ci. Il importe désormais d'en finir avec la vengeance en ouvrant la punition à une conception positive dont le pardon nous fournit le contenu. Or, comment la vengeance a-t-elle été traitée par le système pénal? Essentiellement par l'exclusion sociale du fautif, une mise à l'écart entre des murs qui protège sa victime tout en le mettant lui-même à l'abri de la vengeance de celle-ci. Combien de criminels se sont sentis davantage en sécurité au sein de la prison qu'à l'extérieur, où les victimes souhaitaient inverser les rôles? L'idée peut paraître bonne et salutaire, mais en réalité, si elle a constitué un moyen d'enrayer le cycle de la vengeance, elle a rendu difficile la réintégration des détenus et favorisé leur récidive, contribuant ainsi à alimenter la délinquance et la criminalité qu'elle était censée enrayer.

Pour permettre *la réconciliation*, il faut peut-être que la punition ne commence ni par *écarteler* ni par *écarter* le fautif. Logiquement, il est plus facile de *réinsérer* celui qui n'a pas été *incarcéré* que celui qui l'a été. Pensons les choses simplement. Si en économie, nous (re)commençons seulement à comprendre qu'il vaut mieux *produire et consommer localement* plutôt que de générer une chaîne de production et de commercialisation – distante de milliers de kilomètres, qui entraîne non seulement de la pollution mais la destruction d'une économie locale ne pouvant plus consommer ce que les entreprises commandent à l'autre bout de la planète –, un peu de bon sens doit nous ramener à *une écologie pénale*.

Claude Lévi-Strauss insiste sur la contradiction de notre système punitif qui considère le fautif à la fois comme un enfant et comme un adulte : «Le comble de l'absurdité étant [...] de traiter simultanément le coupable comme un enfant pour nous autoriser à le punir, et comme un adulte afin de lui refuser la consolation ; et de croire que nous avons accompli un grand progrès spirituel parce que, plutôt que de consommer quelques-uns de nos semblables, nous préférons les mutiler physiquement et moralement[289].» L'anthropologue nous dit que les peuples accusés de cannibalisme sont moins violents que les nôtres, auréolés de la démocratie mais capables d'une violence plus sournoise et, au bout du compte, plus radicale. Or, la violence des démocraties repose précisément sur sa capacité à punir en *rejetant* le fautif, en le *désintégrant* socialement, et donc en le *mutilant* puisque l'homme est fondamentalement *un animal sociable. Couper les coupables* de la société revient à les mutiler d'une manière plus radicale et en quantité beaucoup plus importante que la pratique du cannibalisme.

A ce stade de la comparaison, nous remarquons que *le cannibale* ne *re-jette* pas son ennemi puisqu'il l'*in-gère*, tandis que *le démocrate*, sous couvert de l'enfermer au sein de la société, l'*expulse* de celle-ci. Lévi-Strauss forge ainsi le terme d'*anthropémie* pour désigner nos sociétés qui «vomissent» ceux qu'elles sont censées punir : «A les étudier du dehors, on serait tenté d'opposer deux types de sociétés : celles qui pratiquent l'anthropophagie, c'est-à-dire qui voient dans l'absorption de certains individus détenteurs de forces redoutables le seul moyen de neutraliser celles-ci, et même de les mettre à profit ; et celles qui, comme la nôtre, adoptent ce qu'on pourrait appeler *l'an-*

289. Claude Lévi-Strauss, *Tristes Tropiques*, Plon, coll. «Terre Humaine», 1980, p. 449.

thropémie (du grec *emein*, vomir) ; placées devant le même problème, elles ont choisi la solution inverse, consistant à expulser ces êtres redoutables hors du corps social en les tenant temporairement ou définitivement isolés, sans contact avec l'humanité, dans des établissements destinés à cet usage[290]. »

Ingurgiter ou *régurgiter* : telles semblent être les deux voies principales de la punition choisies par l'humanité. Le fautif, perçu comme une menace, est donc soit *cannibalisé*, soit *canalisé*. Son destin : soit *la bouche carnassière*, soit *la cellule pénitentiaire*. Il est toutefois possible de trouver une troisième voie qui permette de punir le fautif *sans l'ingurgiter collectivement* et *sans le régurgiter hors de la vie sociale*. Le rapport à la punition des peuples pratiquant le cannibalisme constitue d'ailleurs une plus grande source d'inspiration pour cette troisième voie que le système carcéral. Lévi-Strauss explique ainsi ce qui fonde la punition des Indiens et que nous n'avons peut-être jamais pris en compte en Occident : « Considérons les Indiens des plaines de l'Amérique du Nord qui sont ici doublement significatifs, parce qu'ils ont pratiqué certaines formes modérées d'anthropophagie, et qu'ils offrent un des rares exemples de peuple primitif doté d'une police organisée. Cette police (qui était aussi un corps de justice) n'aurait jamais conçu que le châtiment du coupable dût se traduire par une rupture des liens sociaux. Si un indigène avait contrevenu aux lois de la tribu, il était puni par la destruction de tous ses biens : tente et chevaux. Mais du même coup, la police contractait une dette à son égard ; il lui incombait d'organiser la répara-

290. *Ibid.*, p. 448.

tion collective du dommage dont le coupable avait été, pour son châtiment, la victime. Cette réparation faisait de ce dernier l'obligé du groupe, auquel il devait marquer sa reconnaissance par des cadeaux que la collectivité entière – et la police elle-même – l'aidait à rassembler, ce qui inversait à nouveau les rapports ; et ainsi de suite, jusqu'à ce qu'au terme de toute une série de cadeaux et de contre-cadeaux, le désordre antérieur fût progressivement amorti et que l'ordre initial eût été restauré[291]. »

Indépendamment de cette punition radicale qu'est *l'anthropophagie* et qui concerne plutôt *l'ennemi* que *le criminel*, ces Indiens mettent un point d'honneur à ne pas éliminer le fautif, soit le contraire de ce que nous faisons. En effet, nous éliminons le fautif perçu comme une menace physiquement soit *par la mort*, soit *par le bannissement*[292], soit *par l'isolement*. Les Indiens nous montrent d'abord que *la faute* n'est pas constituée *par le fautif lui-même*, mais *par la rupture du lien social* qu'il a provoquée ; ils nous signalent ensuite que la punition est *suture* et *réparation* de ce qui a été déchiré. De là découle non *un procès* avec *propos verbalisés* et *propositions théâtralisées*, mais *un processus* consistant à déchirer la vie du fautif avant de la recoudre en l'aboutant au corps social.

Dans l'exemple du vol décrit par Claude Lévi-

291. *Ibid.*, p. 448-449.

292. Longtemps pratiqué en Occident, *le bannissement* a désormais pris la forme dans nos démocraties de *l'expulsion des immigrés clandestins* punis d'être entrés par la fenêtre d'une maison dont le propriétaire veut qu'on y pénètre par un portique. Les cités grecques étaient moins punitives avec les métèques, et Rome avec les citoyens des nations extérieures à l'Empire.

Strauss, la réponse punitive ne relève *ni du talion ni du principe de proportionnalité* : elle se révèle *radicale* dans la mesure où elle s'attaque *à la racine de la faute*, soit à la propriété et à l'intimité. La punition s'en prend à la propriété inscrite dans l'intimité peuplée de choses *in-times* (la tente et ce qu'elle renferme) et *ex-times* (les chevaux et ce qu'ils permettent). En démocratie, le voleur se voit repris le bien qu'il a volé – s'il ne l'a *ni détruit ni revendu ni caché* – mais ses biens sont intouchables[293] s'il ne les a pas volés. Il faut dire que, dans nos sociétés, *le lien* est moins important que *le bien*. Régime politique fondé sur *la propriété privée*[294], la démocratie est moins *une organisation politique du peuple* que *l'avènement de l'individu propriétaire*. Que celui qui ne possède pas vole n'a pas grand-chose d'étonnant : il s'efforce d'accéder au statut de propriétaire, donc de *citoyen* et de *démocrate*. Sa faute n'est pas de prendre des choses aux autres, mais d'ignorer les moyens les plus subtils[295] pour y parvenir. Si, dans certaines monarchies, le roi possède tout et le peuple rien – ce qui

293. Le voleur reconnu coupable peut donc être amené à vendre certains de ses biens pour pouvoir indemniser le volé. Cela arrive dans quelques cas, mais il ne s'agit pas d'une destruction directe par l'Etat de ses biens considérés comme son intimité. Le but n'est pas de réparer *un lien*, mais de remplacer *un bien*.

294. Le dernier article de la *Déclaration des droits de l'homme* en 1789 est celui de la propriété privée : «La propriété étant un droit inviolable et sacré, nul ne peut en être privé, si ce n'est lorsque la nécessité publique, légalement constatée, l'exige évidemment, et sous la condition d'une juste et préalable indemnité» (article 17).

295. Ces moyens sont enseignés par les écoles de commerce : le fait de mal payer les salariés ou de pratiquer le management par la peur, de payer au prix le plus bas les matières premières ou les produits qui seront transformés ou/et revendus, de faire

peut signifier que le roi possède son peuple[296] –, il faut en déduire que la démocratie n'est qu'une *déclinaison de la monarchie*[297]. Si la démocratie veut sortir de cette *monarchie discrète* faisant du citoyen *le monarque de son royaume peuplé de choses* (logement, véhicules, appareils ménagers et informatiques *pour la plupart*, portefeuille d'actions et œuvres d'art *pour une élite*), il lui faut repenser son essence et *faire primer le lien* sur *le bien.*

De quoi *le lien* est-il le signe? Non du communisme, mais d'une *communauté d'intérêts* supposant que l'individu contribue d'abord à la collectivité. Le fait de brûler la tente et de tuer les chevaux revient ainsi à nier l'existence sociale du voleur, à le détacher de la société *via* les biens par lesquels il s'y croyait relié, au point d'en voler! *Détruire la tente* du voleur revient à *raser le lieu qui fait lien.* Eliminer les animaux et les choses *consiste à soustraire les qualités* qui s'étaient ajoutées à sa personne. Le voleur se trouve donc *doublement mis à nu* : coupé de la société et de ses biens, il fait l'expérience de la fin de sa raison sociale et de son objectivité. L'adulte redevient *enfant.* Homme réduit, il est ramené à l'humble situation de l'enfant, placé dans la dépendance totale de la communauté.

---

du dumping social, de délocaliser les usines, d'obtenir des stock-options et des golden-parachutes, etc.

296. Conformément à la célèbre opposition du *souverain* et des *sujets.*

297. Dans mon *Petit éloge de la gentillesse*, je défends l'idée selon laquelle la Révolution française n'a pas mis fin à la monarchie, mais l'a multipliée : «La démocratie est une monarchie métastasée : chacun se pensant “roi”, personne ne veut servir ni servir la démocratie elle-même.» François Bourin éditeur, 2011, p. 38.

Dénudé, nu et donc *humble*, le puni est un homme *humilié*. Voici donc en quoi consiste une telle punition : elle oblige le fautif à faire l'expérience de *l'humilité*. Elle peut alors amorcer un deuxième mouvement : celui du redressement. *La reconstruction de la tente brûlée* par la police et la réapparition, par le don des membres de la tribu, d'objets semblables à ceux qui lui appartenaient, *consolent* le voleur. Ce second mouvement de la punition sort le fautif de la solitude dans laquelle l'humiliation l'avait provisoirement plongé. Le voleur ne peut rester *enfant*, sinon il deviendrait *victime*, ce qui serait le comble pour un criminel ! Pour retrouver sa place d'adulte, il reconnaît donc, en donnant des objets ou en rendant service à ceux qui lui ont fait des dons, qu'il n'est plus un enfant. Pour passer du *stade enfantin* au *stade adulte*, le voleur a subi *une double pression* de la société : l'une forte (*l'humiliation*), l'autre douce (*la consolation*). En contrepartie de sa réintégration dans la société, il doit désormais *ex-primer sa responsabilité* en donnant à son tour objets et services. Le lien est *rétabli*. Après *l'impact*, *le contact*. Le voleur ne soustrait plus d'objets aux autres : il donne. Le tissu social est recousu. Un va-et-vient, comme celui de la navette sur un métier à tisser, remet les hommes en relation coopérative.

L'humiliation est le moment négatif de la punition qui ramène le fautif, épris de grandeur et de liberté, à une position inférieure à partir de laquelle la société peut l'aider à se relever. Rendre humble ne constitue pas un mauvais traitement, mais *un rééquilibrage* : celui qui se voyait *en haut de l'affiche* se retrouve *en bas de la fiche*. Chez les Indiens Kuna, celui qui est jugé est placé sur *un tout petit tabouret*, soit *un objet de l'enfance*.

L'offense appelle l'enfance ; le dépassement du moi par la faute suppose son rétrécissement par la punition. Le moi est sorti du cadre au sein duquel la société lui réservait une place. La punition opère donc un recadrage. Premier acte de la punition, l'humiliation ramène *l'homo* à *l'humus* sur lequel elle peut replanter *l'humanité* du fautif qui s'était déracinée par des actes outranciers et antisociaux. A l'inverse de cette pratique assumée de l'humiliation dans ces sociétés amérindiennes, le discours *contre l'humiliation* abonde dans nos sociétés. Dire d'une personne qu'elle est « aveugle » passe aujourd'hui pour une humiliation. Il faut dire qu'elle est « non voyante ». Dire d'une personne qu'elle est « vieille » constitue également un propos humiliant. Mieux vaut dire qu'il s'agit d'une « personne âgée ». Comme si le changement de terme rendait la vue ou ôtait les rides ! Le « politiquement correct » se présente ainsi comme un progrès de l'humanité protégeant les hommes de toute humiliation ; en réalité, celle-ci est repoussée sous le tapis. Une fois de plus, *l'idéologie de la victimité* prétend chasser l'humiliation qu'elle se contente de travestir par le vocabulaire. Derrière la façade des mots, les maux de l'humiliation persistent, intensément présents dans les interstices de la vie sociale. La punition est censée ne plus humilier, mais l'humiliation ressurgit de tout ce qui ne la prévoit pas, la tolère et s'en accommode.

Dans le système pénal démocratique, le fautif n'est pas humilié par la justice puisqu'il est traité dans le supposé respect de sa dignité. L'humiliation n'est pas prévue par le droit. Elle ne fait donc pas partie de la procédure judiciaire et pénale au cours de laquelle le prévenu est protégé, notamment par les forces de l'ordre[298] et un avocat. Toutefois, l'humiliation le rattrape si, de *prévenu*, le fautif devient *détenu*. Si sa maison n'est pas détruite par la société, il peut toutefois la perdre par le fait de se retrouver en prison et de ne plus avoir les moyens de payer le loyer, le remboursement de son crédit bancaire ou les charges qui pèsent sur tout logement. Cette perte se fait dans la discrétion. *Première humiliation* non prévue, non assumée, non revendiquée. Coupé de sa famille, de son conjoint, de ses proches et amis, de l'affectivité comme de la sexualité, le puni est réduit à un corps *isolé* et *inconsolé* : *deuxième humiliation*. En outre, elle existe en prison, mais n'est pas prévue par le droit : elle s'épanouit dans les interstices de la détention, comme le montrent la violence entre détenus, le vol des rares objets possédés, le viol dans les douches, la violence des coups dans la cour de promenade ou les coursives, les menaces pesant sur les proches à l'extérieur de la prison, etc. Cette *troisième humiliation* est connue de l'autorité pénale qui ne peut pas toujours l'empêcher, voire qui ne cherche pas systématiquement à le faire. La justice démocratique laisse *cette humiliation injuste et insane* se dérouler dans le huis clos de la prison tandis que, à l'extérieur, l'immense majorité de la population, qui a connaissance de cette situation par les médias, s'en accommode sur la base du «c'est bien fait pour eux». *Cet amer dédain* gagnerait à se ressourcer auprès *des Amérindiens*.

La conséquence de ces deux types d'humiliation

298. Le criminel est ainsi immédiatement protégé du désir des proches de la victime, voire, dans le cas des assassinats d'enfants, de la vindicte populaire. L'Etat remplit ici parfaitement la mission pénale consistant à empêcher la vengeance.

– l'une *assumée*, l'autre *dissimulée* – est inévitable : alors que l'Indien est *consolé de la faute commise* et *incité à recoudre le tissu social* qu'il a déchiré, le citoyen est *consolidé dans son rôle de fautif* et *déterminé à déchirer davantage,* une fois libéré, *le tissu* qu'il a tailladé. Dans *les plaines américaines*, l'Indien est *réinséré* dans la communauté ; *dans les villes du même continent*, le criminel est *figé* dans sa criminalité. Il n'est *pas consolé* ; il est donc *inconsolable. Réifié* dans le rôle de voleur, de violeur ou de tueur[299] pour lequel on l'enferme pendant des années, il ne peut que *se durcir intérieurement* afin d'endosser le costume du criminel ! Si l'habit ne fait pas le moine, la prison en revanche fait le criminel. Alors que la communauté indienne *rend des choses* au voleur qui n'est plus tricard, notre société *transforme le voleur en chose* qu'on enferme dans un placard.

Pourtant, dans tous les cas, le tueur n'est *pas un dur*, mais *quelqu'un qui s'est durci* faute de n'avoir pas été consolé. Lorsqu'il est arrêté, notre justice ne cherche pas à le *consoler*, mais *à consolider* cette structure psychique fragile et défaillante qui a présidé au crime. La justice *fixe* ce qui devrait être *remis en mouvement*, à savoir une personne que *la faille* ou *la faillite intérieure* a conduit à déchirer le lien qui l'unissait à la société. La plupart du temps, cette justice *fige la déchirure.* Notre système judi-

---

299. En Occident, le meurtre, de phénomène lié à *la délinquance*, est devenu une réaction à *la déliquescence de la famille.* Le nombre de parents tuant leurs enfants à l'issue d'un divorce ou d'une séparation est en forte croissance. Cette nouvelle criminalité prend le relais des crimes autrefois motivés par l'argent, motif qui était déjà le symptôme d'une faille sociale. C'est désormais au cœur de la famille que la faille criminogène apparaît.

ciaire ne rend pas justice ; il joue un rôle fondamental dans la déstruc(tura)tion de notre société, à la manière d'un médecin qui poserait du sel sur la plaie du blessé. L'idée du panoptique a vécu. Le problème n'est ni de surveiller les détenus ni d'affecter à cette tâche une partie de la population. Il importe moins de *surveiller le fautif* derrière les murs que de lui faire savoir qu'il n'est *pas regardé comme une chose*, mais *comme un homme qui s'est comporté comme une chose.* Surveiller ne constitue nullement une punition. En revanche, veiller à ramener le fautif vers lui-même, la victime et ses proches, la société et l'humanité, représente un chemin que des sociétés plus sophistiquées que les nôtres ont déjà emprunté avec succès.

Lévi-Strauss a donc raison d'insister sur *la supériorité morale des cannibales.* Il ne le fait nullement dans le but d'étendre l'anthropophagisme à nos démocraties ; il souhaite simplement qu'elles regardent, au-delà de *cette pratique ponctuelle, la justice structurelle* que ces peuples mettent en œuvre et qui témoigne d'un humanisme au regard duquel le nôtre fait pâle figure[300]. *Le pardon* est *au cœur* de ces plaines. L'ardoise est effacée, non d'un cri du cœur, mais *via une punition* qui humilie le fautif en annihilant les traces de son existence passée avant de lui offrir une nouvelle existence généreusement tissée par la société. Le pardon n'est donc pas *dans les cœurs*, mais d'abord *dans une technique pénale* qui fait passer la société de *la vindicte au pardon.* La punition accomplit parfaite-

300. *Le visage pâle* l'est peut-être moins par le teint de sa peau que par sa manie de mettre à l'ombre une partie de sa population, ce que les westerns illustrent à merveille : la prison avant la pendaison.

ment *son office de médiation* : elle achemine le fautif vers la responsabilité et la victime vers le pardon. Si, dans *Roméo et Juliette*, Shakespeare montre comment l'amour est abîmé par la vengeance, dans *La Tempête*, sa dernière grande pièce, la punition devient le moyen de passer de la haine au pardon. Le duc de Milan, Prospero, chassé du pouvoir par son frère et le roi de Naples, fait couler le navire qui portait ce dernier et croisait au large de son île. Usant de ses pouvoirs de mage pour punir son ennemi et ses acolytes qui ont pris pied sur cette île perdue, et repris leur manie de conquête du pouvoir, Prospero finit par leur pardonner afin que l'île retrouve concorde et harmonie. Après la tempête, le beau temps; après la punition, la réconciliation.

2.2.2. SYNTHÈSE DES PUNITIONS DES SOCIÉTÉS PREMIÈRES ET MODERNES

> «Les autres sociétés ne sont peut-être pas meilleures que la nôtre; même si nous sommes enclins à le croire, nous n'avons à notre disposition aucune méthode pour le prouver. A les mieux connaître, nous gagnons pourtant un moyen de nous détacher de la nôtre [...].»
>
> Claude LÉVI-STRAUSS[301].

La solution au problème pénal ne consiste pas à insuffler la justice des peuples dits «premiers» dans nos sociétés; elle passe d'abord par le constat d'un changement de paradigme dans les démocra-

301. *Tristes tropiques*, *op.cit.*, p. 453.

ties, qui affecte tous les domaines et qui, par conséquent, ne saurait laisser la justice sur le bas-côté de l'histoire en marche. *En économie, en médecine et dans le domaine de l'énergie*, les pratiques changent et de nouveaux modèles s'imposent, frayant des chemins inédits aux chefs d'entreprise comme aux salariés, aux thérapeutes comme aux patients, aux producteurs comme aux consommateurs. *La montée de l'économie solidaire* permet de donner du travail à des millions de travailleurs en les faisant sortir de la misère et entrer dans le système de la production. *La poussée des médecines douces* offre de nouvelles sources de guérison tout en épargnant aux patients les effets secondaires de la chimie et de la chirurgie, sans oublier les maladies nosocomiales et iatrogéniques. *L'essor des énergies renouvelables* répond désormais à une part de plus en plus grande de besoins, sans entraîner ni le saccage du sous-sol ni la pollution terrestre et atmosphérique dont la morbidité et les retombées sur la santé sont avérées. Pourquoi en irait-il autrement dans le domaine de la punition ?

En même temps, cette avalanche de douceur dans ces domaines paraît aller à l'encontre de l'humiliation que nous avons reconnue comme siégeant au cœur de la punition. L'objection s'effondre si nous rappelons que la punition est *dure* dans son moyen (l'humiliation), mais *douce* dans sa fin (la réconciliation). Pointe alors une seconde objection : les justices en Occident se réforment régulièrement. La France a ainsi procédé à l'élaboration d'un nouveau code pénal, en vigueur depuis 1994, qui prend en compte l'évolution des mœurs de la société française depuis 1810. Le problème de la prison n'est pas non plus délaissé : le projet d'incarcérer moins de condamnés semble le début de la fin du «tout-carcéral». Cependant, le réel motif de ces réformes ne vise pas à penser une nouvelle forme de punition capable de rendre la société plus harmonieuse. La réforme du code pénal vire en fait au *lifting* faute de sortir de son empilement de règles, de ses principes initiaux et de son illisibilité. Quant à la réforme du système pénal, elle ne repose pas sur une nouvelle conception de la punition, mais sur une vieille lubie comptable : rendre la justice moins coûteuse. Cette lubie opère dans toutes les administrations. Remplacer l'internement des malades par une pratique ambulatoire relève ainsi de la même logique comptable : *diminuer les coûts*, non *repenser les soins*. Il s'agit de laisser les malades le moins de temps possible dans une chambre, voire de les dispenser d'y séjourner. La réforme tourne au maquillage d'un principe comptable où les *costkillers* – «les tueurs de coût» – sont à la manœuvre et concoctent une politique hospitalière dans laquelle le malade, de *constante*, devient *variable d'ajustement* des dépenses médicales. Prison, hôpital : même combat. Derrière un affichage progressiste, la réforme pénale laisse donc en friche le concept de la punition. Elle ne détermine d'ailleurs jamais l'essence de la punition; elle se contente de remplacer des *non-punitions* par d'autres non-punitions supposées moins coûteuses. Qui peut penser que les fautifs condamnés à de *non-peines* ou *simili-punitions* seront stoppés dans leur escalade délictueuse ou criminelle et que les victimes seront convaincues que justice leur est rendue? De toute évidence, ces mesures comptables contribuent, en se faisant passer pour des réformes pénales, à l'enlisement de la justice.

A la périphérie de cette justice placée sous le sceau de la comptabilité, il est alors intéressant de voir émerger de nouvelles formes de justice. C'est notamment le cas de cette justice appelée *restauratrice, restaurative*, voire *réparatrice* ou *reconstructive*[302]. Inspirée du peuple maori en Nouvelle-Zélande, elle vise, comme son nom l'indique, à ressouder des liens rompus. L'enjeu n'est pas de *s'acharner sur le coupable*, mais de *s'échiner à réparer* ce qu'il a abîmé, en l'occurrence des *liens* plutôt que des *biens*. Comme celle des Amérindiens, une telle justice ne réduit pas la faute à l'acte lui-même : elle s'intéresse à *la rupture* qu'elle introduit dans les relations humaines et la communauté.

Réparer, recoudre, restaurer : il s'agit dans tous les cas de mobiliser les parties concernées pour que *le lien* soit rétabli : « La justice se conçoit alors comme un processus impliquant, de manière active, toutes les personnes intéressées par la régulation du conflit. Par le dialogue, on encourage la réciprocité de la parole et le partage des émotions. La responsabilisation concrète de tous conduit à la recherche de solutions consensuelles, tournées vers l'avenir et destinées à réparer tous les préjudices[303]. » Si le but reste le même chez les Maori et les Amérindiens, nous relevons toutefois que les premiers cherchent *la ré-conciliation* par *la conciliation* tandis que les seconds l'obtiennent par *l'humiliation*, autrement dit *la violence*. La différence est de taille et explique que le modèle maori, *via* la

302. En France, elle est appelée *justice de proximité* ou *médiation pénale* ; au Québec, elle devient *justice communautaire* ; dans les pays de langue anglaise, on la nomme *restaurative justice*.

303. *La Justice restaurative. Une utopie qui marche ?*, sous la direction de Robert Cario et Paul Mbanzoulou, L'Harmattan, coll. « Controverses », 2010, p. 10-11.

filière démocratique anglo-saxonne, ait pénétré notre justice. De la sorte, nous pouvons confier à cette pratique qui repose sur la discussion et la négociation un certain nombre de *fautes* qui ne relèvent pas de ce que nous tenons pour des *actes criminels*. Robert Cario et Paul Mbanzoulou expliquent ainsi le rôle que cette justice restauratrice peut être amenée à jouer dans nos démocraties : « [...] elle pourrait davantage encore s'épanouir en dehors du système si, par une dépénalisation massive, conforme à la morphologie du phénomène criminel (constitué à plus de 80 % d'activités banales d'appropriation), les "infractions" caractéristiques d'inadaptations, de déviances ou d'autres incivilités étaient restituées à leurs contentieux d'origine, abusivement dépouillés par l'inflation pénale galopante, quasi pathologique, en tout cas contre-productive[304]. »

Le rôle attribué à cette justice par ces auteurs est prometteur. Si les tribunaux sont essentiellement encombrés par des *fautes légères*, *la justice réparatrice* pourrait les désengorger en rendant possible, par la discussion, une résolution de la plupart des conflits. Une nouvelle forme d'intelligence de la faute est ainsi déjà mise en œuvre en France à travers *la médiation pénale*. Par la loi du 4 janvier 1993[305], cette justice dite *de proximité* permet de résoudre de « petits délits » (vols à l'étalage, recel d'objets, abandon de famille, appels téléphoniques malveillants, etc.) par la réunion des deux parties en présence d'un médiateur chargé de faire naître une solution amiable (excuses, restitution, indemnisation, etc.). En France, 55 % des vic-

304. *Ibid.*, p. 11.
305. Cette loi fut modifiée par la loi du 9 mars 2004.

times se déclarent satisfaites de cette médiation. Loin d'être une panacée, cette démarche conciliante constitue cependant une alternative intéressante à la voie pénale conflictuelle et contradictoire. Au Canada, les *Cercles de soutien et de responsabilité* (CSR) interviennent depuis 1994 auprès des délinquants sexuels avant leur libération, mettant en présence victimes et délinquants afin de provoquer *compréhension* et *conciliation*, et, surtout, d'empêcher la récidive. Les résultats obtenus, comme pour la médiation pénale, ne sont pas spectaculaires mais constituent un progrès dans la perspective de la reconstitution du tissu social : sans l'intervention des CSR, 17 % des délinquants sexuels récidivent contre 10 % pour ceux qui ont fait l'objet de cette médiation avec leurs victimes.

Il va de soi que cette nouvelle forme de justice repose sur *l'intelligence* et *l'émotion* ; osons dire : sur *l'émotion intelligente* et *l'intelligence de l'émotion*. On reproche à cette nouvelle forme de justice de faire la part belle à la victime et de considérer qu'elle s'épanouit dans l'orbite d'une montée de la victimité dans nos sociétés. Si cet aspect ne peut être écarté, il faut le dépasser au profit d'un enjeu de plus grande envergure favorisant la rencontre de deux conceptions différentes de la justice : celle *de l'écrit*[306] *et de la contradiction* avec celle de *l'oralité et de la conciliation*. Deux visions du monde *se dévoilent* ainsi l'une à l'autre ; deux conceptions de l'homme *se frottent* et *s'inspirent* mutuellement. Les peuples premiers composent contre leur gré

306. Même si, dans les pays anglo-saxons, la *common law* ne part pas de *codes* rédigés comme dans le droit romano-germanique, elle finit par écrire les faits, les punitions et la jurisprudence. Il ne s'agit donc pas d'une justice fondée sur l'oralité.

avec la justice de l'Etat dans lequel ils vivent. Les délits et crimes commis par leurs membres hors de leur communauté sont jugés la plupart du temps par les tribunaux de l'Etat. Cependant, un certain nombre de peuples parvient à faire appliquer dans leur communauté, moyennant un aménagement[307], la punition fixée par le tribunal à l'un de leurs membres. En revanche, ces peuples ne forcent pas la main aux Etats pour que ceux-ci s'inspirent de leur justice traditionnelle. La raison de cette inspiration polynésienne ou amérindienne des démocraties ne provient donc pas de la séduction exercée par ces populations autochtones ; elle découle de l'asphyxie du système pénal occidental, *encombré* – au point que le traitement d'un crime prend souvent plusieurs années – et *contre-productif*, puisque la prison fabrique du crime en favorisant la récidive des condamnés.

Petits délits ou *délinquance sexuelle* : *la justice restauratrice* occupe une partie du spectre de la faute qui est *importante* relativement au nombre de fautes condamnables par le droit, mais *modeste* relativement aux fautes estimées graves par le même droit. *La justice restauratrice* pourrait cependant couvrir l'ensemble des fautes commises, pour peu que soient modifiés les principes du droit et le fondement de la justice. Tel n'est pourtant pas le chemin qu'emprunte cette *justice restauratrice* qui se voit cantonnée à une fonction subalterne et complémentaire de *la justice pénale* de nos démocraties. Robert Cario et Paul Mbanzoulou indiquent une piste intéressante afin d'agrandir le périmètre de *la justice restauratrice* : ils proposent que tout ce qui *encombre* le pénal puisse être *dé-*

307. Faute de prisons...

pénalisé afin d'être traité par cette justice qui pratique *la négociation.* L'idée paraît généreuse puisqu'elle promet de pouvoir résoudre chaque faute non criminelle par la conciliation. En réalité, cette idée rencontre sur sa route *deux obstacles.* Elle constitue d'abord une offre alléchante aux gestionnaires de l'Etat qui pourraient dans une telle perspective rogner le budget des ministères concernés. Elle bute ensuite sur un obstacle majeur : en dépénalisant toutes ces fautes, cette idée aboutit à ne plus les considérer comme des fautes et n'appelle donc plus sur elles de réponse punitive. Une telle réforme agrandirait certes le périmètre d'exercice de *la justice restaurative*, mais elle cantonnerait celle-ci à *une fonction ancillaire* du système pénal, seul habilité, *in fine*, à punir. D'un côté, il y aurait *une vraie justice* capable de punir le crime et les délits graves, tandis que, de l'autre, nous ferions appel à une justice venue de peuples autrefois appelés « sauvages[308] » et réduite au traitement des petites fautes qui inondent les tribunaux et coûtent cher au contribuable. Si elle venait à être appliquée, cette conception élargie de *la justice restaurative* aurait pour conséquence un rétrécissement de son essence : privée de la reconnaissance de son caractère punitif, cette justice se verrait réduite à un arrangement bien pratique mais indigne de traiter les fautes graves, notamment les crimes de sang.

Or, si ces deux auteurs ont raison de rappeler que le droit pénal s'est octroyé le périmètre quasi total des fautes, et qu'il ne serait pas inutile d'en

308. Cf. Dominique Rankin et Marie-Josée Tardiff, *On nous appelait les sauvages. Souvenirs et espoirs d'un chef héréditaire algonquin*, Editions Le Jour (Québec), 2012.

restituer une partie aux familles et aux particuliers qui peuvent se passer de l'Etat pour que justice soit faite dans la conciliation et non plus dans la vengeance, ils ont en revanche tort de faire de cette justice *une sous-justice*, *une justice mineure* et *presque infantile* dans laquelle *palabreraient* des hommes habitués à prendre de la verroterie pour des perles et des diamants.

De cette timide introduction de la justice restauratrice dans les démocraties, il convient plutôt de retirer trois leçons. Elle a *d'abord* permis de sortir un certain nombre de fautes du périmètre du droit et de la justice engoncés dans des règles qui constituent désormais des sources de blocages, de lenteurs et donc d'injustices. Les Tables de la Loi ou le code pénal gravent dans le marbre des fautes qui sont dessinées dans le sable et auxquelles il est aisé d'apporter rapidement une réponse. Cette justice a *ensuite* un autre mérite : le fait qu'*elle se saisisse d'un acte* signifie qu'*il constitue une faute.* Cette identification de la faute suffit à produire l'*humiliation*, c'est-à-dire *la punition.* Dire à une personne qu'en harceler une autre, par voie orale ou écrite, introduit une rupture dans le lien social, mais aussi révèle une rupture psychologique, doit permettre à celle-ci de prendre conscience que cet acte méritait d'être *relevé, discuté, stoppé et réparé.* L'idée d'*une justice réparatrice* qui ne punirait pas est par conséquent impertinente dans la mesure où cette justice opère en mettant en relation des personnes qui sont en conflit et dont les uns se présentent comme victimes tandis que les autres sont convoqués en tant qu'auteurs supposés de la faute commise. La justice peut certes conclure à l'inexistence de la faute, voire à l'inversion de la responsabilité ou encore aux torts partagés, mais elle n'est pas d'emblée une autorité ayant pour but de dissoudre toute faute et toute punition. Le fait d'inviter le fautif, par exemple, à s'excuser de l'acte commis ou à indemniser la victime par la restitution ou le remplacement de la chose volée, abîmée ou détruite constitue bel et bien *une décision punitive.*

Enfin, la troisième leçon concerne la montée en puissance d'un nouveau paradigme. Il importe d'importer *la justice restauratrice* dans notre système pénal, non comme *complément* de celui-ci, mais comme *mise en œuvre* d'une nouvelle manière de punir. Les Amérindiens et les Polynésiens nous disent une chose encore difficilement audible dans les démocraties en raison de leur tradition pénale, mais facile d'entendre dès qu'on prête attention aux conséquences fructueuses qui peuvent en découler : la faute ne porte pas sur un bien ou un acte, mais sur *une harmonie perdue, un lien brisé, un tissu social déchiré.* Dans la mesure où la pensée occidentale est disposée à penser que cette harmonie est déjà perdue au sein du fautif, il n'y a plus dès lors de contradiction pour réunir ces deux visions de l'homme dans une conception claire et univoque de la punition.

A l'économie solidaire, aux médecines douces et aux énergies renouvelables fait écho une nouvelle justice, appelons-la *rémissive*, qui permettrait de structurer les démocraties dans toutes leurs sphères de sociabilité (familles, écoles, clubs de sport, assemblées politiques, etc.) autour d'une *punition réparatrice.* Si *la postmodernité* peut se définir par *la synthèse de l'archaïque et de la technique*, nous comprenons que *la punition réparatrice* opère la réunion de l'arbre à palabre et du code pénal, du cercle de guérison et du centre de détention, de la rupture des liens et de la capture des biens. Une telle synthèse ne peut s'obtenir qu'en accroissant l'archaïque (*l'humiliation*) et en diminuant la technique (*le procès et son cortège de procédures*). Elle invite nécessairement à un nouvel imaginaire pénal.

2.3

Prospective de la punition : pour un imaginaire punitif

> «Je n'ai jamais pu m'accoutumer au système abêtissant des récompenses et des punitions qui abaisse les caractères et fausse les jugements.»
>
> Anatole FRANCE[309].

Ce propos paraît déplacé de la part de celui qui a obtenu le prix Nobel en 1921 et qui aurait dû, à l'instar de Sartre[310] et afin de se mettre en conformité avec lui-même, refuser cette récompense suprême. L'écrivain a toutefois raison, même s'il ne parvient pas à s'en exonérer, de relever la faible intelligence de cette pratique de la récompense et de la punition, longtemps mécanique simpliste du système scolaire, qui singe celle de la carotte et du bâton. Cette mécanique nous rappelle que la punition n'a jamais fait l'objet ni d'une réflexion approfondie ni d'une imagination fertile pour croire que l'humanité peut s'organiser, et, au-delà, exprimer

309. Anatole France, *La Vie en fleur*, Calmann-Lévy, 1922.
310. Jean-Paul Sartre refuse le prix Nobel de littérature en 1964, après avoir écrit une lettre invitant le jury à ne pas le faire figurer sur la liste des candidats.

son essence, sur la simple alternance de la crainte et de la séduction.

Plutôt que de chercher à mener un âne de l'autre côté de la rivière ou un homme vers telle prouesse, il n'est pas absurde d'envisager de conduire ce dernier vers lui-même. En ce sens, la punition peut y contribuer plus sûrement que la récompense dont Bergson nous donne le fondement lorsqu'il écrit : «On tient à l'éloge et aux honneurs dans l'exacte mesure où l'on n'est pas sûr d'avoir réussi[311].» Dans les deux cas, chercher une récompense ou commettre une faute relève de la même faille : l'absence de confiance, en soi, en la vie, en l'homme.

L'imagination punitive se distingue donc d'une expédition punitive. Imaginer la punition ne se fait pas en puisant dans le bain du sadisme ou en remettant au goût du jour le stock hétéroclite des tortures et sévices que l'homme inflige à l'homme depuis la nuit des temps, avec ou sans la bénédiction de ses congénères. *Imaginer la punition* revient à trouver des voies pour sortir les hommes, victimes comme fautifs, de la faute et de la situation dont elle provient autant que de celle qui en découle. L'imagination à laquelle nous convie *la punition restauratrice* constitue un vrai projet de société : il s'agit de sortir d'une société standardisée dans laquelle les règles réduisent *le fautif* au *détenu* et *la victime* à *un compteur du temps de détention*. Il est temps que la punition soit l'occasion pour la victime et le fautif de *tisser une relation* qui ne passe ni par la vengeance ni par la prison.

311. Henri Bergson, *L'Energie spirituelle*, in *Œuvres*, *op. cit.*, p. 832.

2.3.1. LA PUNITION : UNE RESTAURATION DU LIEN QUI IMPLIQUE UNE RECONFIGURATION DES SPHÈRES DE SOCIABILITÉ

> «Nous avons à recoudre ce qui est déchiré, à rendre la justice imaginable dans un monde si évidemment injuste [...]. Naturellement, c'est une tâche surhumaine. Mais on appelle "surhumaines" les tâches que les hommes mettent longtemps à accomplir.»
>
> Albert Camus, *L'Eté*, Gallimard, coll. «Folio», 2006.

La punition a désormais une signification et une finalité clairement établies : elle consiste à recoudre le lien social qui a été déchiré par la faute. Dès lors, elle ne relève plus strictement du tripode *police/justice/prison*, sortant ainsi du bois et de la détention : elle peut regagner *les foyers* et *l'école*, partir à la conquête *du sport*, et jouer un rôle moins cynique et plus fructueux *en diplomatie*. «Dépénaliser la punition» revient *à lui reconnaître* une pertinence en dehors du monde judiciaire, à l'affranchir de la dramaturgie des tribunaux et *à lui offrir* une nouvelle vitalité. Elle dispose par conséquent d'une légitimité dans toutes les sphères sociales[312] en recousant ce qui a été déchiré. Après avoir admis que la punition respectait la dignité de chaque personne et faisait reposer sa pratique de la violence sur l'humiliation, nous comprenons que l'Etat n'a

312. A l'exception peut-être des *lieux de culte* qui honorent des religions où la faute constitue d'abord un attentat contre Dieu avant d'en être un contre l'humanité.

plus le «monopole de la violence physique légitime[313]».

Dans la famille, la punition n'est pas un poison, mais la rencontre de l'humeur et d'une faute sur fond d'amour et d'éducation. Ayant compris que la punition ne relève ni de la maltraitance ni de la perversion, elle doit retrouver une place dans la famille afin que l'enfant reconnaisse en ses parents une autorité bienveillante. Le fait que les parents ferment les yeux sur les fautes des enfants (désobéissance, mensonge, larcins, absentéisme scolaire, sadisme envers un autre enfant, etc.) ne peut qu'inciter ceux-ci à poursuivre dans cette voie, soit pour le plaisir qu'ils y éprouvent, soit pour tester les limites de leur libre arbitre qu'ils rencontreront nécessairement dans une autre sphère sociale. La punition constitue donc un moment qui permet à l'enfant de savoir qu'il est désapprouvé tout en se voyant exposées les raisons de ce désaveu. Cette punition peut prendre de nombreuses formes : la discussion, la privation, la confrontation avec la ou les personnes impliquées par la faute, l'obligation d'aller s'excuser, de restituer ce qui a été dérobé ou de réparer ce qui a été abîmé. Quelle qu'en soit la forme, elle passe donc par l'humiliation qui consiste souvent en *un retour* sur cette faute que l'enfant pouvait croire passée et dépassée. Revenir avec l'enfant sur le méfait, en discuter et l'amener à s'en expliquer, en faire

313. *Monopol legitimer physischer Gewaltsamkeit*, expression du sociologue allemand Max Weber par laquelle il veut dire que l'Etat est cette forme sociale qui se caractérise par ce monopole que lui ont abandonné les autres formes sociales et qu'elles peuvent seulement récupérer par délégation. L'Etat interdit ainsi l'usage privé de la violence dont il se réserve l'exclusivité par la police et l'armée notamment. Cf. Max Weber, *Le Savant et le Politique* (1919), Plon, 10/18, 1996.

surgir une interprétation : autant de moments qui ramènent l'auteur fautif à une hauteur inférieure à celle où son libre arbitre l'avait installé. *L'impunition* donne le sentiment de s'élever au-dessus des autres. La punition entraîne donc *une déchéance.* L'enfant doit ainsi comprendre que l'acte punitif n'est fondé ni sur la haine ni sur le mépris puisqu'il vise à *édifier sa personnalité* et à *le faire participer à la construction d'une vie en société* dont la famille forme le rez-de-chaussée. Dans cette perspective, il ne peut ressentir la punition comme *une vindicte* et *un mauvais traitement*; il l'éprouve alors comme un rabaissement momentané de sa personne destinée à être rehaussée. Tout acte qui provoquerait chez l'enfant le sentiment d'avoir été *maltraité* et *incompris* ne relève pas de la punition. A l'inverse, il sort raffermi de la punition qui l'enveloppe de bienveillance et lui indique le chemin du pardon.

Bien entendu, la vie familiale étant d'abord le monde de l'amour et des affects plus que celui des règles rationnelles, la punition peut rester empreinte d'une ambiguïté que les autres sphères de sociabilité tendent à neutraliser. Pour autant, qu'une mère inflige une fessée à son enfant de deux ans et demi qui vient de traverser la rue en riant après avoir échappé à l'attention de celle-ci, apparaît comme un geste d'humeur qui fait mouche. Cette fessée découle moins de la volonté de punir la désobéissance de l'enfant que de la peur ressentie par la mère face aux conséquences funestes que cette faute aurait pu entraîner. L'enfant ayant peu conscience du danger, il ne tirera pas nécessairement de cette fessée une compréhension de la nécessité d'obéir à sa mère. L'idée d'un conseil de famille où lui seraient expliquées les vertus de l'obéissance face aux dangers de la circulation a toutefois peu de chance de pénétrer les couches de sa conscience. En revanche, on peut penser que la fessée permet à l'enfant d'établir un lien entre *la peur du danger* que sa mère a éprouvée et *l'amour qu'elle lui porte.* Cette punition manque de rationalité, mais la remise en place de l'enfant – soit cette humiliation issue de la fessée – éclaire celui-ci sur le lien qui unit ses actes, sa personne et sa mère. Il y a dans cette *punition de l'humeur* un enveloppement affectif qui a le génie de l'intuition : cette intelligence immédiate qui répond à une faute par un geste plutôt que par un discours.

La même analyse vaut pour la gifle qui eut son heure de gloire. A défaut d'être la punition la plus rationnelle, elle est l'expression d'une humeur que l'enfant ne reçoit pas avec plaisir. Cependant, infligée avec parcimonie[314] et à bon escient, la gifle indique à l'enfant qu'il a emprunté une mauvaise voie. Qu'elle soit aujourd'hui mise en question sur la base des conséquences neurologiques qu'elle peut entraîner mérite considération. Cependant, dans la même perspective que la fessée, elle est *un geste d'humeur* face à une situation qui appelle une réponse immédiate. La gifle mûrie et donnée froidement deux heures plus tard garde sa violence, mais perd sa dimension punitive, c'est-à-dire son pouvoir d'humiliation sur fond d'humeur et d'amour. La gifle que François Bayrou donna à un enfant[315] qui

314. Faut-il préciser que si la gifle devient *une habitude*, elle est la marque d'un échec dans la réponse à apporter soit à des fautes systématiques de l'enfant, soit à une relation bloquée entre le parent et l'enfant qui tourne à la maltraitance de ce dernier.

315. A la *Halle aux grains* de Toulouse, le 2 mars 2012, en déplacement dans le cadre de la campagne présidentielle à laquelle il était candidat.

lui *faisait les poches* dans la rue fut approuvée par la majorité des gens. La raison de cet acquiescement populaire vint d'une part de la spontanéité de la réaction du candidat à l'élection présidentielle, d'autre part de la conscience commune d'un déclin de l'autorité parentale tenue en partie pour responsable de la montée des incivilités et de la délinquance. *La geste politique* s'éclairait ainsi par *un geste punitif*! En intitulant son film *La Gifle*[316], Claude Pinoteau croyait signer le chant du cygne de ce geste parental devenu inapproprié en 1974 et qu'il fallait remplacer par l'écoute et la compréhension du désir de l'enfant. Il avait tort ; la gifle a la vie devant soi !

En France, ces deux punitions familiales ne font pas encore l'objet d'une loi comme dans la plupart des pays européens. En Suède, pays pionnier en la matière, il est interdit de pratiquer la fessée, sauf entre adultes consentants ! Ainsi, un couple a été condamné, le père à un an de prison, la mère à porter un bracelet électronique, parce que leur fils avait déclaré à la maîtresse que si elle notait sur son carnet de correspondance qu'il n'avait pas appris sa leçon, il recevrait une fessée en rentrant à la maison. L'institutrice avait transmis cette menace au directeur qui avait appelé le procureur qui avait dépêché la police qui avait interpellé les parents ! Cherchez l'erreur ! Une famille démembrée et anéantie pour une présomption de fessée, l'enfant ayant été retiré à la garde de ses parents ! Outre cette dynamique de la délation qui rappelle les

316. Film réalisé en 1974 par Claude Pinoteau, avec Lino Ventura dans le rôle du père affectueux gifleur, et Isabelle Adjani dans celui de l'amoureuse fugueuse.

dictatures, l'Etat commet une faute morale majeure envers des personnes en brisant leur famille. Cet exemple nous amène à prendre conscience que le monopole étatique de la violence physique est *légal*, mais dans ce cas, résolument *illégitime* car *inique*.

Sans faire l'apologie de la gifle et de la fessée, il importe seulement de rappeler qu'elles sont des formes de punition au sein de cette communauté de sang et d'affects que constitue la famille, *corps affectueux* qui vaut bien *les corps défectueux de l'Etat*[317]. Qu'il y ait dans ce corps des mouvements qui oscillent de *la caresse* à *la punition* contribue à son harmonie. Notre société puritaine et aseptisée se refuse à l'existence de ces mouvements qu'elle veut contrôler alors que tout le reste de la société lui échappe : le chômage, les sans-abri, les suicides au travail, les infanticides, la fraude fiscale, la fuite des capitaux, etc. Il faut que cette idéologie s'aveugle sur ces trous noirs de notre société pour croire faire œuvre utile en prônant l'interdiction de la fessée ! Si la famille pouvait être mise sous vidéosurveillance, les partisans de ce *refus de punir* en seraient ravis. Epier chaque caresse, pour y traquer le risque d'inceste et de pédophilie[318], et chaque gifle et fessée pour y dénoncer le retour de la torture et du sadisme : telles sont les deux bornes entre lesquelles s'agitent les contempteurs de la famille et les défenseurs du tout-à-l'ego.

317. Les grands corps techniques, issus de l'Ecole polytechnique, et ceux de l'Administration, issus de l'ENA.

318. L'affaire d'Outreau (2004-2005) a montré jusqu'où pouvait aller cette mise en question des gestes parentaux, à savoir jusqu'à l'erreur judiciaire.

Zorn, dans son roman autobiographique *Mars*[319], explique comment le développement de son cancer à trente ans est le fruit d'une éducation puritaine, loin du corps, loin du cœur. Le cœur sans le corps, le corps sans le cœur : deux extrêmes qui nourrissent les lois des démocraties. Peut-être qu'une fessée ou une gifle aurait permis à Zorn de laisser la page blanche et de ne pas développer de métastases? A *l'éducation glaciale* de Zorn fait écho *la pseudo-éducation* de ce début de siècle, pétrie de bons sentiments devant des enfants en voie de disparition. Qu'une pratique ponctuelle de l'autorité familiale passe par le corps et s'inscrive dans celui-ci, non comme un tatouage ou le sceau de l'infamie, mais pour rappeler que la famille *fait corps*, qu'elle forme un corps et non *une bulle aseptisée et transparente* dans laquelle l'œil de Big Brother pourrait s'introduire pour la faire éclater : tel est le sens de ces deux corps-à-corps entre parent et enfant.

A l'école, *les règles rationnelles* prennent le pas sur *les affects*. L'enseignant n'est pas le parent, même s'il peut l'être en dehors. Sa pratique de la punition ne doit pourtant pas négliger *l'humeur*; elle doit même rechercher *ce moment d'humiliation* dont tous les règlements scolaires semblent s'être aujourd'hui débarrassés. Autrefois, le père déléguait à l'instituteur son pouvoir de gifler; aujourd'hui, il le traîne en justice dès que celui-ci s'y avise. Le monde a changé, mais l'enfant n'est pas mieux éduqué. L'humiliation à l'école ne doit pas être au cœur de la pédagogie, mais de la réponse à la faute commise par l'élève (vols,

319. Fritz Zorn, *Mars*, Gallimard, coll. «Folio», 1982. Zorn est un pseudonyme. Ce mot signifie en allemand «colère».

insultes, persécutions orales, physiques ou numériques, racket, cabale, etc.).

Au lieu de convoquer l'enfant, de le mettre à part et de s'en tenir à une discussion avec l'adulte qui lui fait la morale et lui rappelle le règlement en évoquant les sanctions encourues, il convient plutôt d'identifier la faute en présence de tous ceux qu'elle concerne (un autre élève, un groupe, une classe) afin que son auteur descende de son piédestal médusé sous le regard des victimes supposées. Il faut ensuite que les concernés décrivent la faute, les dommages (physiques ou moraux) qu'elle a causés, afin que, dans un second temps, les parents viennent élargir *le cercle de la punition* et qu'une catharsis s'opère où l'enfant comprend qu'il est certes *pris à partie*, mais qu'il peut aussi *être compris* moyennant reconnaissance des faits, excuses et réparations.

Famille et école ne sont pas deux sphères étanches, aussi la place de l'enfant dans la première a toujours des conséquences sur le comportement[320] de celui-ci dans la seconde. Si l'école ne peut pas renforcer la cellule familiale, elle peut en revanche s'offrir à l'enfant comme un espace où il peut *compenser* ses déboires émotionnels. Cette *compensation* peut prendre différentes formes comme le travail, la vie en groupe, la discipline, mais aussi, en cas de fautes, la punition. L'idée d'une punition qui conduise immédiatement l'élève à une réintégration dans la communauté scolaire contribuera ainsi non seulement à développer sa capacité à tisser des relations harmonieuses, mais aussi à mieux aborder celles qui sont conflictuelles dans la famille.

320 Absence de travail, absentéisme, agressivité, etc.

La punition scolaire a été presque totalement déconnectée du travail et des résultats scolaires. Ne reste plus en France sur les bulletins scolaires – état des lieux du travail d'un élève sur une période donnée – qu'une mention indiquant, le cas échéant, que l'élève travaille insuffisamment. Punir un élève qui ne travaille pas est passé de mode, comme si l'école était devenue *une garderie* dont le but était seulement d'offrir un lieu d'accueil, non celui portant obligation de travailler et d'édifier un savoir. Dès lors que l'obligation de travailler disparaît, la punition prévue pour la renforcer s'évanouit. Il ne serait pourtant pas vain de voir l'école restaurer *la punition proprement pédagogique*, sauf à reconnaître qu'elle est une institution disposant de bâtiments où stagne la jeunesse en attendant le chômage. La punition pour *absence de travail* consisterait dans un premier temps à *priver de vacances* les élèves punis afin qu'ils reviennent durant la période de congés dans l'établissement scolaire à la recherche du temps perdu ! Si cette punition se révélait infructueuse, il conviendrait d'orienter l'élève vers un autre type d'établissement – par exemple un internat – dans lequel le travail serait central, l'encadrement plus strict, les loisirs proportionnels aux résultats obtenus. Bien sûr, un tel dispositif supposerait que la République se donne les moyens de *faire du savoir un objet de désir* et *de contrainte*, ce qui n'est plus le cas. L'élève peut actuellement, dans toutes les démocraties, se comporter dans l'institution scolaire à la manière d'*un consommateur* dans un centre commercial : le premier passe d'un cours à l'autre sans rien apprendre ; le second passe d'une boutique à l'autre sans rien acheter. Le néant règne en maître d'école et en despote des loisirs. Si l'école ne rétablissait pas cette punition, il faudrait qu'une volonté politique ait le courage de la fermer et d'inventer une autre forme d'enseignement conforme à l'ère d'Internet.

La question de la punition dans le sport entraîne une reconfiguration plus radicale encore que celle s'offrant à la famille et l'école. Si celles-ci doivent retrouver *le sens de l'humeur et de l'affect*, le sport doit rechercher *celui de l'honneur*. Pourquoi ? Parce que sous l'égide de nombreuses influences, notamment mercantiles, le sport a peut-être perdu son âme à travers l'emprise de sa professionnalisation. A l'origine, même s'il est difficile de dire à quelle source le sport s'abreuve, le terme au XIIIe siècle vient du français « desport » pour désigner les jeux de société aussi bien que les activités physiques. Il nous revient au XIXe de l'Angleterre dans le vocable raccourci de « sport », avec son sens moderne d'activité physique soumise à des règles et tournée vers la compétition. Si certains[321] le font remonter à l'Antiquité égyptienne, d'autres[322] le rattachent à l'élite sociale de l'Angleterre s'industrialisant. Le distinguant nettement du sport antique d'inspiration religieuse, Philippe Liotard remarque que la culture du corps est radicalement différente chez les modernes qui y reconnaissent « une machine du rendement[323] ». Etant donné que nous avons fait beaucoup de progrès depuis l'Antiquité dans le

321. Notamment Wolfgang Decker et Jean-Paul Thuillier, in *Le Sport dans l'Antiquité. Egypte, Grèce, Rome*, Editions A. & J. Picard, coll. « Antiqua », 2004.

322. Heinz Risse, *Soziologie des Sports*, Berlin, 1921 (*Sociologie du sport*, Presses universitaires de Rennes, 1991).

323. Philippe Liotard et Thierry Terret, *Sport et genre*, vol. II, *Excellence féminine et masculinité hégémonique*, L'Harmattan, 2006.

domaine des machines, il faut peut-être que nous parvenions à distinguer plus clairement *l'homme* de *la machine*; or, le sport peut nous aider à opérer cette clarification.

Depuis Descartes, qui se représentait le corps comme une machine[324], et, à sa suite, le médecin matérialiste La Mettrie, auteur de *L'Homme-machine*[325], le corps humain a délaissé son enracinement végétal et animal pour rivaliser avec la technique. Le jeu, fût-il olympique, en vaut-il la chandelle? Puisque nous regardons la plupart du temps les performances de ces corps d'athlète sur des écrans, le fait qu'il s'agisse d'acteurs, de personnages virtuels et numériques ou de réelles machines change-t-il quelque chose à nos émotions? Sachant que ces sportifs professionnels dits de «haut niveau» ne peuvent réaliser ces performances sans l'aide de la technique et de la chimie, faut-il, pour une image sur un écran, laisser la fabrication du corps athlétique s'élaborer prochainement dans des laboratoires?

Ce que la punition peut changer repose donc sur un renversement de notre conception du sport. Est-il pertinent de structurer le sport comme une course effrénée à la performance alors que les machines accomplissent déjà les mêmes actions mieux que nous et qu'elles iront *crescendo*? En 1997, *Deep Blue*, un superordinateur fabriqué par IBM, bat le champion d'échecs Garry Kasparov. La puis-

324. René Descartes : «Je ne reconnais aucune différence entre les machines que font les artisans et les divers corps que la nature seule compose, sinon que les effets des machines ne dépendent que de l'agencement de certains tuyaux, ou ressorts [...].» *Les Principes de la philosophie*, IV, art. 203, in *Œuvres philosophiques*, Garnier, 1973, p. 520.

325. Julien Jean Offray de La Mettrie, *L'Homme-machine* (1747), Gallimard, coll. «Folio Essais», 1999.

sance de calcul de l'ordinateur écrasait la réflexion et l'imagination de l'homme ! Faut-il en conclure que le jeu d'échecs a perdu de son intérêt ? N'y a-t-il pas dans ce jeu une dimension sportive dont la victoire n'est ni le seul intérêt ni le réel horizon ?

En 2008, Oscar Pistorius parvint, malgré son handicap, mais en raison de ses prothèses en carbone, à se qualifier en 2008 aux jeux Olympiques de Londres, se faisant éliminer en demi-finale. Le fait même que l'athlète puisse passer d'une épreuve réservée aux sportifs handicapés à celle qui ne l'était qu'aux personnes valides indique que la performance physique repose désormais sur autre chose que le corps du sportif. L'introduction, reconnue ou dissimulée, de la technique (y compris sous la forme du dopage[326]) fausse toutes les victoires. L'humeur du sportif est remplacée par l'innovation technique à qui revient en définitive la victoire. Si le XIXe siècle a inventé *un sport de la victoire*, le XXIe consacre *un sport de la défaite* où l'âme et le corps de l'athlète sont *dé-faits* au profit de produits dopants, de manipulations biologiques et d'innovations technologiques. Au bout de chaque compétition, c'est la technique qui empoche les succès, laissant au sportif une performance en trompe l'œil dont il retire en public *la gloire* qu'il monnaye aux sponsors ; en privé, il n'attache *aucun honneur* à ses performances. Pour Pistorius, ses prothèses en carbone contribuent à éliminer des sportifs valides qui n'ont pas encore compris que *la performance* ne repose plus désormais sur le talent et sur l'effort.

A travers ces exemples, nous voyons que l'hu-

326. Qui suppose la technique, tant pour fabriquer les produits que pour les injecter au sportif, comme dans le cas de l'EPO.

meur est de la partie, mais que, au lieu d'être canalisée *vers le lien*, elle *délie* et devient une machine à séparer les hommes. Le combat de boxe, par sa recherche du *K-O* (*knock-out*) – *la mise hors de combat* –, est la plus claire illustration de cette vocation éliminatrice du sport. *L'élimination symbolique de l'adversaire* est, depuis le XIXe siècle, le but du sport : d'un nombre initial de prétendants à la victoire, les épreuves sportives consacrent une équipe ou un sportif ayant résisté au filtre des éliminations.

Dans l'Antiquité, l'élimination n'était pas *symbolique* mais *physique* : *Ave Caesar, morituri te salutant*[327] ! Edulcorée, la mort sportive, de *physique*, est devenue *symbolique* et continue à éliminer les sportifs en les classant. Le sportif est aujourd'hui un tueur du dimanche. Il opère sur les stades, et sa force d'élimination est relayée *parfois* par des hooligans qui s'en prennent physiquement aux supporteurs de l'équipe adverse, mais *souvent* par la promotion que lui offre le spectateur attaché à un club, une ville ou un pays. Nous constatons alors que le sport puise ses racines dans une volonté de combattre que le citoyen ne parvient plus à manifester dans cette vie sociale *aseptisée*, mais *stressée*. A travers la pratique du sport ou la dévotion envers les sportifs professionnels, le citoyen éprouve le sentiment de ne pas être lui-même éliminé de la vie sociale.

Si la punition peut reprendre pied dans le sport au-delà de la *fonction arbitrale*[328], ce n'est certaine-

327. Ceux qui vont mourir te saluent! s'écriaient les gladiateurs en s'adressant à César dans l'arène.

328. Celle qui consiste à faire respecter les règles du jeu et à punir les infractions.

ment pas par sa fonction policière. Après tout, si le sport est voulu comme lieu de performance spectaculaire, il ne peut être assumé qu'au prix d'une *chimérisation* et *cyborgisation de l'homme*. Dans ce cas, la police devrait être déboutée de son droit d'arrêter le sportif dopé puisqu'il est cet *homme-machine* voulu par le corps social. En revanche, si le sport se définit comme vecteur de *l'épanouissement du corps* – ce qu'il est déjà en dehors de sa pratique professionnelle –, *de la personne et de la sociabilité* – ce qu'il n'est pas en raison de l'agressivité qui en constitue le moteur –, la punition peut gagner de l'épaisseur. L'enjeu du sport changerait alors de nature : à travers la pratique codifiée d'activités, il ne consisterait plus à *mimer la guerre* et à *singer le meurtre*; il viserait à *préparer la paix*. Le vainqueur, par exemple, ne serait plus un soldat qui écrase le perdant, mais un joueur qui a porté une situation humaine – la compétition – vers la réconciliation.

Que le sport enseigne à la personne le dépassement de soi, non seulement dans l'effort physique, mais dans l'aptitude à faire de ses émotions un facteur de sociabilité, peut paraître paradoxal. Pourtant, chaque fois qu'un sportif ou une équipe reconnaît le plaisir d'avoir perdu un match devant un adversaire déclaré ce jour-là imbattable, *il* ou *elle* exprime le sentiment que l'adversaire n'est jamais *un ennemi,* mais toujours *un partenaire* avec lequel une relation et une histoire se sont tissées. Ecole de l'effort, le sport peut surtout devenir le collège d'un humanisme semant la reconnaissance d'autrui, le partage d'un moment et d'un terrain, favorisant la rencontre des personnes aussi bien que l'amour des différences. Dans toutes les situations où le comportement des joueurs s'éloignerait de ces principes, *la punition* aurait son mot à dire, non seulement sur le terrain, mais également au-dehors par la décision d'une instance sportive de stopper l'ascension d'une équipe, d'un club ou d'un pays qui aurait fait d'un match ou d'un duel un motif belliqueux. La punition aurait une fois de plus pour fonction de recoudre, non d'en découdre. Au-delà de ce que voulait Pierre de Coubertin, l'important n'est donc pas de *participer* sur le mode du fair-play ; l'important consiste à tisser l'humanité sur le fair-way, le ring ou dans le stade. De ce tissage, plus que de la victoire, découle la quête sportive de l'honneur.

Quant aux *Rogues States*, nous avons vu qu'ils concernaient des populations qui étaient plus *victimes* de leurs régimes et de leurs dictateurs que *punis* par les démocraties. La punition ne pourrait revenir en diplomatie, *administration des interstices* par excellence, que si la morale reprenait la main dans le concert des nations. Or, la *Realpolitik*[329] et le cynisme président plus aux relations entre les pays que les relations d'amitié – qui existent sans pouvoir s'y imposer. *La punition diplomatique* devrait être réservée à une autorité multilatérale capable d'intervenir dans un Etat dont le gouvernement a agi en déchirant le tissu social de son propre pays et en mettant à mal sa population par des actions violentes. Les Etats répondant à ce critère ne sont pas légion ; ils contribuent cependant au malheur de millions d'habitants sur cette planète. Le fait qu'ils aient des liens avec des grandes puissances rend toujours difficile

329. Attribué à Bismarck, ce terme allemand désigne la politique étrangère d'un Etat fondée sur le calcul des forces en présence et sur son intérêt national.

l'obtention d'un consensus de tous les pays dans les enceintes multilatérales, à commencer par l'ONU, ainsi que *la décision et la mise en œuvre* d'*une punition diplomatique*. Le fait que quelques pays, pour des raisons variées et souvent peu avouables, interviennent sous couvert de moralité dans ces pays sans mandat d'une organisation intergouvernementale nous incite à leur refuser le label de *punition diplomatique*. Lorsque la France, par exemple, intervient en Afrique pour rétablir la paix dans une zone anomique où sévissent pillages et guérillas, elle s'y avance en affichant des *raisons morales (protéger les populations, rétablir la paix, préparer des élections démocratiques, contribuer à une stabilité politique régionale, etc.)* qui masquent des intérêts nationaux (*défendre les entreprises françaises présentes, garder la main sur un pré carré militaire, privilégier des hommes et des partis politiques africains, capter des voix dans les instances internationales, etc.*). Vouloir empêcher cette intervention au prétexte qu'elle n'est pas placée sous les auspices de la morale serait toutefois excessif et augmenterait le danger encouru par les populations concernées. Pour autant, reconnaître *morale* cette intervention parce qu'elle réduit provisoirement le nombre des exactions commises par des bandes armées constitue un argument purement rhétorique. Les interventions militaires multilatérales, faute d'être portées par un consensus total, sont *rarement des punitions*, tandis que les expéditions punitives, menées par un Etat ou une coalition, se révèlent des *représailles*. *Le tricotage diplomatique*, peu préoccupé par la couture sociale des autres pays et insensible à la force du pardon, demeure étranger à la punition. Il est par conséquent plus sage de reconnaître que la punition et la diplomatie ont de rares occasions de se rencontrer, *la punition diplomatique* relevant dès lors de la chimère. Clausewitz[330], stratège d'une autre époque, exagère lorsqu'il définit la diplomatie comme «la poursuite de la guerre par d'autres moyens», car elle contribue tout autant, malgré son arrimage à des Etats, à l'extension de la paix dans le monde. Mais son ambiguïté demeurera totale tant que les Etats ne seront pas réunis dans un projet de paix mondiale ou ne se seront pas fondus dans un Etat universel.

2.3.2. DE LA PEINE PLANCHER À LA PUNITION COMME PLANCHE DE SALUT

Cum grano salis[331].

Si nous reconnaissons à *la punition* une signification – recoudre ce qui a été déchiré par la faute dans les relations humaines –, nous découvrons *un continuum social* qui fait de cette réponse à la déchirure un moyen de réunir les hommes. Au nom d'une telle continuité, nous pouvons désormais nous étonner que des punitions *cohabitent* avec d'autres sur le fondement d'une autre logique et *se contentent* de répondre à un acte déchirant par un acte qui l'est tout autant. La première réaction à quelqu'un qui nous fait mal consiste à vouloir lui faire du mal. C'est une réaction épidermique, mais donc, aussi, primaire. Il y a du reptilien dans cette

330. Carl Philipp Gottlieb von Clausewitz (1780-1831), auteur du traité *De la guerre* (1886) qui fonde la stratégie moderne.

331. «Mettre son grain de sel.»

réaction. Elle provoque d'abord le meurtre en réponse au meurtre (vengeance), puis invente la peine de mort (vengeance de l'Etat). Dans les deux cas, nous comprenons qu'il ne s'agit pas d'*une punition*, mais d'*une vengeance directe* ou *indirecte*. La première envenime la société, la seconde l'apaise sans la guérir.

Constatant que cette réponse ne résolvait pas la question de la faute, la violence physique a été convertie ou recyclée *en détention*. La seconde réaction au mal consiste non à tuer le tueur, mais à *le neutraliser*. L'avenir de la détention en a découlé. Comme tous les détenus ne mouraient pas en captivité et que leur libération était prévisible, le constat ne se fit pas attendre : en remettant en circulation des délinquants et des criminels dans la société, la prison se révélait impuissante à résoudre le problème de la faute : au mieux elle le différait; au pire elle l'aggravait. Dans tous les cas, elle ne *dissolvait* pas ses responsables et ne *résolvait* pas un problème social.

Après avoir constaté que *le travail forcé* ne constituait ni une éducation ni une guérison des détenus supposés ignares ou malades, le problème se posa de *réinsérer* les détenus afin qu'ils ne retombent pas dans la délinquance ou le crime. Après avoir *incarcéré* le fautif, il fallut le *réinsérer* dans la perspective de la paix sociale et de la tranquillité des foyers. Par un tel dispositif pénal, nos sociétés, à la différence des peuples amérindiens, se compliquent la tâche et se révèlent d'une grande naïveté : car une fois qu'on a introduit une maquette ou une balle en caoutchouc dans une bouteille de verre, il est difficile de l'en faire ressortir. Pour le fautif, la chose est encore plus compliquée puisqu'il ne s'agit pas seulement de l'exfiltrer de prison; il convient encore de le faire revenir dans une société qui ne l'attend plus et qui se réjouit de le savoir ailleurs. Les Amérindiens avaient compris qu'il fallait *exclure symboliquement* le fautif en brûlant son habitat, puis le *ré-inclure aussitôt* afin que la bouteille ne l'emprisonne pas! La logique pénale de nos sociétés fait donc peine à voir tant elle se montre impuissante à appréhender les fautifs en croyant les punir.

Disons-le simplement : qu'on se réfère au bannissement, à la peine de mort ou à l'emprisonnement, ces trois formes de peines sont *étrangères à la punition. Tuer, emprisonner* ou *expulser du pays* le fautif illustrent trois solutions qui répondent à une déchirure par une autre déchirure (*la mort, l'isolement, l'éloignement*). *La punition*, à la différence de ces *trois peines, recoud le tissu déchiré, reconstruit le lien social et s'efforce d'entraîner les hommes dans la spirale vertueuse du pardon.* Emprisonnées mentalement dans le système de l'emprisonnement, nos sociétés cherchent depuis ce début de siècle à se libérer d'un système pénal qui ne marche pas. Fondée sur l'idée que la menace d'une peine incompressible dissuadera le fautif, voire inhibera sa capacité à récidiver, *la peine plancher* représente un des symptômes de cette impasse du système pénal : au pays des Amérindiens, des Etats américains ont fixé des peines minimales qui ne sont pas minimes! La loi des «trois coups» (*Three-strikes law*) permet ainsi de condamner à *un minimum de vingt-cinq ans de détention* la personne condamnée trois fois pour crimes ou délits. En raison de ses condamnations précédentes pour motifs mineurs, René Landa a ainsi été condamné à la prison à perpétuité assortie de vingt-sept ans de sûreté pour avoir volé une roue de secours!

Le tripode *police/justice/prison* ne fonctionne donc pas. Emprisonner une mère infanticide, un mari qui a tué sa femme alors qu'il est en instance de divorce, un automobiliste qui n'a pas vu un piéton constituent trois impasses ! Non seulement ces trois fautifs sont plongés dans le malheur par l'acte qu'ils ont commis, mais leur emprisonnement n'entraînera aucune résurrection des morts ni ne dissuadera aucune autre mère, aucun autre mari et aucun autre automobiliste pris dans le tourbillon de la passion morbide ou de l'inattention de passer à l'acte si rien dans leur entourage n'est mis en œuvre pour les remettre sur les rails du bon sens. Pour peu que la société s'attarde sur les motifs de leur faute *ailleurs que dans un procès*, il est évident que ces personnes ne représentent pas un danger pour la société. Prisonnier du désarroi, d'un amour déçu ou d'une inattention, il faut reconnaître que, par une telle décision, c'est le système pénal qui constitue une menace pour les personnes fragiles et malheureuses.

A défaut d'en finir complètement avec la prison, reconnaissons-lui deux limites. La première tient à *sa fonction pénale* : la prison ne punit pas puisqu'elle *sépare* les personnes quand la punition les *réunit*. La seconde tient à *sa fonction protectrice* : en détenant les personnes supposées constituer une menace pour la société, la prison joue un rôle étranger à la punition. Une fois reconnue cette *fonction protectrice*, il ne convient plus de l'étendre ; il importe au contraire de la réduire à la population estimée dangereuse. A l'inverse des Etats-Unis qui détenaient encore en prison, en ce début du XXIe siècle, presque 1 % de leur population[332], il

332. 2,3 millions de prisonniers sur une population de 238 millions d'habitants en 2011.

semblerait que la France prenne conscience qu'un peu moins de 1000 prisonniers[333] se révèlent dangereux sur les 67000 personnes détenues. Pour l'essentiel, il s'agit de personnes au profil psychologique inquiétant, indifférentes à la souffrance des autres et animées par des pulsions morbides. La conclusion à tirer de ce phénomène apparaît clairement : fermer l'essentiel de nos bastilles pour n'en garder que quelques-unes dans lesquelles les prisonniers dangereux feront l'objet de soins et d'attention. Dit autrement, ces prisons deviennent des lieux poreux à l'institution psychiatrique.

Que faire des autres détenus ? La question ne se pose pas ainsi. Pour y répondre, il faut au préalable revoir notre manière de punir. Il convient alors de substituer au tripode *police/justice/prison* le tripode *Amérindien/Maori/amende.* Ainsi présentée, la substitution peut paraître *exotique* ; elle n'est en réalité que *pragmatique.* Par *pilier amérindien*, je me réfère tout simplement à cet exemple donné par Claude Lévi-Strauss en déplaçant toutefois le curseur de la faute. Plutôt que de répondre au vol par la destruction de l'habitation du voleur, il semble plus judicieux, en raison de la société d'abondance dans laquelle nous vivons, d'appliquer ce ratio au criminel plutôt qu'au voleur. Celui qui tue doit voir dans un premier temps ses biens vendus et le montant de cette vente reversé

333. « Le concept de "dangerosité" représente une construction sociale. [...] De nombreux scientifiques réclament dès lors un renoncement au concept de "personnalité dangereuse" qu'ils décrivent comme non-scientifique, et préfèrent renvoyer à des situations ou à des interactions "dangereuses" (Cf. Floud, 1982 ; Nash, 1992). » Frieder Dünkel et Sonja Snacken, *Les Prisons en Europe, la justice au quotidien*, L'Harmattan, 2005, p. 67.

immédiatement à la famille de la victime (conjoint ou/et descendants). Il va de soi que les inégalités sont grandes en la matière, mais on peut estimer qu'une prise de conscience des deux parties (fautif et victime) commence à émerger de cette décision et redistribution des cartes. Le fautif, dès la procédure engagée par la justice, doit être relogé dans un contexte propice d'une part à la poursuite d'une activité professionnelle, y compris celle qu'il exerçait avant le crime, d'autre part à la vie en couple et en famille si celle-ci s'avère possible et désirée par ses membres. Un tel dispositif, introduisant une rupture dans la vie du fautif, incommensurable, sauf exception[334], avec celle produite dans la vie des proches de la victime, s'accompagne donc immédiatement d'une recherche de continuité. Dans un premier temps, cette alternance immédiate de la rupture et de la continuité doit s'accompagner d'une prise en charge psychologique séparée du fautif et de la (ou les) victime(s) qui doit, dans un second temps, donner lieu à une série de rencontres des deux parties. C'est lors de cette seconde phase de rencontre que *demande* et *accord de pardon* peuvent émerger. L'ensemble de ce processus psycho-social doit être supervisé par un juge qui évalue sur la durée le travail de deuil de la victime et de responsabilisation du fautif.

Un tel changement dans la façon de punir paraîtra impossible à réaliser aux conservateurs habitués à penser que nos âmes sont façonnées par la vengeance et que l'Etat est désormais le garant de sa limitation. A ces objecteurs de la conscience punitive, il faut rappeler que la manière dont l'Etat

334. La victime était une personne isolée, coupée de toute famille et de tout cercle de convivialité.

est intervenu dans les conflits privés dans l'Antiquité fut aussi mal reçue à l'origine par la population que ne sera demain perçue cette nouvelle manière de punir. Les bénéfices qui découleront d'une telle réforme de la punition se feront sentir, non seulement par le changement des mœurs entraînant une nouvelle manière de percevoir le fautif, que par une diminution prévisible de la criminalité.

Dans le cas d'une atteinte aux biens, le vol fait figure de proue (suivi par le fait de commettre des dégradations) et doit donner lieu à une autre punition. *Le pilier maori* entre en scène. Il s'agit d'organiser une confrontation entre la victime et le fautif au cours de laquelle sont également présents un juge et un médiateur. Le voleur doit s'expliquer non seulement de son acte, mais de la manière dont il envisage de l'annuler ou de le compenser. En fonction des conséquences de cette négociation, le juge validera l'accord trouvé entre les parties ou prendra une mesure arbitrale permettant d'offrir à la victime une compensation. Cette mesure pourra prendre la forme d'une mise en vente de la totalité ou d'une partie des biens du voleur ainsi que d'une publicité de l'acte qu'il a commis. Rendre public le délit constitue un moyen de pression sur le fautif pour qu'il se responsabilise et ne s'enferme pas dans une vie placée sous le sceau de l'illégalité. Le juge peut également soumettre le fautif à un contrôle numérique[335].

Le pilier de l'amende est proprement occidental et redoutablement efficace pour des petits délits. A toutes les infractions aux différents codes (de la route, des impôts, etc.) et aux lois promettant une

335. Aujourd'hui *bracelet*, demain *puce électronique*.

simple contravention, le fait de prélever une somme d'argent forfaitaire sur le compte du fautif permet la plupart du temps de calmer ses ardeurs. Ayant assimilé précédemment l'amende à une amputation symbolique de la personne en raison du rôle essentiel de l'argent dans nos démocraties marchandes, nous comprenons que *la contravention* constitue un moyen efficace de faire respecter la loi dans son pouvoir d'interdire les actes les moins graves (infractions routières, tricherie fiscale, incivilités, etc.) qui constituent néanmoins des actes propres à détruire de manière discrète le lien social.

Parmi ces trois types de punition, laquelle vient sanctionner le viol et les agressions sexuelles? Dans le premier cas, il ne s'agit ni d'une suppression de la personne, ni d'une atteinte aux biens. Néanmoins, on peut considérer que le viol réduit la personne à une chose, donc à un bien que le fautif croit s'approprier par la violence. De son côté, l'agression sexuelle, qui ne se distingue du viol que par l'absence de pénétration, paraît osciller entre la maltraitance de la personne et le viol. Elle pourrait donc relever du *pilier maori*, le viol relevant plus clairement du *pilier amérindien*.

Il s'agit ainsi de garder pour les crimes et le viol l'humiliation amérindienne radicale qui s'en prend aux biens du fautif afin de le faire aussitôt revenir à la vie sociale; pour les délits, *la négociation maori* permet la réconciliation par le dialogue et l'échange d'émotions; l'amende, à défaut d'imaginer le coupable s'amender dans la demande de pardon, permet au fautif de voir ses limites fixées efficacement par la contravention. Finalement, nous ne garderions du système occidental que le plus facile à pratiquer et le plus immédiatement amputatif, tandis que nous irions chercher sur des terres lointaines une inspiration radicale et négociatrice pour construire une justice capable de changer les mœurs et de bâtir une civilisation du pardon.

Bergson distinguait deux types de société : la close et l'ouverte. *La société close* exerce une pression sur les citoyens par l'habitude et par la répression pour ceux qui s'en détachent. *La société ouverte* est celle qui ne s'enferme plus dans les limites des frontières, mais qui a l'humanité pour contenu et chaque homme pour citoyen : «La société ouverte est celle qui embrasserait en principe l'humanité entière[336].» Bergson s'échine à préciser que ces deux sociétés n'ont rien à voir l'une avec l'autre, qu'elles n'ont pas la même essence. La close se construit contre l'extérieur alors que l'ouverte est accueil de l'humanité sous toutes ses formes : «De la société close à la société ouverte, de la cité à l'humanité, on ne passera jamais par voie d'élargissement. Elles ne sont pas de même essence[337].» Pourtant, il écrivait plus haut qu'il y avait un passage de l'âme close à l'âme ouverte : «Entre l'âme close et l'âme ouverte, il y a l'âme qui s'ouvre. Entre l'immobilité de l'homme assis, et le mouvement du même homme qui court, il y a son redressement, l'attitude qu'il prend quand il se lève. Bref, entre le statique et le dynamique on observe en morale une transition[338].» Ne peut-on pas alors penser qu'en changeant de système pénal et en passant d'*une punition statique* – la prison –

---

336. *Les Deux Sources, Œuvres, op. cit.*, p. 1202.
337. *Ibid.*
338. *Ibid.*, p. 1028. Il va de soi que Bergson ne parle pas ici de la société, mais de l'âme.

à *une punition dynamique* – la reconstruction du lien social – nous ne conduisions pas insensiblement la société à évoluer du clos vers l'ouvert? Assurément, le fait de rechercher dans la punition *le pardon* plutôt que l'*endiguement de la vengeance* constitue une ouverture des âmes, mais également une mise en mouvement du corps social. Le fait d'inscrire cette punition dans toutes les formes de communauté ne peut que renforcer ce projet d'ouverture et le passage d'une société close à une civilisation universelle.

Conclusion

Pour une punition fondatrice d'une justice rémissive

«Le pardon n'est pas au bout du chemin; il est le chemin.»

Françoise Chandernagor[339].

Quelles que soient les pressions qui s'exercent sur la justice en Occident, celle-ci devra se réformer et n'y parviendra qu'au prix d'un *changement de paradigme*. Pour *l'énergie*, ce changement viendra soit du réchauffement climatique, soit de l'épuisement des énergies fossiles, soit de la rencontre de ces deux phénomènes. Pour *la justice*, le paramètre du changement crève moins les yeux. La punition peut constituer cette clé de voûte de la réforme dès qu'elle n'est plus comprise comme *la synthèse de la nécessité et de la liberté*, mais admise comme *le moyen de faire passer nos sociétés closes*, fussent-elles démocratiques, *vers une civilisation universelle*.

Passer de *la vengeance et du règlement de comptes privé* à *la justice et à la régulation étatique des conflits* a constitué un réel progrès de l'humanité.

339. *La Première Epouse*, Livre de Poche, 1999.

Faire du pardon *le nouveau contenu* en même temps que *l'horizon de la justice* ne revient pas à renoncer à la punition, mais au contraire à s'appuyer sur elle afin que l'humanité réalise un pas de plus vers elle-même. La distinction entre *justice rétributive* (celle qui attribue un blâme au coupable) et *justice distributive* (celle qui répartit les richesses) peut dès lors s'effacer devant *la justice rémissive* qui ne «vomit» plus le fautif, mais s'efforce de lui ménager une place nouvelle dans la société en dépit de la faute qu'il a commise.

Platon voulait que la société soit gouvernée par des hommes vertueux, donc des sages. Sa République était une *Callipolis*[340], une cité de la Justice. Elle pourrait être une *Aphesiopolis*, une cité du Pardon (*aphèsis*) qui ne serait plus le propre d'une élite préposée à la sagesse, mais des peuples disposés à faire du pardon le nouveau socle de la vie politique et le fond de l'atmosphère sociale. Par une telle conception de la punition, nous pourrions construire *une république de la Rémission* pour remplacer nos démocraties de la condamnation et de la détention. Foucault, à la suite de Bentham et de Nietzsche, parlait du «fond suppliciant» de la pénalité, reléguant la punition à un fond sadique. Adossée au pardon et à l'humanisme, la punition peut conduire vers la lumière en constituant un facteur de progression morale, sociale et politique.

340. En réalité, *Callipolis* désigne une *Belle Cité*, c'est-à-dire une cité réussie dont la beauté (Kalos) découle de la justice qui la fonde, comme l'explique Platon au livre VIII de *La République*. Nous pourrions donc parler d'une *Diképolis*, *Diké* signifiant la Justice en grec.

Apostille à la punition

A la suite de mon article dans *Le Monde* et de ma convocation à l'administration pénitentiaire, je pris le TGV un matin de novembre 2009 en compagnie d'un jeune directeur de prison mandaté pour piloter cette visite de prison : direction Loos-lez-Lille. L'arrivée devant la prison raviva des souvenirs. Dix-huit ans après, elle avait continué de se délabrer. Mais ma situation n'était plus la même. Je ne venais plus voir un élève; j'étais invité à comprendre une réalité complexe. La directrice me reçut comme elle avait l'habitude de le faire avec les personnalités curieuses de pénétrer l'univers carcéral et de découvrir cet établissement vieux de neuf siècles. Cette prison constitue d'ailleurs un vrai palimpseste de l'histoire de France : ancienne abbaye cistercienne, elle devient provisoirement hôpital militaire aux débuts de la Révolution française qui guerroie aux frontières. Elle est vendue en 1796 à un particulier qui exploite le domaine agricole et remplit le premier étage et les greniers de la récolte, tout en continuant d'accueillir au rez-de-chaussée les blessés de l'armée! L'Empire rachète le lieu en 1812 au fils du marchand pour en faire un dépôt de mendiants, notamment pour mettre hors d'état de nuire ces bandes d'enfants de dix à quinze ans qui prolifèrent dans des rues désireuses de s'embourgeoiser ! Après de longues années de disputes entre le maire et le préfet pour déterminer s'il fallait faire de cette ancienne abbaye une maison de correction ou une maison d'arrêt, c'est la dernière proposition qui l'emporte mais qui verra seulement le jour en 1821 ! Dès les années 1870, la prison est déjà dans un état de délabrement et de surpopulation avancé. De nouveaux travaux ne seront entrepris qu'au début du siècle suivant, créant la nouvelle maison d'arrêt avec son plan cellulaire.

Avant de démarrer la visite, la directrice m'explique dans son bureau quelques données fondamentales de son administration : les différents types de prison[341] et de détenus[342], et quelques chiffres,

341. La notion de *prison* est peu utilisée par l'administration pénitentiaire qui la décline en espèces mélangeant *types de détenus* et *durées de détention.* La distinction fondamentale sépare la *Maison d'arrêt* qui accueille *les prévenus* et *les condamnés* à des peines inférieures à deux ans (ou à qui il reste moins de deux ans à effectuer) et les *Etablissements pour peine* qui se subdivisent en *Centres pénitentiaires* (établissements mixtes subdivisés en Quartiers reprenant la subdivision générique de la prison), en *Maison centrale* (détenus condamnés à de longues peines et réputés dangereux), en *Centres de détention* (pour les détenus condamnés à des peines supérieures à deux ans mais présentant des possibilités de réinsertion sociale), en *Etablissements pour mineurs,* mais également en *Centres de semi-liberté* et en *Centres pour peines aménagées.*

342. La première grande distinction est celle du *prévenu* – pas encore jugé – et du *condamné* – déjà jugé. La deuxième sépare les *hommes* et les *femmes*. La troisième les *condamnés à de courtes peines* et *ceux à* de *longues peines* (plus de dix ans). La quatrième les *détenus faciles* (dont le comportement ne pose pas de problème) et les *détenus difficiles* ou *dangereux.* Bref, on voit bien que cette typologie des détenus s'impose *par les espaces* dans lesquels il convient de les

portant notamment sur leur répartition – 70% condamnés, 30% prévenus – et la limite de dix-neuf mois ayant pour but d'équilibrer les structures pénales dans le pays. Suit un peu de jargon pénitentiaire : la différence entre «l'ordre d'écrou», par lequel un magistrat ordonne à un établissement pénitentiaire d'accueillir un prisonnier et de lui donner un numéro; «le changement d'écrou», qui a lieu en cas de transfert ou de semi-liberté ou de placement à l'extérieur; «la levée de l'écrou», qui vaut liberté suite à un nouvel acte judiciaire. Nous visitons ensuite la prison. Drôle de bâtisse avec ses trois corps de bâtiment surmontés en leur centre par un poste central d'observation dont la coupole culmine à 35 mètres. Elle rappelle le panoptique de Bentham[343] tout en évoquant une étoile de mer amputée d'un morceau de bras plutôt que la ruche chère au philosophe anglais!

Nous pénétrons dans une nef qui évoque l'édifice religieux que nous découvrons bordé non de vitraux, mais de cellules et de barreaux! L'habillage en métal de la nef *via* des passerelles et des escaliers réalise cette métamorphose de l'espace mystique en un lieu technique. Mais le *sacer* trace toujours une limite séparant le pur de l'impur, et l'histoire a montré en mille occasions le passage de l'un à l'autre. Passer du moine qui n'est *pas saint* au délinquant qui n'est pas foncièrement *malsain* ne constitue donc pas une mission impossible. Quant

---

répartir plutôt que par une conception claire du détenu et de la punition.

343. Bentham invente un principe architectural pour surveiller les détenus en prison. Il s'agit de permettre au gardien d'observer tous les prisonniers sans que ceux-ci puissent savoir s'ils sont observés afin de créer un «sentiment d'omniscience invisible» chez le détenu.

au concept de cellule, il est religieux[344] avant d'être pénitentiaire, même si la prison y est venue seulement au XIXe siècle afin d'éviter les épidémies, l'homosexualité, et dans la noble perspective d'individualiser la peine. Ne pas mettre tous ses œufs dans le même panier : une devise que la prison appliqua donc tardivement.

La directrice m'ouvre toutes les portes : une cellule inoccupée, proprette ; puis, sur mon insistance, une cellule occupée par un détenu affable et qui joue le jeu. A la différence de la cellule vide, celle-ci vaut témoignage : sale, mur orné de pin-up pulpeuses, lits superposés en métal, télévision éructant un programme improbable. Je m'étonne que, en plus des barreaux, les fenêtres soient grillagées. Le directeur qui m'accompagne m'explique que le grillage sert à empêcher le *Yoyo*, ce passage d'un objet d'une cellule à une autre par un fil *via* la fenêtre. La vigilance a lieu à tous les niveaux. La passerelle qui distribue les cellules est trois fois plus large que celles-ci. J'imagine que la sécurité du personnel a été préférée au confort des détenus. Une marge de manœuvre existe que je n'aurais utilisée ni dans le sens de Haussmann ni dans celui de Bentham.

Je constate que la vie de prison ressemble plus à une ruche qu'à un monastère. Les déplacements

---

344. Moine vient du latin *monachus* et du grec *monachos* qui signifie *unique*, et de *monos* qui veut dire *un*. Le moine est voué à la solitude, et la cellule – *cella*, la «chambre» en latin – est le lieu qui lui permet de cultiver son rapport personnel à Dieu. Les philosophes du XIXe siècle ont pensé que la cellule était l'occasion pour le prisonnier de se retrouver avec sa conscience et son remords ! Ces penseurs ignoraient que d'avoir été *cueillis* par la police ne donnait aux prisonniers nulle envie de *se recueillir* comme un novice ; en général, ils préfèrent d'ailleurs être deux en cellule !

sont incessants. Un gardien fait des allers et retours du bas au haut de l'escalier pour accompagner un détenu, l'un venant du parloir, l'autre partant à l'infirmerie, tandis qu'un troisième se rend à une convocation et un quatrième à la bibliothèque ou à la salle de sport. Loin d'être un lieu statique, la prison est une dynamique. Tous ces mouvements n'en font pas un lieu de silence. Les gardiens se repassent les détenus comme les rugbymen le ballon. Etrange réification. Le détenu est *infantilisé*, à cette différence près que le gardien s'en méfie alors que le parent ou l'éducateur a peur *pour* et non *de* l'enfant ! Après avoir gravi l'escalier et arpenté la passerelle, nous nous rendons au parloir, celui-là même où j'étais venu rendre visite à Gaspard en 1991. Je regarde cette fois les détenus par-derrière, sous l'œil bienveillant des surveillants. Ce lieu, bien inscrit dans la prison, représente cependant une ligne-frontière avec l'extérieur : *la transcendance* passe par là, et un grand nombre d'objets interdits y circulent ! Néanmoins, je ne vois rien d'autre que des visages exprimant l'humanité dans une grande partie de sa palette émotionnelle. Rien d'indigne à première vue. Des enfants voient leur père, des femmes leur frère, leur amant ou mari, des mères leur fils. Une bouffée d'oxygène dans un univers confiné. Des jouets usés traînent dans un coin.

> Un Ennui, désolé par les cruels espoirs,
> Croit encore à l'adieu suprême des mouchoirs[345].

Après le parloir, je jette un œil à la bibliothèque : elle n'a pas l'air d'être le lieu le plus fréquenté,

345. Stéphane Mallarmé, *Brise Marine* in *Poésies*, Gallimard, coll. « Poésie », 1992.

mais elle a le mérite d'exister. *La chair est triste, hélas, et j'ai lu tous les livres*[346]. Le détenu, qui y assure une permanence, me reçoit avec enthousiasme et me dit lire de la philosophie. *Sempere aude*[347] *!* J'imagine son avenir antérieur si la passion du livre et de la sagesse l'avait cueilli plus tôt. Ce qui est pris est pris. Je regarde de l'intérieur la cour de promenade où, à cette heure de la matinée, personne ne déambule. Je visite même le *mitard*[348] où trois suicides eurent lieu en 2009. A première vue, j'y reconnais une cellule comme les autres, voire plus grande, plus confortable. Seul l'isolement du détenu fait la différence... qui est de taille.

Nous quittons Loos pour aller déjeuner au mess des officiers de la nouvelle prison de Sequedin ouverte depuis 2005. Discussion avec les hauts dignitaires : le directeur général du Centre pénitentiaire de Lille-Sequedin-Loos-Haubourdin, la directrice de la Maison d'arrêt de Sequedin, la directrice de Loos, et le jeune directeur qui m'accompagne depuis Paris. Nous discutons de la comparaison avec d'autres pays, la Suède, plus rigoriste – protestantisme oblige –, et l'Amérique latine, plus relâchée, où la France exporte son modèle. Le jeune directeur me parle de la *loi pénitentiaire*[349] destinée à donner à l'administration pénitentiaire cadre et légitimité.

---

346. *Ibid.*

347. Ose savoir ! Horace, *Epîtres*, Les Belles Lettres, 1989.

348. Cellule d'isolement où l'on place le détenu dont le comportement a transgressé le règlement. Punition au sein de la punition. Mise en abîme.

349. Loi du 24 novembre 2009 qui définit la peine ainsi dans son article 1 : «Le régime d'exécution de la peine de privation de liberté concilie la protection de la société, la sanction du condamné et les intérêts de la victime avec la nécessité de préparer l'insertion ou la réinsertion de la

Après le déjeuner, je visite le centre médical où la psychiatre m'expose les traitements de substitution qu'elle donne aux détenus drogués (*méthadone* à la place de *l'héroïne* par exemple). Elle m'explique surtout qu'ils sont moins accrochés au produit consommé qu'à *la manière* qu'ils ont de se droguer. Elle illustre son propos en m'expliquant qu'un détenu préfère se servir d'un stylo à bille pour se piquer plutôt que d'utiliser la seringue qui lui est fournie. Certains, me dit-elle, sont réduits à l'état de loque. Je ne la sens pas vibrer à cette évocation, comme si le fait d'être au contact de cette population la dégradait. La loque derrière le loquet de la prison, ce n'est visiblement pas sa tasse de thé.

Je perçois tout de suite la différence avec la prison précédente : il s'agit d'une *prison éclatée* qui oblige à se rendre dehors pour passer d'un espace à un autre. Le directeur m'explique que, à Loos, la circulation se faisait entièrement *à l'intérieur* du bâtiment alors que, à Sequedin, chaque espace est relié à un autre par *une circulation extérieure* fermée et vidéosurveillée. Déambuler y est impossible. Se déplacer n'est pas une mince affaire. On doit s'y habituer comme on s'accoutume aux embouteillages sur le périphérique. La marche, si j'ose dire, est la suivante : se présenter devant une porte; attendre que le surveillant vous repère ou que la personne qui est dans l'espace (une allée) devant le vôtre en soit sortie afin que ledit surveillant vous ouvre à distance la porte; pousser ou tirer la porte et se déplacer jusqu'à la suivante. Un dédale, le minotaure en moins.

---

personne détenue afin de lui permettre de mener une vie responsable et de prévenir la commission de nouvelles infractions.»

Au jeu du Monopoly, je me souvenais de la case *prison* sur laquelle j'avais l'impression, enfant, de perdre mon tour et mon temps. En prison, il n'y a que cette case, le surplace étant érigé en art. J'imagine que l'architecte a dû poser les fondements de la prison et composer son aménagement avec la sécurité comme critère central de sa réflexion. Avec le recul, la chose me fait sourire lorsque je me remémore l'évasion surmédiatisée de *Rédoine Faïd*[350] en avril 2013. J'ai toujours pensé que les architectes devraient vivre dans un lieu avant de le penser; ayant cependant appris qu'il est impossible d'incarcérer un citoyen sans numéro d'écrou, seul un architecte délinquant ou criminel pourrait donc faire l'affaire, homme qui peut se rencontrer, mais qui n'inspire pas nécessairement la confiance de l'administration. Les Américains sont plus pragmatiques lorsqu'ils embauchent d'anciens *hackers* pour le plus grand bonheur de leurs services secrets. Ils savent parfois reconvertir l'échec en succès et commuer *la peine* en joie.

Nous pénétrons dans la partie la plus économique de la prison : l'atelier. Proche de la sortie afin d'en extraire aisément le fruit du travail des détenus, l'espace, que nous observons depuis une mezzanine, est vaste : il héberge un travail totalement déqualifié, à savoir *l'ensachage*. Cette tâche a le mérite de sortir les détenus de leur cellule et de leur rumination tout en leur offrant une rémunération dont une partie est versée aux victimes, une

350. Spécialisé dans le braquage de fourgons blindés, il s'évade de la prison de Sequedin le 13 avril 2013 avec explosifs et prise d'otages. Il est de nouveau arrêté le 29 mai 2013 et cette fois placé dans un QMC; ce lieu avait été supprimé de la prison de Sequedin qui pourtant l'avait accueilli.

autre leur servant à aider leur famille, à *cantiner*[351], voire à préparer leur retour éventuel à la vie sociale. Leur rémunération est trois fois inférieure au salaire minimum hors les murs, ce qui me paraît bien peu pour pouvoir payer tout cela. Le détenu qui arrive et désire travailler doit attendre un délai de deux mois. Mais sous l'Ancien Régime, les prisonniers travaillaient déjà. Rien de nouveau à l'ombre de la République, si ce n'est qu'ils sont désormais un peu rémunérés.

Le surveillant me dit qu'il doit vérifier tous les cartons en fin de journée afin qu'aucun détenu ne s'y cache. Là, je souris franchement, car deux mois avant ma visite, Jean-Pierre Treiber s'est échappé de la prison d'Auxerre dans un carton ! Je comprends la pression qui s'exerce sur les surveillants en atelier après ce genre d'évasion. J'apprends que le détenu perd son travail si son comportement pose problème à l'atelier ou ailleurs. Le travail constitue donc un moyen de pression que l'administration exerce sur le détenu qui sait, s'il ne gère pas un restaurant ou une affaire à distance par personne interposée, qu'il peut perdre une ressource principale entraînant une dégradation immédiate de sa qualité de vie. Ici aussi, la paix sociale passe par l'activité économique. Le directeur m'explique d'ailleurs que la prison est à l'image de la société et qu'on ne doit pas en attendre plus de perfection. *Ite missa est.*

La cellule à Sequedin tranche sur celle de Loos : autant la seconde ressemblait à une cellule monas-

351. Terme clé de la vie d'un détenu : *cantiner* veut dire s'acheter tout ce qui n'est pas offert par la prison et qui permet d'améliorer l'ordinaire, du savon au pyjama (autrefois...) en passant par l'alimentation.

tique sans foi ni soin, autant la première rappelle ces chambres d'hôtel qui s'égrènent le long de nos routes nationales. Un coin «douche» sépare la partie WC et une plaque électrique fait office de kitchenette. Avec ses 9 mètres carrés, la chambre a des airs de studette pour étudiant.

Arrivé au parloir, je le trouve propre et fonctionnel, mais vide à cette heure de la journée. La visite se poursuit vers les *Unités de Vie Familiale*, vrais appartements meublés au sein de la prison qui permettent à un couple accompagné ou non d'enfant(s) de se retrouver pour une durée de six à soixante-douze heures. Vu l'importance de la vie familiale pour tout être humain, ce lieu me paraît constituer l'un des meilleurs facteurs de réintégration du prisonnier. Le détenu peut y retrouver une vie sensuelle et affective, autrement dit des raisons d'espérer et de tenir sur la durée. J'apprends néanmoins que les relations de couples sont compliquées pour les détenus condamnés à de longues peines. La femme assure une présence auprès de son mari tant qu'il est incarcéré, mais elle divorce souvent lorsqu'il sort. Dans la chambre, des jouets d'enfant témoignent d'une graine de vitalité dans un lieu dont l'atmosphère lourde prête peu à sourire.

La Maison d'arrêt de Sequedin contient en réalité trois prisons : une pour les femmes, une pour les hommes ayant à purger de courtes peines et une autre pour les hommes détenus pour de longues peines (le *Quartier Maison Centrale*). Nous nous rendons dans la cour de promenade des courtes peines à laquelle les détenus ont accès une heure par jour. J'entre dans le sas avec le directeur tandis qu'une masse spontanée, parmi les centaines de prévenus présents, se forme autour de nous pour nous interroger sur la raison de notre présence. Je demande à entrer dans la cour afin de pouvoir discuter avec eux. Ils m'interrogent, veulent savoir qui je suis. Je leur explique la raison de ma présence : un article sur la prison et une invitation pour que je change de point de vue sur elle. Certains viennent vers moi et m'expliquent leur cas. D'autres adressent au directeur des griefs et le besoin d'être reçus. Il semble qu'une des toilettes dans la cour doive être réparée. Je leur pose la question de savoir si la prison constitue une punition efficace. Les réponses sont confuses. Pour ceux qui prennent la parole, on ne les écoute pas assez, ce qui rend *pénible* la prison. L'un m'explique qu'elle ne sert à rien et qu'en sortant de prison il tuera celui qui l'a balancé aux flics ! L'ambiance est au *pathos* plutôt qu'au *logos*. Je ressors de la cour. Le directeur m'explique qu'il est difficile d'organiser des événements culturels, les rares tentatives, orchestre classique ou rap, n'ayant pas été couronnées de succès. Je me dis qu'il faudrait peut-être commencer par réparer la toilette.

Nous nous rendons ensuite au *quartier des femmes*. En chemin, j'y apprends que les femmes sont moins nombreuses[352] en prison que les hommes, qu'elles se montrent respectueuses des locaux et que les juges hésitent à les incarcérer. Ce qui me surprend tient au motif principal de leur condamnation : elles se retrouvent en prison non pour des crimes passionnels, comme on pourrait le croire, mais pour des actes de torture et de barbarie sur enfants, ou des infanticides ! Ni pute ni

352. Elles représentent seulement 4 % de la population carcérale.

soumise : juste criminelle à la frontière du pathologique. Le quartier des femmes n'est pas plein. Je demande à discuter avec l'une d'elles. On m'ouvre une cellule et je découvre une jeune femme avec son bébé ! Je ne sais quoi penser. Un sentiment d'inquiétante étrangeté m'envahit après ce qui vient de m'être dit. Mais, pour l'heure, cette mère, condamnée précisément pour meurtre d'enfants et entrée enceinte en prison, fait preuve d'une affection toute maternelle envers ce nourrisson qu'on lui retirera dès qu'il aura dix-huit mois. Je rencontre là encore une situation qui ne coule pas de source. Comme l'écrasante majorité des détenus, elle est issue de l'immigration, et j'imagine, à l'entendre s'exprimer, que son parcours scolaire a porté moins de fruits que son ventre.

Nous la quittons pour le dernier quartier de la prison, le *Quartier Maison Centrale*, autrefois appelé *Quartier Haute Sécurité*, où se trouvent confinés les détenus les plus dangereux et donc condamnés aux plus longues peines. C'est un quartier spécifique, hautement sécurisé et logeant peu de détenus – 25 au maximum pour autant de surveillants[353] – qui bénéficient de leur propre cellule. Lorsque j'arrive, la majorité d'entre eux se trouve dans la salle de musculation. Sculpter son corps à défaut de cultiver ou de soigner son âme ? Après avoir été présenté par le directeur, j'entame avec eux une discussion beaucoup plus sereine que celle tentée avec les « courtes peines ». Loin de tomber à plat, ma discussion sur la punition les intéresse. Un bref consensus se dégage sur l'inutilité de l'incarcération au-delà de dix ans. Ils invoquent une

353. Alors que le ratio est de 1 surveillant pour 110 détenus dans la Maison d'arrêt !

série de raisons qui rendent peu pertinente la condamnation d'un homme à une longue peine. Selon eux, une telle durée brise la personne et la rend inapte à la réinsertion. Il est vrai qu'ils sont concernés au premier chef, aucun n'étant là pour une durée inférieure ! Mais par-delà cet argument *pro domo*, je décèle chez eux une capacité à raisonner et à écouter que je ne rencontre pas si souvent hors les murs ni même parfois au sein de ma classe. Me souvenant du monde et plus simplement de la vie quotidienne en 1999 (peu d'ordinateurs, un Internet balbutiant, pas de téléphone portable), je me dis que le détenu en sortant sera surpris et assurément maladroit. Le comparant ensuite aux personnes qui sont au chômage sans avoir été en prison et qui, ayant évolué tant bien que mal avec ce monde, ne parviennent cependant pas à trouver du travail, je me demande comment notre détenu pourrait réussir après cette longue parenthèse carcérale à décrocher le job lui garantissant autonomie, confiance et intégration sociale. Assurément, l'expression de « torture blanche[354] » n'est pas exagérée pour désigner la condamnation d'un homme à une longue peine. Le sang ne coule pas au pied de l'échafaud ; il héberge antidépresseurs et anxiolytiques.

Quand je les interroge sur la punition qu'ils auraient « préférée » à la prison, l'un me répond *une durée moindre*, l'autre *une main coupée*. Je constate qu'ils ont réfléchi aux limites de la prison, non au sens de la punition. Je discute en réalité

354. Expression de Jean-Marc Rouillan, membre du groupe *Action directe* responsable de l'assassinat de l'ingénieur général de l'armement René Audran en 1985 et de celui du P-DG de Renault Georges Besse en 1986. Il a été condamné à la réclusion à perpétuité et a bénéficié à partir de 2007 d'un régime de semi-liberté à éclipses.

avec six d'entre eux qui s'expriment bien. Quel contraste avec les détenus de la cour de promenade ! L'un me dit qu'il est fier, non d'être en prison, mais d'avoir six enfants qui font des études et qui n'iront pas en prison. Que répondre ? Un autre se plaint du manque d'espace et dénonce le côté « laboratoire » de Sequedin. Je retrouve là l'exigence d'humanité, c'est-dire de surveillance imparfaite, que tous les détenus semblent reconnaître aux vieilles prisons. Je m'aperçois combien cette visite est salutaire et combien mes préjugés ont du plomb dans l'aile, moi qui, dix-huit ans auparavant, trouvais inhumaine la prison de Loos en raison de son insalubrité ! Au fond, mis à part l'administration pénitentiaire et les candides de mon espèce, cette vitrine *high tech* de l'univers carcéral fait l'unanimité contre elle ! Comme souvent, la liberté se cache dans le détail et les failles du système. Or Sequedin s'est efforcé de les combler. Une perte sèche pour les détenus. Un autre se plaint du manque d'horizon ; et il est vrai que, de ce quartier, le regard ne peut décoller ni des murs ni des barbelés. Difficile dans une telle géométrie d'être inspiré par un nuage et d'y puiser ressources poétiques et évasions visuelles, voire d'imaginer qu'il existe à l'extérieur un monde sans barbelés dans lequel il s'agit de retourner. Bien sûr, tous ceux qui veulent que le détenu soit malheureux se réjouiront de ces nouvelles prisons qui lui compliquent l'existence tandis que d'autres se lamenteront de voir des assassins se prélasser dans un contexte hôtelier. Là encore, les préjugés sont tenaces. Nous établirons une justice humaniste, non sur la base de préjugés, mais à partir d'une idée de la punition qui nous libère de l'impensé pénal et de la prison comme critérium universel de celle-ci.

Bibliographie

Christophe Abensour, *Le Droit*, Quintette, 1988.

Alain-Fournier, *Le Grand Meaulnes*, Livre de Poche, 2009.

Tony Anatrella, *Interminables adolescences : les 12-30 ans*, Editions du Cerf, coll. «Ethique et société», 1988.

Philippe Ariès, *L'Enfant et la vie familiale sous l'Ancien Régime*, Seuil, 1973.

Aristote, *Les Politiques*, Garnier-Flammarion, 1990.

—, *Ethique de Nicomaque*, Garnier-Flammarion, 1965.

Bertrand Badie, «La "diplomatie de punition" évoque une déviation par rapport à la norme et affaiblit le multilatéralisme», *Le Monde*, 4 septembre 2013.

Françoise Balibar, *Einstein, la joie de la pensée*, Gallimard, coll. «Découvertes Gallimard», 1997.

Honoré de Balzac, *La Femme de trente ans*, Gallimard, coll. «Folio classique», 1977.

Zygmunt Bauman, *La Vie liquide*, Fayard, coll. «Pluriel», 2013.

Hervé Bazin, *Vipère au poing*, Editions Bernard Grasset et Pierre et Philippe de Tartas, illustré par José Correa, 1986.

René Bazin, *Les Oberlé,* Editions Siloë/Editions du Centenaire, 2002.

—, *La terre qui meurt*, Editions Siloë/Editions du Centenaire, 1999.

Cesare Beccaria, *Des délits et des peines*, Garnier-Flammarion, 2006.
Jeremy Bentham, *Panoptique*, Mille et une Nuits, 2002.
Henri Bergson, *Cours II, leçons d'esthétique, leçons de morale, psychologie et métaphysique*, PUF, coll. «Epiméthée», 1992.
—, *Œuvres*, Editions du Centenaire, PUF, 1984.
Béroul, *Tristan et Yseut*, coll. «Folio Classique», 2000.
Ambrose Bierce, *Le Dictionnaire du diable*, Voix d'encre, 2011.
Olivier Bleys, *Le Plafond de verre*, Desclée de Brouwer, 2009.
Bernard Bouloc, *Pénologie*, Dalloz, 1991.
Alain Brossat, *Pour en finir avec la prison*, La Fabrique, 2001.
Pascal Bruckner, *La Tentation de l'innocence*, Grasset, 1995.
Jean de la Bruyère, *Caractères*, Gallimard, coll. «Folio», 2002.
Albert Camus, *L'Été*, Gallimard, coll. «Folio», 2006.
Jean-Pierre Camus, *Palombe ou la femme honorable*, Hachette, 1853.
Françoise Chandernagor, *La Première Epouse*, Livre de Poche, 1999.
Frédéric Chauvaud, *Le Droit de punir du siècle des Lumières à nos jours* (ouvrage collectif), Presses Universitaires de Rennes, 2012.
Carl Philipp Gottlieb von Clausewitz, *De la Guerre*, Rivages, coll. «Rivages Poche», 2006.
Code pénal, Dalloz, 2012.
Gérard Cornu, *Vocabulaire juridique*, PUF, 1992.
Alphonse Daudet, *Le Petit Chose*, Livre de Poche, 1972.
Guy Debord, *La Société du spectacle*, Gallimard, coll. «Folio», 1996.
Wolfgang Decker et Jean-Paul Thuillier, *Le Sport dans l'Antiquité. Égypte, Grèce, Rome*, Editions A. & J. Picard, coll. «Antiqua», 2004.
Gilbert Delahaye et Marcel Marlier, *Martine à la ferme*, Casterman, coll. «Farandole», 1954.

Mireille Delmas-Marty et Catherine Teitgen-Colly, *Punir sans juger. De la répression administrative au droit administratif pénal*, Economica, 1992.

René Descartes, *Les Principes de la philosophie*, IV, art. 203, in *Œuvres philosophiques*, Garnier, 1973.

Direction de l'administration pénitentiaire, *L'Exécution des décisions en matière pénale en Europe, du visible à l'invisible*, Actes du colloque international, Lyon, ministère de la Justice, 15-16 décembre 2008.

Frieder Dünkel et Sonja Snacken, *Les Prisons en Europe, la justice au quotidien*, L'Harmattan, 2005.

Emile Durkheim, *Le Crime, phénomène normal* in *Les Règles de la méthode sociologique* (1894), PUF, 1960.

Friedrich Engels, *L'Origine de la famille, de la propriété privée et de l'Etat*, Editions sociales, 1983.

Epictète, *Manuel*, Rivages, coll. «Rivages poche», 1994.

Guillaume Fabert, *Les Z'Héros du sport, tableau des mœurs sportives de notre temps*, Régine Deforges éditeur, 1990.

Tony Ferri, *Qu'est-ce que punir? Du châtiment à l'hypersurveillance*, L'Harmattan, 2012.

Luc Ferry, *Familles, je vous aime. Politique et vie privée à l'âge de la mondialisation*, XO éditions, 2007.

Michel Foucault, *Surveiller et punir*, Gallimard, coll. «Tel», 2011.

—, *Histoire de la folie à l'âge classique*, Gallimard, coll. «Tel», 1976.

—, *Naissance de la clinique. Une archéologie du regard médical*, PUF, 1963.

Anatole France, *Œuvres*, tome 4, Gallimard, coll. «Bibliothèque de la Pléiade», 1994.

—, *La Vie en fleur*, Calmann-Lévy, 1922.

Sigmund Freud, *Le Malaise dans la civilisation*, Seuil, coll. «Points», 2010.

—, *Nouvelles Conférences sur la psychanalyse*, Gallimard, coll. «Idées», 1978.

—, *L'Avenir d'une illusion*, PUF, 1983.

—, *Cinq Psychanalyses*, PUF, 1954.

Félix Gaffiot, *Dictionnaire illustré latin-français*, Hachette, 1934.

Antoine Garapon, Frédéric Gros, Thierry Pech, *Et ce sera justice. Punir en démocratie*, Odile Jacob, 2001.

Romain Gary, *Chien blanc,* Gallimard, 1972.

Philippe Gaumont, *Prisonnier du dopage*, Grasset, 2005.

André Gide, *Les Nourritures terrestres*, Livre de Poche, 1964.

René Girard, *La Violence et le Sacré*, Fayard, coll. «Pluriel», 2013.

Dr Thomas Gordon, *Eduquer sans punir, apprendre l'autodiscipline aux enfants*, Marabout, coll. «Poche Marabout Enfant», 2013.

Jean-Marie Guyau, *Esquisse d'une morale sans obligation ni sanction*, Payot, 2012.

G. W. F. Hegel, *Philosophie de l'esprit* in *Encyclopédie des sciences philosophiques*, tome III, J. Vrin, 1988.

—, *Principes de la philosophie du droit*, J. Vrin, 1981.

—, *La Phénoménologie de l'esprit*, tome 1, Aubier-Montaigne, 1941.

Thomas Hobbes, *Du citoyen*, Garnier-Flammarion, 2010.

Horace, *Epîtres*, Editions Les Belles Lettres, 1989.

Antoine Houdar de La Motte, *Les Abeilles*, 1719.

Victor Hugo, *Le Dernier Jour d'un condamné,* [suivi de] *Claude Gueux*, Larousse, coll. «Petits classiques», 2002.

—, *Les Misérables,* Gallimard, coll. «Bibliothèque de la Pléiade», 1986.

Emmanuel Jaffelin, *Petite Philosophie de l'entreprise*, François Bourin éditeur, 2012.

—, *Petit Eloge de la gentillesse*, François Bourin éditeur, 2011.

Jean-Paul Jean : *Le Système pénal*, La Découverte, coll. «Repères», 2008.

Franz Kafka, *Dans la colonie pénitentiaire* (*La Métamorphose*, suivie de), Librio, 2012.

—, *Le Procès,* Garnier-Flammarion, 2011.

Emmanuel Kant, *Métaphysique des mœurs, Première partie, Doctrine du droit*, J. Vrin, 1971.

Hans Kelsen, *Théorie pure du droit,* Dalloz, 1962.

A. Kensey, A. Benaouda, «Les risques de récidive de sortants de prison. Une nouvelle évaluation», *Cahiers d'études pénitentiaires et criminologiques*, n° 36, mai 2011.

Arthur Koestler, *Le Cri d'Archimède,* Calmann-Lévy, 1965.

Arthur Koestler et Albert Camus, *Réflexions sur la peine capitale,* Gallimard, coll. «Folio», 2002.

Milan Kundera, *L'Insoutenable légèreté de l'être,* Gallimard, coll. «Folio», 1990.

La Bible de Jérusalem, Editions du Cerf, 2011.

Etienne La Boétie, *De la servitude volontaire ou Contr'Un,* Gallimard, coll. «Tel», 1993.

La Justice restaurative. Une utopie qui marche? Sous la direction de Robert Cario et Paul Mbanzoulou, L'Harmattan, coll. «Controverses», 2010.

André Laingui, *Histoire du droit pénal,* PUF, coll. «Que sais-je?», 1985.

Emmanuel Levinas, *Ethique et infini. Dialogues avec Philippe Nemo,* Livre de Poche, coll. «Biblio/Essais», 1984.

Claude Lévi-Strauss, *Tristes Tropiques,* Plon, coll. «Terre Humaine», 1980.

Lexique de termes juridiques, Dalloz, 9e édition, 1993.

Philippe Liotard et Thierry Terret, *Sport et genre,* volume II, *Excellence féminine et masculinité hégémonique,* L'Harmattan, 2006.

Elisabeth Maheu, *Sanctionner sans punir. Dire les règles pour vivre ensemble,* Editions Chronique sociale, 2006.

Stéphane Mallarmé, *Poésies,* Gallimard, coll. «Poésie» 1992.

Alberto Manguel, *Journal d'un lecteur,* Actes Sud, coll. «Babel», 2006.

Herbert Marcuse, *Eros et civilisation,* Seuil, coll. «Points», 1971.

Dominique Méda, *Le Travail,* PUF, coll. «Que sais-je?», 2010.

Alain Mercier, «Le dossier noir du dopage amateur», *L'Express*, 29 octobre 1998.

Michel de Montaigne, *Essais*, Livre II, Garnier-Flammarion, 1969.

Kenizé Mourad, *De la part de la princesse morte*, Robert Laffont, 1987.

Jean Nabert, *Essai sur le mal*, PUF, coll. «Epiméthée», 1955.

Friedrich Nietzsche, *Par-delà bien et mal*, Gallimard, coll. «Idées», 1982.

—, *La Généalogie de la morale*, Gallimard, coll. «Idées», 1982.

Julien Jean Offray de La Mettrie, *L'Homme-machine* (1747), Gallimard, coll. «Folio Essais», 1999.

Louis Pergaud, *La Guerre des boutons*, Gallimard, coll. «Folio», 2011.

Charles Perrault, *Cendrillon, Barbe bleue et autres contes*, Livre de Poche jeunesse, 2008.

Petit Larousse en couleurs, juin 1973, édition 1974.

Platon, *Gorgias*, Garnier-Flammarion, 1988.

—, *Apologie de Socrate*, Garnier-Flammarion, 1980.

—, *République*, Garnier-Flammarion, 1966.

Pour en finir avec toutes les prisons, volume 1 : *Peines éliminatrices et isolement carcéral (lettres, textes, entretiens, 2001-2009)*, *L'Envolée*, octobre 2009.

Raymond Queneau, *Zazie dans le métro*, Livre de Poche, 1963.

Dominique Rankin et Marie-Josée Tardiff, *On nous appelait les sauvages. Souvenirs et espoirs d'un chef héréditaire algonquin*, Editions Le Jour (Québec), 2012.

Cardinal de Retz, *Mémoires* in *Œuvres*, Gallimard, coll. «Bibliothèque de la Pléiade», 1984.

Heinz Risse, *Sociologie du sport*, Presses universitaires de Rennes, 1991.

Pellegrino Rossi, *Traité du droit pénal*, tome 1, Paris, Librairie Guillaumin et Cie, 1863.

Jean Rostand, *Les Pensées d'un biologiste*, J'ai lu, 1973.

Jean-Jacques Rousseau, *Du contrat social*, Garnier-Flammarion, 2012.
—, *Emile ou de l'Education*, Le Monde/Flammarion, 2009.
—, *Discours sur l'origine et les fondements de l'inégalité parmi les hommes*, Garnier-Flammarion, 1971.
Jean-Paul Sartre, *Les Mots*, Gallimard, coll. «Folio», 1983.
—, *L'Etre et le Néant*, Gallimard, coll. «Tel», 1981.
Marlène Schiappa, *Eloge de l'enfant roi*, François Bourin éditeur, 2012.
William Shakespeare, *La Tempête*, Livre de Poche, 2011.
—, *Roméo et Juliette*, Livre de Poche, 1987.
Bernie Siegel, *L'Amour, la Médecine et les Miracles*, J'ai lu, 2001.
Georg Simmel, *Philosophie de l'argent*, PUF, 1987.
Baruch Spinoza, *Ethique* in *Œuvres 3*, Garnier-Flammarion, 1983.
Thucydide, *Histoire de la guerre du Péloponnèse*, Garnier-Flammarion, 1991.
Gilles-Marie Valet, *Se faire obéir sans (forcément) punir !*, Larousse, 2013.
Jules Vallès, *Jean Vingtras, L'Enfant*, Le Club français du livre, 1949.
Hubert Védrine, *L'Hyperpuissance américaine*, Fondation Jean-Jaurès, 2000.
Jean-Pierre Vernant, *L'Origine de la pensée grecque*, PUF, coll. «Quadrige», 1981.
Max Weber, *Le Savant et le Politique*, Plon, 10/18, 1996.
Fritz Zorn, *Mars*, Gallimard, coll. «Folio», 1982.

Filmographie

La Mesure du changement (8 minutes 50), Administration Pénitentiaire (2008)
Le Grand Meaulnes, Jean-Gabriel Albicocco (1967)
La Nouvelle Guerre des boutons, Christophe Barratier (2011)
Soda, série télévisée française créée par Frank Bellocq, David Soussan, Kev Adams et Cyril Cohen
Entre les murs, Laurent Cantet (2008)
La Piste de Santa Fé, Michael Curtis (1940)
La Guerre des gosses, Jacques Daroy (1936)
Eldorado, Howard Hawks (1966)
P.R.O.F.S, de Pierre-François Martin Laval (2013)
Midnight Express, Alan Parker (1978)
La Gifle, Claude Pinauteau (1974)
La Guerre des boutons, Yves Robert (1962)
La Guerre des boutons, ça recommence, John Roberts (1994)
La Guerre des boutons, Yann Samuel (2011)
Les Profs, de Patrick Schulmann (1985)
Minority Report, Steven Spielberg (2002)
La Guerre des boutons, Jean-Daniel Verhaeghe (2006).
Le Grand Meaulnes, Jean-Daniel Verhaeghe (2006)
Sabotage à Berlin, Raoul Wash (1942)
West Side Story, Robert Wise et Jérome Robbins (1961), adaptation du drame musical de Leonard Berstein (musique), Stephen Sondheim (paroles) et Arthur

Laurent (livret) créé en 1957 au Winter Garten de Broadway.

Le Cercle des Poètes disparus, Peter Weir (1990)

Les sous-doués passent le bac, Claude Zidi (1980)

Table

La photocomposition de cet ouvrage
a été réalisée par
GRAPHIC HAINAUT
59163 Condé-sur-l'Escaut

Cet ouvrage a été imprimé par
CPI Firmin Didot à Mesnil-sur-l'Estrée
pour le compte des Éditions Plon
12, avenue d'Italie
75013 Paris
en janvier 2014

Dépôt légal : février 2014
N° d'impression : 120027
Imprimé en France